Einspruch

Einspruch.
Schriftenreihe der Friedrich-Wolf-Gesellschaft

Exil in der Sowjetunion 1933–1945

Tectum

Einspruch.
Schriftenreihe der Friedrich-Wolf-Gesellschaft,
hrsg. von Hermann Haarmann und Christoph Hesse

Sitz der Redaktion:
Institut für Kommunikationsgeschichte und
angewandte Kulturwissenschaften (IKK)
Freie Universität Berlin, Garystr. 55, 14195 Berlin
Redaktionsassistenz: Christoph Rosenthal
ikk@zedat.fu-berlin.de

Titelentwurf: Christina Sieg (unter Verwendung eines
Photos aus der Kaderakte Friedrich Wolf, Moskau)

Satz: IKK, Christoph Rosenthal
ISBN 978-3-8288-2229-0
Printed in Germany

Inhalt

Vorbemerkung

Mit diesem Band beginnen die Herausgeber ihre Zusammenarbeit mit dem Tectum Verlag in Marburg. Wiewohl der *Einspruch* der Friedrich-Wolf-Gesellschaft seit Jahren als Forum dient (zuerst als hektographiertes Mitteilungsblatt, dann auch als Publikationsort für wissenschaftliche Texte), war der zuletzt erschienene Band von 2007 der erste, der die neu begründete Schriftenreihe eröffnete, und zwar zunächst mit Beiträgen zum Thema „Lebensreform und Kunst aus dem Geist der Utopie".[1] Nun wird die Reihe fortgesetzt mit dem Schwerpunkt „Exil in der Sowjetunion". Auch weiterhin sollen Leben und Werk Friedrich Wolfs im Zentrum stehen, jedoch mit der Maßgabe, der spannungsreichen Dialektik von Kunst und Gesellschaft nicht nur mit Blick auf Wolf selbst nachzuspüren, sondern den Umkreis der politischen Ästhetik, an der er teilhatte, wissenschaftlich breiter zu bearbeiten. Als Heros des Sozialistischen Realismus scheint Wolf passé. Aktuell bleiben hingegen Fragen einer auf Politik fundierten Kunst, die heute ebensowenig wie damals bündig zu beantworten sind. Sie aber zu diskutieren, und das heißt auch: sie historisch zu reflektieren, dabei können die – wie unzulänglich auch immer – Antworten, die Wolf und seine Zeitgenossen zu formulieren versucht haben, einige Orientierung geben.

Exil in der Sowjetunion 1933–1945. Dieses Exil ist prägend. Diejenigen, die in die UdSSR emigrieren, sind getrieben von dem Wunsch, dort eine neue Heimat zu finden. Das Land ihrer Träume zeigt sich zunächst wohl-

[1] *Einspruch*. Schriftenreihe der Friedrich-Wolf-Gesellschaft, Redaktion: Hermann Haarmann, Berlin 2007: B&S Siebenhaar Verlag.

wollend, nimmt die Sympathisanten noch mit offenen Armen auf, wenngleich schon von Anfang an nicht unerhebliche bürokratische Hürden zu überwinden sind, ehe man einreisen darf. Die Hoffnung, endgültig Schutz gefunden zu haben vor der Gewalt des Nationalsozialismus, ist trügerisch. Denn im Laufe der zunehmenden Verleumdungen, Verfolgungen und Aburteilungen durch die stalinistischen Prozesse verkehrt sich das Gefühl der Rettung in Angst und Schrecken vor den eigenen Genossen. Während die Exulanten sich am politischen und kulturellen Aufbau des Landes beteiligen wollen, werden zugleich viele von ihnen als „Verräter", „Volksfeinde" und „Faschisten" aus der sozialistischen Gemeinschaft gewaltsam ausgeschlossen. Am Ende steht – so oder so – die Vertreibung aus dem Paradies. Wer nicht dem Terror zum Opfer fällt, dient sich, mehr oder weniger eifrig, als Handlanger der von Stalin befohlenen Ordnung an. Oder er taucht unter, soweit es unter diesen Umständen überhaupt möglich ist. Friedrich Wolf, als er 1937 ebenfalls ins Visier des NKWD gerät, bittet um seinen Einsatz als Arzt im spanischen Bürgerkrieg. Über Skandinavien reist er nach Frankreich. Sich den Internationalen Brigaden anzuschließen scheitert; Wolf hält sich in Paris und dann in der Exilenklave Sanary-sur-Mer auf. Mit Ausbruch des Zweiten Weltkriegs wird er verhaftet und ins Internierungslager Le Vernet überstellt. Auf Intervention der Sowjetunion kann er 1941 nach Moskau zurückkehren. Friedrich Wolf gehört nach Beendigung des Krieges dann zu den ersten, die ins befreite Berlin zurückgehen, nachdem er zuvor bei höchster Stelle Beschwerde geführt hat ob der Verzögerung der zugesagten Ausreise: „1. Ist es, weil ich Jude bin? [...] 2. Hat man kein Vertrauen zu mir und meiner Arbeit? [...] 3. Oder habe ich mich in Deutschland und im Ausland als Antifaschist zu sehr exponiert?"[2]

Berlin, Januar 2010 — Hermann Haarmann, Christoph Hesse

[2] Friedrich Wolf, Brief an Josef Stalin, 24. Juli 1945, in: Christel Berger, Friedrich Wolf 1935. Eine unvollständige Biographie rückwärts, Berlin 2006: Edition Schwarzdruck, S. 108. Bislang konnte nicht geklärt werden, ob der Brief wirklich abgeschickt und Stalin erreicht hat; vgl. dazu Berger, S. 107ff.

Hermann Haarmann

„Pour vaincre les ennemis, il faut de l'audace, encore de l'audace et toujours de l'audace!"

Friedrich Wolfs Kampf gegen den Faschismus

Der von Friedrich Wolf oft, auch und besonders den Söhnen Markus und Konrad gegenüber immer wieder zitierte Ausruf Dantons vor dem Nationalkonvent von 1792 findet sich als Torspruch in der Druckfassung seines antifaschistischen Dramas *Professor Mamlock*, eines der ersten und darüber hinaus bedeutendsten Theaterstücke aus der Zeit des Exils 1933 bis 1945. Wolf beginnt noch in der Schweiz, der nach Österreich zweiten Station seiner Flucht, mit der Arbeit am *Mamlock*. Ende 1933 – er hat inzwischen auf der Île de Bréhat bei Freunden Zuflucht gefunden – ist das Manuskript abgeschlossen. Die Uraufführung soll eigentlich durch die Truppe 1931 erfolgen, die sich inzwischen im Pariser Exil aufhält und für die Wolf sein Stück geschrieben hat. Da sich dieser Plan allerdings zerschlägt, wird der *Mamlock* am Jüdischen Theater Warschau mit dem ebenfalls emigrierten Berliner Schauspieler Alexander Granach in jiddischer Sprache aus der Taufe gehoben. Nach Ferdinand Bruckners *Die Rassen* ist Wolfs *Mamlock* das zweite Exil-Drama, das sich – anders als Bruckner – mit dem Nationalsozialismus unter dezidiert politischen Vorzeichen befaßt, und selbst heute noch werden der Leser oder das Theaterpublikum in Erstaunen versetzt ob der Klarsichtigkeit der Handlungsführung angesichts der historisch frühen Phase seiner Entstehung, die mit dem Sieg des deutschen Faschismus ja erst begonnen hat. Für Wolf selbst ist eine derartige Zeitnähe Ausdruck seines künstlerischen Credos, der unmittelbaren Gegenwart nachzulauschen, ihre gesellschaftlichen Konflikte nicht nur zu beobachten, sondern sie in Beziehungen zueinander zu setzen und, weil geschulter Marxist, als Ausdruck von Klassenkämpfen zu interpretieren und darzustellen. Nicht zufällig haben Stücke wie *Cyankali*, *Die Matrosen von Cattaro* und selbst *Tai Yang erwacht* immer einen realhistorischen Vorwurf.

Schon vor Beginn der nationalsozialistischen Diktatur widmet sich Wolf dem Faschismus, da er früh die heraufziehenden düsteren Wolken während der Weimarer Republik sieht. Die Faschisierungstendenzen am Ende von Weimar stehen deutlich vor seinen Augen, die Belegstücke liegen sozusagen auf der Straße. Richten wir deshalb unser Augenmerk zuerst auf jenes Theaterstück, mit dem Wolf „seinen Kampf gegen den Faschismus (eröffnete)“[1]. Die Rede ist von der Komödie *Die Jungens von Mons*[2], einem „Bühnenstück, das“, wie Volker Klotz bedauert, „bis heute in seiner dramatischen und politischen Schlagkraft unterschätzt wird“[3]. Wolf schreibt dieses Stück im Jahre 1931, Anstoß dafür waren Pressenotizen zu einer „seltsamen, aber realen Episode“[4], die die britische Öffentlichkeit längere Zeit beschäftigt und amüsiert hatte. Es war der Fall einer arbeitslosen Kriegerwitwe, die in Männerkleidung als Führer einer faschistischen Organisation reüssierte. Dieses Grundmotiv übernimmt Wolf; er reichert es jedoch derart an, daß Bezüge zum Alltag der Weimarer Republik sogleich sichtbar werden. Arbeitslosigkeit, die Bedrohung der Mittelschichten durch die Proletarisierung, das Taktieren des Gewerkschaftssekretärs

1 Roman Szydlowski, Über Bertolt Brecht, Friedrich Wolf und das Projekt in Engels, in: Lothar Schirmer (Hrsg.), Theater im Exil 1933-1945. Berlin 1979, S. 38. Bei meiner hier veröffentlichten Rede auf der Berliner Tucholsky-Tagung, November 2009, habe ich auf zwei Texte zurückgegriffen (1987: „Friedrich Wolfs literarischer Kampf gegen Faschisierungstendenzen in der Endphase der Weimarer Republik“ [Arbeitsheft 40, Berlin/DDR 1987] und 2009: „Nachwort“ zu F.W. „Professor Mamlock“ Stuttgart 2009).

2 Friedrich Wolf, Die Jungens von Mons, in: F.W., Gesammelte Werke in 16 Bänden, Berlin/DDR und Weimar 1960, Bd. 3, S. 197-294.

3 Volker Klotz, Klassik als Köder – Linkes politisches Theater anno 1931 (von Brecht nach Wangenheim), in: Weimars Ende. Prognosen und Diagnosen in der deutschen Literatur und politischen Publizistik 1930-1933, hrsg. von Thomas Koebner, Frankfurt/M. 1982, S. 247.

4 Wolf, Die Jungens von Mons, S. 198.

– diese Momente des englischen Klassenkampfes werden dahingehend verallgemeinert, daß auf dem so vorgestellten Hintergrund eine atmosphärisch prägnante Einstimmung auf die gesellschaftlichen Verhältnisse im vorfaschistischen Deutschland gelingt. Diese Zurichtung ist sicherlich mit ein Grund für die Schwierigkeiten, die Wolf in Kauf nehmen mußte bei seinem Bemühen, das Stück an einem deutschen Theater unterzubringen. Und das, obwohl, um ein weiteres Mal Klotz zu zitieren, „der Autor diese satirische Komödie aufs Bündnis von Industrie und Faschismus gleich doppelt verfremdete – durch den Schauplatz England und durch die Hosenrolle des Faschistenführers"[5]. Allein die Anspielungen auf die Realität von Weimar sind zu offensichtlich. Man fürchtet zu Recht Auseinandersetzungen mit nationalsozialistischen Sprengkommandos. Denn, so Friedrich Wolf in einem Kommentar: „Die MONSJUNGENS sind ein Aufklärungsstück für den Massenflugsand der deklassierten Kleinbürger/Mittelstand, die den Hauptbestand der NSDAP ausmachen; daher diese Form der Ironie – nicht Faust aufs Auge – sondern zum Nachdenken Anreizen/Zersetzungsstück der Hitlerphrasen."[6] Apropos Mittelschichten! Sicher war das Kleinbürgertum, *Die deklassierte Klasse*[7], die Hauptstütze des Nationalsozialismus. Jene, nach dem klassischen Wort von Friedrich Engels, Mittelschichten sind historisch gesehen gewichtige Unsicherheitsfaktoren, die innerhalb des Machtgefüges Bourgeoisie und Arbeiterschaft jeder Aufstiegsideologie, der nationalistisch gefärbten zumal, zu erliegen drohen. Der Zeitgenosse Wolfgang Abendroth erinnert in einem Gespräch den Zeitpunkt, an dem die latente Disposition nach rechts umkippte in die eindeutige Parteinahme für den Nationalsozialismus. „[…] die Machtergreifung Hitlers brachte die Wende. Die Stimmung schlug bei den kleinbürgerlichen Massen, beim mittleren und unteren Beamtentum usw. um. Diese Massen liefen vor allem von der Deutschen Volkspartei oder von

5 Klotz, a.a.O.

6 Friedrich Wolf, Brief an die Junge Volksbühne, 28.Nov.1931, in: F.W., Briefe. Eine Auswahl, Berlin/DDR u. Weimar 1969, S. 138.

7 Vgl. Annette Leppert-Fögen, Die deklassierte Klasse. Studien zur Geschichte und Ideologie des Kleinbürgertums, Frankfurt/M. 1974.

den Deutschnationalen zu den Nationalsozialisten über."[8] Im Vorfeld dieser Umorientierung führt Wolf die Aktivierung nationalistischer Parolen, historisch längst obsoleter Ideale, und den Versuch ideologischer Manipulation vor mit dem Ziel, dagegen rechtzeitig zu immunisieren. Die Hauptfigur, Captain Campell, benennt selbst den Fassadenschwindel, dem sie, durch materielle Not bedrängt, erlag, den sie mittrug, um, endlich als Frau und Betrüger im Stück entlarvt, die Wahrheit ans Licht zu bringen. Noch könne man, so scheint es Wolf am Vorabend der nationalsozialistischen Machtübernahme, der durch die Faschisten betriebenen „Vergaunerung" (Ernst Bloch) Einhalt gebieten, denn Ellen Celloc, alias Captain Campell, erkennt im Ablauf der Handlung, daß sie Werkzeug war, Spielball in den Händen derer, denen zur Stabilisierung ihrer Macht jedes Mittel recht ist. „Nur einer gespaltenen Arbeiterschaft gegenüber haben wir eine Chance"[9], so zynisch und ehrlich läßt Wolf ein Mitglied des Aufsichtsrates des Bergwerkssyndikats reden. Die Realität, das Ende Weimars, bewahrheitet diesen Satz in seiner ganzen Tiefe und zerstört schlagartig alle Hoffnungen auf die Fortführung einer demokratischen Republik. De facto überläßt eine gespaltene Arbeiterschaft den Nationalsozialisten ohne jeden Widerstand das politische Feld.[10] Damit sind die Würfel gefallen.

Mit dem Machtantritt der Nationalsozialisten muß sich der Arzt, Kommunist und Jude Friedrich Wolf also sogleich ins Exil begeben; sein Weg führt ihn über Österreich und die Schweiz letztendlich und sicher nicht zufällig ab 1934 bis zum Ende der faschistischen Diktatur in die Sowjetunion. Zwischendurch darf er von dort – mit Schwierigkeiten zwar – sogar ins westeuropäische, skandinavische Ausland reisen, selbst bis in die USA schafft er es. In Parenthese gesprochen: Wolfs Wunsch, sich im Spanischen

8 Wolfgang Abendroth, Ein Leben in der Arbeiterbewegung, Frankfurt/M. 1976, S. 142.

9 Wolf, Die Jungens von Mons, S. 251.

10 Nur in Wien, im Bezirk Floridsdorf, wird sich im Februar 1934 überhaupt Widerstand regen gegen den – in diesen Fall – sogenannten Austrofaschismus. Friedrich Wolf wird später im sowjetischen Exil mit den Schutzbündlern, mit jenen also, die den Floridsdorfer Aufstand organisierten und nach der Niederlage ins Exil fliehen mußten, Kontakt aufnehmen, mit ihnen sprechen und die Gespräche als Protokolle niederlegen, um auf dieser Grundlage dann sein antifaschistisches Stück *Floridsdorf* zu schreiben. Vgl. auch Anna Seghers Roman *Weg durch den Februar* von 1935.

Bürgerkrieg den Internationalen Brigaden anzuschließen, entspringt nicht in erster Linie, wie in der DDR-Geschichtsschreibung immer kolportiert, der Verpflichtung, vor Ort die Republik gegen Franco zu verteidigen, sondern der Notwendigkeit des eigenen Schutzes im sowjetischen Exil: „Ich warte nicht, bis man mich hier verhaftet, da will ich lieber etwas Nützliches tun.“[11] Er kommt nicht bis Madrid, strandet in Paris und geht dann in die berühmte Exilenklave Sanary-sur-Mer, um mit Kriegsausbruch 1939/40 verhaftet und im Lager Le Vernet interniert zu werden. Mit Hilfe und auf Intervention der Sowjetunion kann er 1941 nach Moskau zurückkehren. Ungebrochen setzt sich Wolf weiterhin ein für den antifaschistischen Kampf, der literarisch mit dem *Mamlock* begonnen wurde und mit dem politischen Engagement im Nationalkomitee Freies Deutschland vorerst enden wird. *Professor Mamlock* ist mithin Wolfs Eintritt in die künstlerisch bedeutsame Auseinandersetzung mit dem Faschismus während der Zeit des Nationalsozialismus. Natürlich nehmen andere Berufkollegen sich im Exil ebenfalls dieses Themas an. Zu nennen wären hier neben dem bereits erwähnten Bruckner Bertolt Brecht, Georg Kaiser, Ernst Toller oder Johannes Wüsten.

Nach Ferdinand Bruckner, der mit seinem Drama *Die Rassen* von Anfang 1933 den neuen Verhältnissen im faschistischen Deutschland eine eher psychologisierende dramatische Studie widmet, stellt sich Wolf mit seinem *Mamlock* ganz entschieden einer gesellschaftskritischen Analyse der jüngsten Veränderungen in der ehemaligen Heimat. Er zentriert Plot und Dramaturgie auf die Beantwortung der Frage nach den Gründen für den nationalsozialistischen Erfolg. Und ihn interessiert dabei, für den Zuschauer Möglichkeiten eines Widerstands aufzuzeigen. Gerade diese grundsätzliche Stoßrichtung, die dem Drama und der Handlung unterlegt ist, macht den *Professor Mamlock* noch heute beachtens-, lesens- und sehenswert. Denn mit diesem „Zeitstück“ legt Wolf ein Werk vor, das innere Wahrscheinlichkeit und damit dramaturgische Objektivität der Fabelfüh-

[11] Eva Siao, zit. in: Lew Hohmann, Friedrich Wolf. Bilder einer deutschen Biographie, Berlin/DDR 1988, S. 211.

rung mit der historischen Realität 1933 vermittelt. Gerade dadurch legt es beredtes Zeugnis ab, über die ersten Monate der deutschen Diktatur. Gestaltet sind gleichsam die Schnittpunkte einer Epoche, die durch einen radikalen historischen Bruch gekennzeichnet ist. Denn mit dem Sieg des Faschismus werden alle Formen bisheriger Politik und Kultur außer Kraft gesetzt. Wie wenig dieser Absturz in die Barbarei von dem Chirurgen Hans Mamlock in seiner ganzen Tiefe, also klassenmäßig, begriffen wird und warum ihm der erkennende Blick auf die gesellschaftlichen Verhältnisse verwehrt ist, davon handelt Wolfs Drama. Das Unvermögen einer realistischen Einschätzung sieht Wolf in der klassenspezifischen Borniertheit des Bürgertums begründet. Nicht zufällig heißt deshalb die erste Buchausgabe bei Oprecht und Helbing Zürich und gleichzeitig als Lizenz bei der Moskauer Verlagsgenossenschaft ausländischer Arbeiter in der UdSSR 1935 auch treffender *Doktor Mamlocks Ausweg. Tragödie der westlichen Demokratie.*[12] Wolf führt Mamlock nämlich vor als Vertreter einer Gesellschaftsschicht, die ihre Identität aus dem unerschütterlichen Vertrauen in die Sittlichkeit, d. h. auch Unbestechlichkeit, des modernen Staates bezieht. Diesem liberal-bürgerlichem Demokratieverständnis Mamlocks wird der Prozeß gemacht: So hat denn Mamlock an sich selbst und mit tödlicher Konsequenz zu lernen (und mit ihm das ‚mitleidende' Publikum), welchem Trugschluß, welcher Illusion er lebt bzw. gelebt hat. Mit Wolfs Worten: „Er ist ein Typus des deutschen Intelligenzlers, für den ‚der Staat', ‚die Familie', ‚die Wissenschaft', ‚die Gerechtigkeit' unwandelbare ewige Werte sind, im Sinne der Kategorien Kants. So war es in Mamlocks Hirn und Leben bisher. So ist es für ihn auch noch im 1. Akt des Stückes, für Mamlock, den Hindenburgwähler. Aber im 2. Akt bricht die Politik durch die Mauern der ‚Familie', die Wissenschaft beginnt zu wan-

[12] Zur Entstehungsgeschichte und den Varianten, auch bei den Druckfassungen vgl. Maria Teresa Sciacca, „Mamlock"Variationen – Ein Drama und seine verschiedenen Fassungen«, in: Exil. 1933-1945. Forschung, Erkenntnisse, Ergebnisse, 1/2006, S. 37ff.

ken, der Staat läßt seine Bürger im Stich, die Verfassung bricht in Stücke, im 3. Akt wird die Gerechtigkeit geschändet [...].“[13]

Thema ist nicht eigentlich der Antisemitismus, wiewohl gerade er für Mamlock den erst indirekten, dann schmerzlich direkten, durch das Personal in Klinik und Privatleben hineingetragenen Berührungspunkt mit der Politik und dem deutschen Faschismus im besonderen darstellt. Die unterschiedlichen Spielarten des faschistischen Terrors konfrontiert Mamlock mit der radikal veränderten Wirklichkeit nach dem Machtantritt der Nationalsozialisten. Des immer stärker werdenden Drucks, dem Mamlock sich und seine Familie ausgesetzt sieht, kann er sich letztlich nicht erwehren. Nach Wolf sind es die Klassenschranken, die seine Hilflosigkeit angesichts der neuen Verhältnisse ausmachen. Andere wie der Sohn Rolf Mamlock, Mitglied einer kommunistischen Studentengruppe, und Ernst, der Jungkommunist, sehen sehr deutlich, was die Stunde geschlagen hat. Sie erkennen, daß der Faschismus zur Stabilisierung seiner Macht die Zerschlagung der organisierten, sozialdemokratischen wie kommunistischen Arbeiterschaft zuerst braucht. Diese Auffassung vom Wesen des Faschismus unterliegt der gesamten Fabelführung, und Mamlock bestätigt sie mit seinem Tod. Das Eingeständnis des persönlichen Versagens, Mamlocks Selbstmord, kommt zwar einer Kapitulation vor der Wirklichkeit gleich, doch die Erkenntnis, daß der Kampf gegen den Faschismus nötig und zudem möglich ist, wirkt als positive Lösung über das Stück hinaus. „Sie müssen einen anderen gehen, einen neuen Weg. Hören Sie, gehen Sie ihn, wagen Sie ihn ... und grüßen Sie ihn, grüßen Sie meinen Jungen ... hören Sie, grüßen Sie Rolf, wenn Sie ihn sehen ... auf dem anderen Weg, auf dem *anderen* Weg...“, so die letzten Worte des sterbenden Mamlock.

Der Gruß gilt dem Sohn, der aus dem Elternhaus gewiesen wurde, da er sich dem Vater entgegenstellte und seine politische Meinung nicht aufgab. Die hier angesprochene Konfrontation Vater/Sohn im zweiten Akt charakterisiert eine interessante Doppelschlächtigkeit. Während der Streit

[13] Friedrich Wolf, Ein „Mamlock“? – 12 Millionen Mamlocks!, in F.W., Professor Mamlock, hrsg. von Hermann Haarmann, Stuttgart 2009, S. 75.

für Mamlock (und den Zuschauer) auf der Ebene eines Generationskonflikts abläuft, ist der zugrunde liegende Dissens gerade ein politischer. Die Bewußtseinslage des alten Mamlock ermöglicht ihm wegen seiner Klassenlage eigentlich keine andere Interpretation: Sein Sohn rebelliere – völlig verständlich – gegen die Erwachsenenwelt. Solche Sicht büßt nichts von ihrer gestalterischen Stringenz ein, sie entspricht der Gesamtanlage der Vater-Figur. Als Rolf dem Vater widerspricht, um ihn über den Faschismus aufzuklären, wendet er sich auch an den Zuschauer: „Vater, gewiß gibt es wichtige Unterschiede zwischen jung und alt, zwischen Unausgegorenem und Ausgegorenem, wichtige Entwicklungs- und Reifegrade; aber ich glaube, Vater, diese Frage, worum es heute geht, ist keine Generationsfrage, ist keine physiologische Frage ... [...] Diese Frage ist, Vater – verzeih das harte Wort –, eine Klassenfrage." Rolf argumentiert gleichsam an Wolfs Statt. Wie dieser läßt er sich auf den Vater wirklich ein, akzeptiert zunächst einmal dessen Individuation, ohne jedoch den eigenen kritischen Standpunkt aufzugeben. Immer also wird im Drama die klassenmäßige Uneinsichtigkeit Mamlocks, die erst mit Verschärfung des persönlichen Schicksals schwindet, vorgeführt als Folge seiner bürgerlichen Existenz, worin zugleich die Erklärung für das Denken und Handeln einer ganzen Generation, der Generation Mamlocks mitgeliefert wird. So wie die westliche, d.h. bürgerliche Demokratie im Würgegriff des Faschismus zugrunde geht, so mit ihr Mamlock. Dessen Schicksal entschlüsselt sich in seiner tödlichen Folgerichtigkeit einzig vor dem historischen Hintergrund der faschistischen Entwicklung in Deutschland. Die verschiedenen Stufen der in der Phase vom März 1932[14] bis April 1933 vor sich gehenden Demontage bürgerlicher Rechte und Freiheiten sind mithin dem Stück nicht einfach beigegeben, sie bilden den strukturellen Rahmen, der den dramatischen Konflikt erst konstituiert. Darin gelingt die vorbildliche Verschränkung von Real- und fiktiver Geschichte. Jene historischen Versatzstücke, wie

[14] Laut Regieanweisung spielt der erste Akt „vor der Hindenburgwahl – Mai 1932". Wolf hat sich hier offensichtlich im Datum geirrt; der erste Wahlgang fand bereits im März, der zweite im April 1932 statt.

beispielsweise die Hindenburgwahl im Frühjahr 1932, der Reichstagsbrand oder das „Gesetz zur Wiederherstellung des Berufsbeamtentums“, stehen also funktional zu den dramatis personae, insbesondere zur Figur des Professor Mamlock.

Mamlock ist Dreh- und Angelpunkt, an dem Geschichte exekutiert wird. Doch nicht, indem sie als empirische sich gleichsam gegen das Drama durchsetzt, sondern vielmehr im Gegenteil dem Formgesetz des Dramas unterworfen wird. Damit entrât das Drama der bloßen historischen Bebilderung um das Verdienst einer gestalteten Historizität von Figur und Handlung. Nur so reflektiert es die realen gesellschaftlichen Verhältnisse. Die Besinnung auf Empirie gilt der Konzentration auf die faktische Wirklichkeit, die Erfahrung zuerst konstituiert. Darin aber liegt zugleich die Gefahr einer beschränkten Anschauung. „Im nackten offenkundigen Bestand des Faktischen gibt das Ursprüngliche sich niemals zu erkennen“, so Walter Benjamin in seinem Buch *Ursprung des deutschen Trauerspiels*; was er in der erkenntnistheoretischen Vorrede dem Wissenschaftler anempfiehlt, gilt für den politisch eingreifen wollenden Dramatiker gleichermaßen: „Vielmehr beginnt die Aufgabe des Forschers hier, der ein solches Faktum dann erst für gesichert zu halten hat, wenn seine innerste Struktur so wesenhaft erscheint, daß sie als einen Ursprung sich verrät.“[15] Auch für die Dramatik darf Empirie nicht unbefragter Gegenstand sein, in dessen Ein- und Verarbeitung muß der ursächliche Zusammenhang, für den er einsteht, herausgestellt werden. „Gesellschaft erscheint in ihr desto authentischer, je weniger sie intendiert wird. Die Parteiischkeit, welche die Tugend von Kunstwerken nicht weniger als von Menschen ist, lebt in der Tiefe, in der gesellschaftliche Antinomien zur Dialektik der Formen werden: indem Künstler ihnen durch die Synthesis des Gebildes zur Sprache verhelfen, tun sie gesellschaftlich das Ihre.“[16] In der ungenügenden Gestaltung eines Stoffes also verliert selbst das Faktische, das für sich zu sprechen glaubt, seine politische Schlagkraft. „Das Engagement rutscht in die Ge-

[15] Walter Benjamin, Ursprung des deutschen Trauerspiels, Frankfurt/M. 1972, S. 29f.
[16] Theodor W. Adorno, Ästhetische Theorie, Frankfurt/M. 1973, S. 345.

sinnung des Schriftstellers."[17] Die empirische Realität muß dagegen ihre Berechtigung im Drama selbst finden. Und genau das gelingt Friedrich Wolf mit seinem *Mamlock*, spätere Exilstücke kommen nur schwerlich an dieses Niveau heran.

Gestatten Sie mir noch eine Anmerkung zu Wolfs Rezeptionsästhetik: wiewohl Wolf ganz bewußt der kathartischen Identifikationsdramaturgie des Aristoteles sich verpflichtet fühlt, weitet er doch seinen *Professor Mamlock* aus zu einem sozialen Lehrstück. „Die leidenschaftliche Identifizierung der Zuschauer mit ganz bestimmten Personen und Vorgängen auf der Bühne ist die technisch-psychologische Basis der Katharsis. Sie ist aber bei Wolf nicht mehr die von Brecht so heftig attackierte ‚Waschung'. Durch die Entscheidungssituation und die damit verbundene Aufhellung der gesellschaftlichen Widersprüche wird das Wirkungsfeld der Figuren rational überschaubar. In der individuellen Entscheidung der Figur hebt der Dichter objektive Vorgänge hervor. Auf diese Weise vollzieht sich die Dialektik von Individuellem und Gesellschaftlichem."[18] Was nun die intendierte Wirkung seines Stücks angeht, so setzt Wolf nicht nur auf die Schürzung des dramatischen Konflikts! Er betont ganz wesentlich die historischen, d.h. gesellschaftlichen Begebenheiten, die den Plot als Fallbeispiel für die Analyse und Interpretation der realen Geschichte konturieren. Wirkungsästhetisch weicht er keinen Deut ab von seiner sich selbst auferlegten Verpflichtung zur Parteilichkeit, die, bestärkt durch die Debatten im Exil[19], zum Ausweis politischer Korrektheit aufsteigt. Die Abwehr ästhetischer Spielerei ist für Wolf ein politischer Akt. Die Brauchbarkeit dramatischer Texte für die Bewältigung tagtäglicher Probleme erweist sich ihm in deren Nutzanwendung im Alltag. Diese Auffassung nun birgt in

17 Theodor W. Adorno, Engagement, in: Th.W.A.., Noten zur Literatur III, Frankfurt/M. 1969, S. 114.

18 Werner Mittenzwei, Streitschriften für eine neue Funktionsbestimmung der Kunst. Zur ästhetischen Position Friedrich Wolfs, in: Positionen. Beiträge zur marxistischen Literaturtheorie in der DDR, hrsg. von W. M., Leipzig 1969, S. 318.

19 Vgl. dazu Hans-Jürgen Schmitt u. Godehard Schramm (Hrsg.), Sozialistische Realismuskonzeptionen. Dokumente zum 1. Allunionskongreß der Sowjetschriftsteller, Frankfurt/M. 1974 und Hans-Jürgen Schmitt (Hrsg.), Die Expressionismusdebatte. Materialien zu einer marxistischen Realismuskonzeption, Frankfurt/M. 1973.

sich das vertrackte Problem engagierter Dramatik, für das nicht eigentlich des Dichters Engagement im politischen Alltag zentral ist, sondern dessen Verpflichtung auf die künstlerische Methode. Die jedoch zielt auf die Herstellung einer Wirkung, die im Verlauf der ästhetischen Aktion zur politischen außerhalb des Theaters übergehen soll. „Das wahre Drama entläßt die Menge nicht, ehe es sie nicht von Grund auf durchgerüttelt, durchgeknetet und ‚gereinigt' hat."[20] Wolf verlängert jene „Reinigung", die Katharsis, um eine historische Dimension, was auf einen entscheidenden Umbau der Katharsistheorie hinausläuft. Voraussetzung für das Eintreten der Katharsis bleibt zwar wie eh und je die Identifikation mit dem Helden. Dessen Schicksal jedoch wird paradoxerweise gerade seiner Schicksalhaftigkeit entkleidet. Es erscheint als Paradigma eines realen Entscheidungskampfes, den wiederum das dramatische Personal exemplarisch repräsentiert. „Hier ist das Theater wieder *Kampftheater* und *politisches Theater*, hier erfüllt die Dramaturgie wieder ihr wahres Wesen! Denn das innerste Wesen der Dramaturgie ist und bleibt der Kampf, die Tatsache des Spielers und Gegenspielers, der These und Antithese! Ein beschauliches Theater ist kein Theater."[21] Wolf schafft damit gleichsam eine Modellsituation, die sich auf den ersten Blick Gustav Freytags *Technik des Dramas* (1863)[22] zu verdanken scheint. Es geht ihm aber gerade nicht um die Konservierung eines klassischen Dramentyps: Spieler und Gegenspieler dienen Wolf als Mittel zur Gestaltung eines konkreten Falls, um „die dramatische Entscheidung auf der Bühne und in der Brust des Zuschauers herbeizuführen".[23]

Wolf ist durch und durch Künstler und politischer Aufklärer, wenn er das menschliche Schicksal des Juden und Demokraten Mamlock mit großer Gestaltungskraft zeichnet, es trotzdem aber im Hinblick auf antifaschistische Propaganda funktionalisiert. Wolf wäre nicht sozialisti-

20 Friedrich Wolf, Zeitprobleme des Theaters, in: F.W., Gesammelte Werke, Bd. 16, S. 104.

21 Friedrich Wolf, Das zeitgenössische Theater in Deutschland, in: F.W., Gesammelte Werke, Bd. 15, S. 349.

22 Vgl. dazu Heinz Geiger/Hermann Haarmann, Aspekte des Dramas, 4., neubearb. und erweit. Aufl., Opladen 1996, S. 188ff.

23 Friedrich Wolf, Grundelemente des Dramas, in: F.W, Gesammelte Werke, Bd. 16, S. 168.

scher Realist, ließe er diese historisch einmalige Chance ungenutzt verstreichen. Gerade angesichts offen zutage tretender Ratlosigkeit ob des herrschenden Nationalsozialismus in Deutschland sind jene, die im Exil überwintern müssen und das Ausland informieren wollen, zur Analyse der Verhältnisse zu befähigen, um einer möglichen Vereinnahmung durch die faschistische Ideologie entgegenzuwirken. Eine Gelegenheit dazu bietet das Drama *Professor Mamlock.* Resonanz stellt sich gerade bei jener gesellschaftlichen Schicht ein, der Mamlock als dramatische Figur entstammt: dem Bildungsbürgertum. Die Indifferenz dieser Mittelklasse ist historischer Fakt; der Faschismus erscheint ihr allzu oft als ‚braune Revolution', bestenfalls als ‚Phänomen'. Johannes R. Becher, Ende 1934 im Auftrag der Exil-KPD unterwegs, die Möglichkeiten eines antifaschistischen Bündnisses unter Schriftstellern und Literaten zu erforschen, berichtet von einem aufschlußreichen Gespräch mit Thomas Mann. „Er gab offen zu, daß er vollkommen desorientiert und unsicher sei, daß er das, was in Deutschland vorgehe, überhaupt nicht mehr richtig verstehe; das alles sei vollendeter Wahnsinn usw. Natürlich wäre eine Einflußnahme auf ihn absolut möglich. Bisher haben wir alles unterlassen, ihm bei einem Klärungsprozeß behilflich zu sein."[24] Wie erfolglos solche Hilfe bei Thomas Mann vorerst gewesen wäre, beweist die bekannte Tatsache von dessen öffentlicher Enthaltsamkeit in Sachen deutscher Politik bis 1936 mit dem Ziel, das innerdeutsche Publikum nicht zu verlieren. Wolf ist da entschiedener, er nimmt nicht nur literarisch-künstlerisch, sondern auch publizistisch eindeutig und dazu vom Standpunkt des Kommunisten Stellung gegen den Faschismus. Er weiß um Wesen und Funktion der in Deutschland herrschenden Diktatur: „Wir sind uns darüber vollkommen klar, daß der Klassencharakter des deutschen Faschismus weder eine ‚Rebellion des Kleinbürgertums' darstellt noch eine ‚Diktatur des Lumpenproletariats'; auch der deutsche Faschismus ist *kein* ‚Systemwechsel', er ist nach der ver-

[24] Johannes R. Becher, [Bericht über eine Reise nach Prag, Zürich und Paris], in: J. R. B., Gesammelte Werke, hrsg. vom Johannes-R.-Becher-Archiv der Akademie der Künste der DDR, Bd. 15, Berlin/Weimar 1977, S. 444.

kappten Hindenburgdemokratie die nunmehr ‚offene terroristische Diktatur des Finanzkapitals' (…).“[25] So eindeutig diese These, so wenig läßt Wolf sich hinreißen, solch theoretische Einsichten dem dramatischen Gebilde einfach überzustülpen. Als die New Yorker Theatre Union anläßlich der Vorverhandlungen über eine *Mamlock*-Inszenierung ebensolches fordert, erwidert Wolf: „Es wäre bestimmt nicht richtig, hier lange Erklärungen über das Wesen des Kommunismus einzufügen (…). Das Stück heißt nun einmal ‚Mamlock', und das heißt: ein wichtiges Anschauungsbild von der Illusion, der objektiven Hohlheit, dem Gespenst der liberalen Demokratie. (…) Wie Ernst [der Kommunist – H.H.] kommt und geht, und ebenso in einer andren Weise Rolf in der ‚Liebesscene', das kann mehr über den unterirdischen Kampf der Massen aussagen als Erklärungen und Discussionen über den Kommunismus!“[26] An gleicher Stelle spricht Wolf von der „indirekten Technik“, deren er sich im *Professor Mamlock* bedient. Jetzt wird deutlich, was damit gemeint ist. Aus dem Blickwinkel Mamlocks und eines großen Teils der Mittelschicht, die Mamlock repräsentiert und an die er sich folglich direkt wenden kann, entfaltet sich in der dramatisierten Lebensgeschichte eher unterschwellig eine Epochenkritik, die gleichwohl eine durchaus radikale gesellschaftliche Umorientierung will. Es ist also auch bei Wolf immer eine ästhetische Antwort, die er auf aktuelle Fragen der Geschichte geben will. Daß er seine Hellsichtigkeit der marxistischen Weltanschauung verdankt, ist für Wolf unstrittig und darüber hinaus ein Beleg für die Triftigkeit der materialistischen Methode.

[25] Friedrich Wolf, Ein ‚Mamlock'? – 12 Millionen Mamlocks!, in: F.W., Professor Mamlock, S.76. Wolf übernimmt hier die Dimitroffsche Faschismusdefinition, die der Vorsitzende der KomIntern auf dem VII. Weltkongreß der Komintern 1935 als offizielle Lesart vorstellt.

[26] Friedrich Wolf, Brief an die Theatre Union, Ker Anguilis, vom 21. August 1933, in: F. W., Briefwechsel. Eine Auswahl, hrsg. im Auftrag der Deutschen Akademie der Künste zu Berlin von Else Wolf und Walther Pollatschek, Berlin/DDR u. Weimar 1968, S. 262.

Reinhard Müller

„Was ist ein Mensch?“

Aus der Moskauer Kaderakte Friedrich Wolfs

Mit den hier exemplarisch vorgestellten Dokumenten aus der Moskauer Kaderakte Friedrich Wolfs[1] werden seine gefährdete Existenz in der Moskauer Menschenfalle, seine Überlebensstrategien und die Verlaufsformen einer asymmetrischen Kommunikation zwischen bürokratischen Instanzen und ausgeliefertem Individuum deutlich. Autobiographische Selbstbeschreibungen, vertrauliche Auskünfte der Kaderabteilung des Exekutivkomitees der Kommunistischen Internationale (EKKI), streng geheime Anfragen der Geheimpolizei NKWD, Formulare und persönliche Bittgesuche eröffnen den Blick sowohl auf die totalitären Kontroll- und Überwachungspraktiken wie auch auf die Literatur- und Zensurpolitik des Stalinismus. Permanente Kontrollen, ständige „Untersuchungen“, Parteiversammlungen und wechselseitige Denunziationen bildeten in einer zum Panopticon gewordenen Partei[2] nicht nur das Herrschaftswissen zur Ausschaltung der politischen Opposition. Meldungen und Dossiers der Kaderabteilung der

1 Russisches Staatsarchiv für Sozialpolitische Geschichte (im folgenden: RGASPI), F. 495, op. 205, d. 43. Im folgenden werden nur Dokumente bis Ende 1937 vorgestellt.

2 Vgl. dazu Reinhard Müller, Permanente Verfolgung und „Zivilhinrichtung“. Zur Genesis der „Säuberungen“ in der KPD, in: Kommunisten verfolgen Kommunisten. Stalinistischer Terror und „Säuberungen“ in den kommunistischen Parteien Europas seit den dreißiger Jahren, hrsg. von Hermann Weber und Dieter Staritz in Verbindung mit Siegfried Bahne und Richard Lorenz. Berlin 1993, S. 243-264.

Komintern wurden umgehend an das NKWD überstellt, die daraufhin Verhaftungen durchführte und langjährige Haftstrafen im GULag oder Todesstrafen verhängte. Diese enge Kooperation von politischer Inquisition und staatlicher Terrormaschinerie war auch in der Moskauer Emigration bekannt: „Daß die GPU- bezw. NKWD-Organe Einsicht in die Kaderblätter nahmen und diese somit als Unterlage für die Verhaftungen dienten, war ein offenes Geheimnis."[3] Ohne die Nutzung dieser „Kaderakte" konnte noch jüngst über Wolfs langjähriges Exil in Moskau allenfalls festgestellt werden: „Vieles liegt hier noch im Dunkel."[4].

Am 26. Juni 1934 richtete Friedrich Wolf in Moskau an die „Deutsche Sektion" der Kommunistischen Internationale einen Antrag zur Überführung in die Kommunistische Partei der Sowjetunion: „Da ich auf unbestimmte Zeit in der SSSr verbleiben werde und unsere Statuten der Komintern die Mitglieder der kommunistischen Parteien verpflichten, ersuche ich um Überführung in die W.K.P.b."[5] Eine „Überführung" der in die Sowjetunion emigrierten KPD-Mitglieder fand aber in den folgenden Jahren der „Parteisäuberung" und des „Großen Terrors" kaum statt, auch wenn eine Kommission[6] eine Empfehlung zur Aufnahme als Mitglied oder Kandidat in die Kommunistische Partei der Sowjetunion gegeben hatte. Wie nahezu alle KPD-Mitglieder, die in das scheinbar rettende „Vaterland aller Werktätigen" geflüchtet waren, füllte Wolf handschriftlich am 3. August 1934 ein „Formular zwecks Besorgung des Parteiausweises von der Zentrale der KPD für den Eintritt in die WKP(B)"[7] aus. Durch die-

3 Ruth von Mayenburg, Hotel Lux. Das Absteigequartier der Weltrevolution, München 1991, S. 181.

4 Henning Müller, Deutscher Jude – Schriftsteller – Sozialist, Berlin 2009 (Jüdische Miniaturen, hrsg. von Hermann Simon, Bd. 51), S. 51.

5 RGASPI, F. 495, op. 205, d. 43, Bl. 128, hier als W.K.P.b., d.i. Kommunistische Allunionspartei der Bolschewiki, später KPdSU(B). Auffallend ist der zeitliche Abstand zur Einreise Wolfs Anfang November 1933.

6 Die „Überführungskommission" der KPD lieferte Informationen über 3000 KPD-Mitglieder, darunter zahlreiche angeblich „verdächtige Elemente" an das NKWD. Vgl. Reinhard Müller, Herbert Wehner – Moskau 1937, Hamburg 2004, S. 162-175. Der Leiter Walter Dittbender und mehrere Mitglieder dieser Kommission wurden später selbst verhaftet.

7 Wolf war im Oktober 1933 von Frankreich nach London gereist und kam Anfang November in Moskau an.

ses Formular wurde er von der Kaderabteilung des Exekutivkomitees der Kommunistischen Internationale nicht nur mit seinen biographischen Daten erfaßt, sondern zugleich politisch überprüft.[8] Wolf gab hier an, daß er auf Einladung und Aufforderung der dramaturgischen Sektion des Allrussischen Schriftstellerverbandes und mit Zustimmung der KP Frankreichs/Sektion Seine Paris, der Französischen Organisation des Internationalen Revolutionären Theaterbundes und des Arbeitertheaterbundes aus Frankreich in die Sowjetunion emigriert sei. Ohne Zustimmung der jeweiligen Parteigremien galt die Einreise in die Sowjetunion als verdächtig, und die Anerkennung als „Politemigrant“[9] wurde von einer Kommission, der seit 1935 auch NKWD-Offiziere angehörten, häufig verweigert. Als KPD-Mitglieder in Deutschland, die Angaben über seine politische Vergangenheit liefern könnten, benannte Wolf in diesem Formular den Politischen Leiter der KPD Württemberg, Albert Buchmann[10], den Organisationsleiter der KPD Willi Bechtle und Karl Fugger, Sekretär der Roten Hilfe in Stuttgart. Als Auskunftspersonen in Rußland führte er Fritz Heckert, den Leiter der Deutschen Vertretung beim Exekutivkomitee der Komintern, Arthur Pieck[11] und Heinrich Diament, Funktionär des Internationalen Revolutionären Theaterbundes (MORT) an. Auf der Rückseite des Formulars zur „Überführung“ mußte ein ausführlicher Lebenslauf geliefert werden, der über „soziale Herkunft, Allgemeinbildung, Parteitätigkeit usw.“ für die Kaderabteilung Auskunft gab:

8 Zur Einreise in die Sowjetunion und zur Überprüfungspraxis vgl. Reinhard Müller, Menschenfalle Moskau. Exil und stalinistische Verfolgung, Hamburg 2001, S. 169-187.

9 Die KPD-Führung hatte bereits am 2. 12. 1933 Wolfs Anerkennung als „Politemigrant“ beantragt.

10 Zu Albert Buchmanns und Karl Fuggers Biographie vgl. Hermann Weber/Andres Herbst, Deutsche Kommunisten. Biographisches Handbuch 1918 bis 1945, Berlin 2008 (2. Aufl.) Willi Bechtle, war nach 1945 KPD-Landtagsabgeordneter und Landesvorsitzender der KPD.

11 Arthur Pieck, Sohn des KPD-Vorsitzenden Wilhelm Pieck, seit 1928 „Reichsleiter“ und „Reichsfraktionsleiter“ der KPD im „Arbeitertheaterbund Deutschland“. Zur Biographie vgl. RGASPI, f. 495, op. 205, d. 11582.

Lebenslauf

Ich bin geboren am 23.XII. 88 zu Neuwied am Rhein, als Sohn eines Kaufmanns. Mein Bildungsgang: Reifeprüfung des Gymnasiums, 5 Jahre Medizinstudium, 1912 ärztliche Approbation, 1913 med. Doktor, Spezialfach Psychiatrie und Neurologie, 1913/1914 Schiffsarzt beim Nordd. Lloyd (Canada, Nordamerika), 1914 –August 1918 Batallionsarzt im Felde- September 1918 kam ich in Dresden mit Funktionären der USPD in Berührung, trat in die USPD, wurde im Oktober in die ersten „Lazarettausschüsse“ /Dresden Altstadt gewählt, am 19.I. 1919 nach unserer Dresdener Demonstration nach Karls und Rosas Ermordung – zum ersten Mal verhaftet, eine Woche ‚Sonnenstein‘, gemaßregelt als Lazarettsarzt. Am 1.II. 1920 gewählt zum Stadtrat von Remscheid/Rheinl. . Als am 12. III. 20 das Baltikumer Freikorps Lützow in Remscheid einrückte (Kapputsch) rief ich im Auftrag meiner Partei mit noch andern Rednern auf dem „Neuenkamper Feld“ Remscheid zum Generalstreik mit auf; es wurden auf unsere Köpfe Kopfgelder von dem Korps Lützow ausgesetzt; wir arbeiteten noch 3 Tage, wurden dann am 16. III. infolge Verrats verhaftet, sollten standrechtlich abgeurteilt werden; am nächsten Morgen früh 11 Uhr stürmten die Remscheider, Elberfelder und Hagener Arbeiterschaft Remscheid und befreite uns. Ich erhielt von der Exekutive des Bezirks Remscheid/Lennep den Auftrag, für Remscheid die roten Hundertschaften zu bilden, war auch delegiert zum „Centralrat“ in Essen. – Nach dem Bielefelder Abkommen und den Strafmassnahmen gab ich meine Stellung als Stadtarzt auf und siedelte mit Heinrich Vogeler und einer Anzahl gemaßregelter Kameraden in Worpswede bei Bremen. Wir arbeiteten als Landarbeiter, Siedler und Torfstecher im Moor; uns schwebte – damals naturgemäß noch recht unklar – eine „Arbeitskommune“ vor. Mit unserer Arbeit unterhielten wir immerhin 4-5 Kinder der kommunistischen Genossen, die bei der Verteidigung des „Vorwärts“Gebäudes im Januar 1919 gefallen waren, so den Sohn des Genossen Möller. Später wurde unser Hof – der „Barkenhof“ – das Kinderheim der MOPR.

Im Frühjahr 1921 war ich wegen antimilitaristischer Propaganda auf dem Kongress in Bilthoven/Holland einige Tage interniert im Militärgefängnis Arnheim/Holland.

1923-1928 war ich Landarzt in Hechingen/Süddeutschland unter armen ausgepowerten Bauern (Latifundien des Fürsten von Fürstenberg, Hohenzollern, Thurn und Taxis). In den wenigen Textilbetrieben massenhaft Kinderarbeit, Frauenarbeit ohne Tarif, für Hungerlöhne. Ich schrieb hier mein Drama *Der arme Konrad* Tragödie der deutschen Bauernrevolte 1515. Das Stück wurde damals an allen größeren Bühnen Deutschlands gespielt, auch an der „Volks-

bühne" Berlin, 1925. – 1928 Übersiedlung nach Stuttgart und Eintritt in die KPD, für die ich seit 1923 in allen Wahlkämpfen schon stimmte und auftrat. Ab 1930 habe ich immer zunehmende aktive Arbeit für die Partei geleistet in den 4 großen Wahlkämpfen, während meiner Kampagne gegen den § 218, in der Schulungsarbeit meines Stadtteils, in der Formierung der Agitpropgruppe „Südwest"/Stuttgart, der bei der Aufführung meines *Bauer Baetz* am 1.III.1933 von Polizei und SA auseinander geschlagen wurde. – In Haft war ich nochmals 1931 wegen Verbrechens gegen § 218 und 1932 wegen des Verdachts des Aufruhrs nach einer Erwerbslosendelegation. Meine Stücke *Cyankali* und die *Matrosen von Cattaro* wurden vom Januar 1931 ab durch Polizeiverfügungen verboten, mein *Bauer Baetz* lt. Verfügung der Württembg. Staatspolizei vom 7. IV. 33 für staatsfeindlich [erklärt] und konfisziert.
Friedrich Wolf[12]

Mit diesem Lebenslauf versuchte Friedrich Wolf, vor allem den Prozeß der Politisierung, seine Tätigkeit in der KPD und seine polizeilichen Verfolgungen darzustellen. Er verknüpfte dabei die Stationen seiner Biographie mit der Geschichte der Arbeiterbewegung und der KPD. Mit diesem Parteilebenslauf entsprach er auch den Vorgaben und Normen von KPD und Kaderabteilung der Komintern, die in den Kaderakten nach politischen Abweichungen und früheren Oppositionellen fahndeten.[13] Ausgeblendet wird im Lebenslauf jedoch der jüngste Auslandsaufenthalt in Warschau.[14] Seinem Antrag zur „Überführung" fügte Wolf jedoch noch hinzu: „Ich möchte darum bitten, dass ich meinen auslandspass, der noch bis 37 läuft, behalten kann. meines stücke wurden und werden noch an ausländischen bühnen gespielt (Warschau, London New York); es kann sein, dass meine mitarbeit bei der aufführung, wie in diesem februar in warschau, notwendig ist."[15]

12 RGASPI, F. 495, op. 205, d. 43, Bl. 130 Rückseite, Ts., hs. Unterschrift.

13 Vgl. dazu Reinhard Müller, Flucht ohne Ausweg. Lebensläufe aus den geheimen „Kaderakten" der Kommunistischen Internationale, in: Exil. Forschungen, Erkenntnisse, Ergebnisse, 1990, Nr. 2, S. 76-95.

14 Wolf traf am 27. Februar 1934 in Warschau ein, wo sein Stück *Professor Mamlock* aufgeführt wurde. Vgl. Alexander Granach, Du mein liebes Stück Heimat. Briefe an Lotte Lieven aus dem Exil, hrsg. von Angelika Wittlich und Hilde Recher, Vorwort von Mario Adorf, Nachwort von Reinhard Müller, Augsburg 2008, S. 28.

15 RGASPI, F. 495, op. 205, d. 43, Bl. 127.

Durch seine Auslandsreisen geriet Wolf zunehmend ins Visier von Stalins Geheimpolizei NKWD. 1935 hatte er im Juni am ersten Amerikanischen Schriftstellerkongreß teilgenommen[16], und nach seiner Rückkehr richtete das NKWD am 8. September 1935 eine streng geheime Anfrage an den stellvertretenden Leiter der Kaderabteilung Tschernomordik: „Wir bitten umgehend mitzuteilen, über welche Angaben Sie über den deutschen Schriftsteller Wolf verfügen (der nach ungeprüften Angaben in der Deutschen Vertretung bei Ihnen arbeitet) und ebenso mitzuteilen, in welchen Ländern er in der letzten Zeit gewesen ist.“[17] In der ebenfalls als „Streng geheim“ klassifizierten Auskunft für das NKWD vom 4. November 1935 wertete die Kaderabteilung Wolfs Lebenslauf aus: „Auf Ihre Anfrage vom 8.9.35 bezüglich Wolf teilen wir auf Grundlage der uns vorliegenden Informationen mit, dass er 1918 am rev[olutionären] Kampf teilgenommen hat, ohne Mitglied irgendeiner Arbeiterpartei zu sein. 1920 nahm er aktiven Anteil gegen den Kappputsch, weshalb er auch verhaftet wurde. Unter dem Druck der rev[olutionären] Arbeiter wurde er entlassen. Der KP Deutschlands gehört er seit 1930 [sic!] an. Er war auf dem Gebiet der Agitprop tätig. Wolf ist als Schriftsteller bekannt. In vielen Ländern und Theatern werden seine Stücke aufgeführt. Seine erste Amerikareise unternahm er im Zusammenhang mit der Aufführung seines Stückes. Nach Amerika reiste er über Finnland und Schweden.“[18] Nur bei wenigen deutschen Emigranten stimmte die Kaderabteilung der Komintern im Jahre 1935 einer Auslandsreise zu. So wurde zwar Johannes R. Becher eine Dienstreise (kommandirowka) 1933 nach Westeuropa und die Teilnahme am Pariser Schriftstellerkongreß zur Verteidigung der Kultur (1935) genehmigt. Nach dem Schauprozeß im Januar 1937 wurde jedoch Becher, dessen „Materialien“ von der Kaderabteilung an das NKWD übergeben wurden, die Teilnahme am Schriftstellerkongreß in Spanien verweigert.

16 Wolf berichtete seiner Frau 1935 über die Schwierigkeiten, in Helsinki und Stockholm ein amerikanisches Visum zu erhalten. Vgl. Friedrich Wolf, Briefwechsel, Berlin/Weimar 1968, S. 74f.

17 RGASPI, F. 495, op. 205, d. 43, Bl. 125.

18 RGASPI, F. 495, op. 205, d. 43, Bl.. 126. Unterzeichnet wurde diese Auskunft vom Leiter der Kaderabteilung Krajewski (d.i. Wladyslaw Stein).

Die Kaderabteilung stellte am 2. 6. 1937 fest, daß Bechers Ausreise nicht zweckmäßig sei, da seine Frau als ein „absolut verdächtiges Element“ gelte.[19] Gegen die Ausreise Karl Schmückles, Redakteur der Zeitschrift *Internationale Literatur*, erhob die Kaderabteilung 1935 Einspruch, da er als politischer Abweichler galt.[20] Im Januar 1937 wurde Schmückle ebenso verweigert, als Freiwilliger am spanischen Bürgerkrieg teilzunehmen.

Auch Wolfs Auslandsreisen wurden 1935 und 1936 erst nach mehreren Anläufen von den Komintern-Instanzen genehmigt. Bis zur politischen Diskussion um sein Drama *Floridsdorf* hatte Wolf in Moskau eine „große Stellung“[21] und wurde von führenden KPD-Funktionären wie Wilhelm Pieck und Fritz Heckert auch wegen des Erfolgs seiner Stücke im Ausland und in Moskau geschätzt. Bei der Deutschen Sektion der Komintern fragte Wolf auch nach dem Fortgang seiner „Überführung“ in die KPdSU(B) und erbat eine „rechtzeitige Direktive“, ob er dafür seinen deutschen Reisepaß abgeben und die russische Staatsbürgerschaft erwerben solle. Er hätte dies längst getan, wenn er nicht wegen „Theateraufführungen und Vortragsreisen (letztes Jahr nach den USA) öfters ins Ausland müßte. Für dieses Jahr sei er bereits nach Norwegen und Schweden eingeladen.“[22] Von einer Sekretärin der „Deutschen Vertretung“ wurde Wolf mündlich informiert, daß er seinen Paß behalten und nicht die russische Staatsbürgerschaft annehmen solle, da er „des öfteren ins Ausland fahren muss“.[23] Nach zahlreichen vergeblichen Anläufen gelang es Wolf, für seine nächste Auslandsreise nach Skandinavien den hochrangigen KPD- und Kominternfunktionär Wilhelm Florin[24] zu gewinnen, der den Visumsantrag für

[19] Mertens (Grete Wilde) an Sekretariat Dimitroff, 2.6.1937, RGASPI, F. 495, op. 205, d. 29, Bl. 129.

[20] Zur Biographie Schmückles vgl. Reinhard Müller, Don Quijote im Moskauer Exil. Cervantes, Thomas Mann und Karl Schmückle, in: Mittelweg 36, Jg. 14, 2005, H. 2, S. 48-52.

[21] Alexander Granach, Du mein liebes Stück Heimat, S. 31.

[22] Friedrich Wolf an Deutsche Sektion, 31.1. 1936, RGASPI, F. 495, op. 205, d. 43, Bl. 124.

[23] Ebd., hs. Notiz von Erna Wein (d.i. Erna Winzer) und Unterschrift von Wolf, 20.2. 1936. Else Wolf hatte 1936 die sowjetische Staatsbürgerschaft angenommen.

[24] Wilhelm Florin war Mitglied des Politbüros der KPD, Vorsitzender der Internationalen Kontrollkommission der Komintern, Mitglied des Exekutivkomitees und Leiter des Skandinavischen Ländersekretariats.

die Ausreise nach Skandinavien und für die Rückreise an die Kaderabteilung so begründete: „Es handelt sich um folgende Sache. Der Genosse hat ein Theaterstück geschrieben, das in den skandinavischen Ländern mit großem Erfolg aufgeführt wurde. Es ist ein Tendenzstück gegen den Faschismus, besonders gegen den Hitlerfaschismus. Von den skandinavischen Theater- und Intellektuellengruppen wurde die Bitte an den Genossen gerichtet, dorthin zu kommen, um eine Anzahl Vorträge zu halten. Der Genosse hat das bereits in Amerika mit großem Erfolg für unsere Sache getan. Wir sind politisch daran interessiert, dass er diese Vorträge dort hält, um bessere Beziehungen zu den Intellektuellengruppen zu kommen. Er besitzt das Talent, für uns weit in die Kreise des Kleinbürgertums hinein zu wirken."[25]

Seine kafkaesk anmutenden Versuche, ein Ausreisevisum zu erhalten, beschrieb Friedrich Wolf im März 1936 in einem Brief an Pieck, Florin und Heinrich Meyer (Most), der im Auftrag der KPD-Führung die deutschen Schriftsteller in Moskau kontrollierte.[26] Vom Sekretär des KPD-Politbüros Heinrich Meyer wurde Wolf an den Sowjetischen Schriftstellerverband verwiesen, dessen Sekretär Apletin ihn wiederum zur Komintern schickte. Hier verwies man ihn im Sekretariat Florins zum EKKI-Sekretär Gottwald, von dort an weiter zu Karolski, dann wieder an eine Mitarbeiterin Florins. Nach tagelangen Telefonanrufen und erst angesichts drohender Absagen scheint sich Wilhelm Florin für Wolfs Auslandsreise verwandt zu haben. Schließlich gab Palmiro Togliatti als Sekretär des Exekutivkomitees der Komintern am 17. 3. 1936 folgende Anweisung an die Kaderabteilung: „Es bestehen keine Bedenken gegen die Reise nach Skandinavien des Gen. Friedrich Wolf. Bitte organisieren Sie die Abreise und treffen Sie Maßnahmen, um die Rückreise des Gen. Wolf zu ermöglichen."[27] Daraufhin bat der Leiter des Verbindungsdienstes des EKKI den stellvertretenden Volkskommissar des NKWD Frinowski, „dem Bürger Fried-

25 WilhelmFlorin an die Kaderabteilung, 14.3.1936, RGASPI, F. 495, op. 205, d. 43, Bl. 124.

26 Friedrich Wolf an Wilhelm Pieck, Wilhelm Florin, Heinrich Meyer, 15.3.1936, RGASPI, f. 495, op. 11, d. 15, Bl. 1.

27 RGASPI, F. 495, op. 205, d. 43, Bl. 90.

rich Wolf, Deutscher Pass Nr. 8309“ die Ausfuhrgenehmigung für 200 Schweizer Franken zu erteilen. Die Ausreise aus der UdSSR sollte über den Grenzpunkt Beloostrow erfolgen. Zu Vorträgen über *Kulturbarbarei und Kulturaufbau* und *Theater und Kino in der SU* wurde Wolf von Organisationen eingeladen, die der KP in Norwegen, Schweden oder Dänemark nahe standen: Socialistik Kulturfront (Oslo), Det Norsk Studentersamfund (Oslo), Folketeaterforeningen (Oslo), Clarté, (Studentenbund für sozialistische Kultur und Politik (Stockholm)[28], Frisennet Kulturkamp und Studentengruppe (Kopenhagen).

Nach seiner Vortragsreise durch Skandinavien, die Wolf auf eigene Kosten unternahm, lieferte er einen ausführlichen Bericht an Florin.[29] Da sich darin u.a. Mitteilungen über die Lage der deutschen Emigranten in Skandinavien befanden, forderte auch Jelena Stassowa, Vorsitzende der Internationalen Roten Hilfe (MORP) und Leiterin der „Politemigrantenkommission“, eine Abschrift dieses Rapports.[30] Wolf notierte später, daß er Florin einen mündlichen Bericht über die Reise geben wollte, Heinrich Meyer ihn aber davon abhielt.[31] Nach Wolfs Rückkehr wandte sich Florin an die Abteilung für Internationale Verbindungen des EKKI, um durch die „betreffende Stelle“ eine neue Aufenthaltsbewilligung für ihn zu erhalten.[32]

Schon seit 1934 fanden unter den Moskauer deutschen Emigranten in Fabriken, Institutionen, Verlagen, Zeitungen und Komintern-Organisationen ritualisierte „Parteisäuberungen“ und auch zahlreiche Verhaftungen durch das NKWD statt.[33] Eine Trennung zwischen der scheinbaren

28 Vgl. Christer Skoglund, Vita mössor under röda fanör. Vänsterstudenter kulturradikalism och bildningsideal i Sverige 1880-1940, Stockholm 1991.

29 Der Bericht konnte bisher noch nicht im Fond 495 aufgefunden werden.

30 Stassowa an Florin, 19. Mai 1936, RGASPI, F. 495, op. 205, d. 43, Bl. 122

31 Wolf an Philipp Dengel, Alexander Barta, 15.8. 1937, RGASPI, F. 495, op. 205, d. 43, Bl. 102.

32 RGASPI, F. 495, op. 205, d. 43, Bl.. 88.

33 Vgl. Reinhard Müller, „wir kommen alle dran“. „Säuberungen“ unter den deutschen Politemigranten in der Sowjetunion (1934-1938), in: Hermann Weber/Ulrich Mählert (Hrsg.), Terror. Innerkommunistische „Säuberungen“ vor und nach dem 2. Weltkrieg, Paderborn 1998, S. 121-166; Christina Jung, Flucht in den Terror. Das sowjetische Exil in Autobiographien deutscher Kommunisten, Frankfurt am Main/New York 2008, S. 200-276.

Normalität der „prowerka" (Überprüfung der Parteimitglieder), der periodischen „tschistka" (Parteisäuberung) und dem eskalierenden NKWD-Terror wird allein durch die permanente Amtshilfe und durch den wechselseitigen Akten- und Informationstransfer zwischen KPD-Führung, Komintern-Instanzen und NKWD-Apparat obsolet.[34] Auch die Überprüfungen durch die „Überführungskommission" der KPD führten nicht zu der von den KPD-Mitgliedern erhofften Mitgliedschaft in der KPdSU(B), sondern wurden zur Erstellung von Listen von „verdächtigen" und „feindlichen Elementen" genutzt, die von der Kaderabteilung der Komintern an die 3. Abteilung des NKWD weitergereicht wurden. Auch Friedrich Wolf wurde 1936 von dieser „Kommission" der KPD überprüft, die bei früheren Funktionären aus dem jeweiligen Parteibezirk Erkundigungen anstellte. So findet sich in Wolfs Kaderakte als „Auskunft" ein Fremdbild Wolfs, das von Karl Schneck, dem ehemaligen Politischen Leiter der KPD-Württemberg, erstellt wurde:

> Auskunft über den Genossen Dr. Friedrich Wolf
> An die Deutsche Sektion
> Werte Genossen,
> Der Genosse Friedrich Wolf ist mir seit seinem Eintritt in die KPD der meines Wissens im Jahre 1928 in Stuttgart erfolgte, bekannt. Er hat sich in der ersten Zeit in der Agitation und Propaganda der Partei beschäftigt, wurde dann im Zusammenhang mit einer großen Abtreibungssache mit Frau Dr. Kienle verhaftet. Diese Verhaftung löste eine grosse Massen-Kampagne aus. Wolf wurde nach kurzer Zeit wieder freigelassen und führte nun diese Kampagne an erster Stelle mit durch. Er wurde auch zu einer Exkursion nach der SU geschickt. Nach seiner Rückkehr wurde er weiter in Agitation und Propaganda verwendet. Wolf war Mitglied der Agitprop-Abteilung der BL[Bezirksleitung], aber nicht Mitglied der BL selber.
> Mir ist nicht bekannt, dass Wolf irgendwelche politische Differenzen mit der Partei gehabt hätte. Nach seiner Rückkehr aus der SU hat er über seine Eindrücke sehr gut berichtet, allerdings oftmals mit kleinbürgerlichen Argu-

[34] Diese Trennung findet sich bei J. Arch Getty, Origins of the Great Party Purge. The soviet Communist Party reconsidered, 1933-1938, Cambridge 1985, S. 202.

menten, was uns veranlasste, mit ihm eine Aussprache über seine Berichterstattung durchzuführen, worauf er noch etwas mehr in die Probleme vertiefte und seine Berichterstattung verbesserte.
In der Haft (in der Abtreibungssache) hat er sich sehr gut verhalten. Die Untersuchungsbehörden haben versucht, die Massen-Kampagne einzudämmen. Über die Stellungnahme von Wolf gegen dieselbe massenhafte Pressenotizen. Als er aus der Presse selber davon Kenntnis bekam, hat er mich zu einer Besprechung ins Gefängnis gerufen, wo er in Gegenwart von zwei Untersuchungsbeamten kategorisch gegen diese Versuche Stellung nahm, sich eindeutig zur Partei bekannte und die Massen-Kampagne und deren politische Führung guthieß.
1932 im April kam ich vom Bezirk Württemberg weg, bin also nicht in der Lage, über das, was nachher in diesem Bezirk geschah, Auskunft zu geben.
Moskau, den 19.9.1936
Ernst Feldmann[35]

Auf diese „Auskunft“ Schnecks und Wolfs eigenen Lebenslauf griff die „Überführungskommission“ der KPD zurück und schlug vor, Wolf zumindest als Kandidaten in die KPdSU(B) zu überführen, sofern „während seines Aufenthaltes in der SU nichts Nachteiliges über ihn vorliegt.“

In einer nach 1956 entstandenen, jedoch erst 1988 veröffentlichten Notiz für einen noch zu schreibenden Roman versuchte Johannes R. Becher, die „Aufzeichnungen der Erlebnisse eines jungen Deutschen während seiner Emigration in der Sowjetunion“ zu skizzieren. Diese Romanfigur wird von Becher, der mit diesem „Bekenntnisbuch“ auch eigene traumatische Prägungen verarbeitet, so vorgestellt: „Es dauert nicht lange, und der Autor ‚durchleuchtet‘ nun auch seinerseits die Genossen, wobei er nicht wenige ‚potentielle Faschisten‘ entdeckt. Er entwickelt bei diesen Entdeckungsfahrten eine Art politischer Psychoanalyse, er horcht hinter die Worte, er lauert jeder Gebärde auf, ob sie nicht ein Geheimnis verrate, er provoziert Diskussionen, um den ‚Klassenfeind‘ zu entlarven – und eine dschungel-

35 RGASPI, F. 495, op. 205, d. 43, Bl. 120. Ernst Feldmann, d.i. Karl Schneck. Nach seiner KZ-Haft emigrierte Schneck 1935 und war in Moskau Referent der Internationalen Roten Hilfe. Zur Biographie vgl. Hermann Weber/Andres Herbst, Deutsche Kommunisten. Biographisches Handbuch 1918 bis 1945, Berlin 2008 (2. Aufl.), S. 809f.

hafte Atmosphäre entsteht, worin keiner dem anderen mehr traut, der Jäger zum Gehetzten wird und der Gehetzte wieder zum Jäger wird und die politische Aufgabe sich darin erschöpft, andere zu liefern".[36] In zahlreichen Autobiographien von Moskauer Emigranten wird an die „panische Angst, die fast alle Leute beseelt, der Angst vor etwas Drohendem, Schrecklichem, Unvermeidlichem"[37] erinnert. Auch Herbert Wehner schilderte jene Angst, die sich seit 1936 unter den deutschen Politemigranten epidemisch verbreitete und in Parteiversammlungen als wechselseitiger Verdacht und permanente Wachsamkeitsparanoia hervortrat: „In den sogenannten Parteiversammlungen der Mitarbeiter des EKKI-Apparates, im Gebäude der Komintern, in den Korridoren des Hotels Lux breitete sich damals ein panischer Schrecken, eine hysterische Angst vor einer ungreifbaren und doch so gut wie unentrinnbaren Gefahr aus."[38]

Unter den deutschen Schriftstellern im Moskauer Exil begann im Juli 1936 – also bereits vor dem Schauprozeß (19.–24. August 1936) – eine „Untersuchung", die in vier nächtlichen geschlossenen Parteiversammlungen im September 1936 kulminierte und mit der Verhaftung mehrerer Schriftsteller[39] endete. Durch Stalins wiederholte Aufforderung, den „maskierten Doppelzüngler" ausfindig zu machen, und durch die permanente Suche nach „Verbindungen" und „Netzen" wurde auch unter den deutschen Emigranten die öffentliche Wachsamkeitsparanoia zum wechselseitigen Verdacht und die Denunziation zur Parteipflicht. In ihrer Synthesis totaler Herrschaft benannte Hannah Arendt diese „universale Verdächtigkeit": „So beherrschen gegenseitiges Mißtrauen und gegenseitige Verdächtigungen die Gesamtatmosphäre ganz unabhängig von den Spezialaufgaben der Geheimpolizei. Jeder ist gleichsam zum Polizeiagenten seines

36 Johannes R. Becher, Selbstzensur, in: Sinn und Form, 40.Jg., 1988, S. 547.

37 Susanne Leonhard, Gestohlenes Leben. Schicksal einer politischen Emigrantin in der Sowjetunion. Frankfurt am Main, 1955, S. 28.

38 Herbert Wehner, Zeugnis, Hrsg. von Gerhard Jahn, Köln 1982, S. 189.

39 Vgl. Reinhard Müller (Hrsg.), Die Säuberung. Moskau 1936. Protokoll einer geschlossenen Parteiversammlung, Reinbek 1991; vgl. auch die Interpretation bei Klaus-Georg Riegel, Kaderbiographien in marxistisch-leninistischen Virtuosengemeinschaften, in: Leviathan, 1994, H.1. S. 17-46.

Nächsten geworden.“[40]. Die Radikalisierung des Verdachtsprinzips „guilty by association“ führte während der stalinistischen Säuberungen auch unter den deutschen Politemigranten zur „Atomisierung“ der terrorisierten Individuen, zum Abbruch aller privaten „Beziehungen“ und zu wechselseitigen Beschuldigungen. Mit der Denunziation der früheren Freunde und auch der eigenen Familienmitglieder wurde die totale Treue gegenüber Partei und Staat signalisiert. Hannah Arendt beschrieb jene Atomisierung und Unterwerfungszwänge als „zentrales Konstituens“ der Sowjetgesellschaft, in der sich zwischen den „isolierten und terrorisierten Individuen“ alle moralischen und zwischenmenschlichen Bindungen auflösten: „Sobald gegen jemanden Anklage erhoben wird, müssen sich seine Freunde über Nacht in seine erbittertsten und gefährlichsten Feinde verwandeln, weil sie nur dadurch, daß sie ihn denunzieren und dabei helfen, das Aktenstück der Polizei und der Staatsanwaltschaft gehörig anzureichern, sich ihrer eigenen Haut wehren können; da es sich bei den Anklagen im allgemeinen um nicht-existente Verbrechen handelt, braucht man gerade sie, um den Indizienbeweis zu erbringen. Während der großen Säuberungswellen gibt es überhaupt nur ein Mittel, die eigene Zuverlässigkeit zu beweisen, und das ist die Denunziation seiner Freunde.“[41]

Während dieser inquisitorischen Sitzungen der exilierten deutschen Schriftsteller wurde Friedrich Wolf mehrmals von Ernst Ottwalt, der am 5. November 1936 vom NKWD verhaftet wurde, scharf angegriffen. Wolf mußte über seine angebliche „Verbindung“ zu dem bereits verhafteten Samuel Glesel berichten, da er ein Stück Glesels zur Aufführung empfohlen hatte. Neben dieser „Selbstkritik“ oder Selbstanzeige thematisierte er die „Produktionskrise“ und die „Emigrationskrankheit“ der Moskauer deutschen Schriftsteller, die von Deutschland abgewiesen, aber noch nicht in der Sowjetunion verwurzelt seien. Verunsichert durch die neue politische Taktik der Komintern, glaubte Wolf erst durch mehrere Beratungen und nach politischen Rückversicherungen sicher zu sein, daß sich in seinem

[40] Hannah Arendt: Elemente und Ursprünge totaler Herrschaft. München 1986, S. 665.
[41] Ebd., S. 525.

Theaterstück *Das trojanische Pferd* keine „falsche Linie“ befinde. Gegenüber dem Inquisitor Ottwalt konnte er zudem auf das positive Echo der Zensurbehörde *Glawlit* und der *Prawda* verweisen. Frühere Invektiven gegen sein Theaterstück *Floridsdorf*, in dem er den österreichischen Sozialdemokraten Otto Bauer als „Doppelzüngler“ entlarvte und dadurch gegen die neue Linie der Einheitsfront verstieß, parierte er mit einem kurz zuvor erschienenen *Prawda*-Artikel und einem Beitrag des EKKI-Sekretärs Gottwald in der *Kommunistischen Internationale*, der für ihn ein „lebenswichtiges Signal“ bedeutete. Offen benannte er die „Isolierung“ der Schriftsteller, die keinen Kontakt miteinander hätten. Wolf berichtete, daß unter den deutschen Schriftstellern Panik herrsche und man es nicht mehr wage, einander die Hand zu geben. Unter dieser Atmosphäre würde er sehr leiden. Gegen Otto Bauer und Oskar Maria Graf, die *Floridsdorf* wegen der Polemik gegen die Führung der österreichischen Sozialdemokraten heftig kritisierten, zitierte Wolf aus Reden Piecks und Dimitroffs.[42] Eine politische Rückversicherung, die er für sein neues Stück *Das trojanische Pferd* bereits im Vorwege bei Dimitroff einholte: „Das Stück muss natürlich, vor allem politisch richtig sein. Hier erbitte ich Ihre Hilfe.“ Da einige „verantwortliche deutsche Genossen“ mit dem Schluß des Stückes unzufrieden seien und er die Schlußvariante nicht ins „Ungewisse“ schreiben wollte, suchte Wolf bei Dimitroff um eine „Viertelstunde“ nach, um mit ihm den Schluß des Stückes zu beraten.[43] Im Programmheft des Deutschen Staatstheaters in Engels vom Mai 1937 findet sich neben einem Dimitroff-Zitat aus dessen Bericht auf dem VII. Weltkongreß der Komintern auch ein Auszug der Rede Wilhelm Piecks anläßlich der Generalprobe in Moskau.[44]

Wenige Wochen nach dieser Parteiversammlung verfaßten Alexander Barta, Parteiorganisator der deutschen Schriftsteller, und der Sekretär der Auslandskommission des sowjetischen Schriftstellerverbandes Michail

[42] Zur politischen Diskussion und Reaktion vgl. Friedrich Wolf an Komintern, Österreichische und Deutsche Sektion, 9.11.1935, RGASPI, f. 495, op. 11, d. 15, Bl. 2-5.

[43] Brief Friedrich Wolf an Georgi Dimitroff, 4. Februar 1936, RGASPI, f. 495, op. 11, d. 15, Bl. 6.

[44] Deutsches Staatstheater Engels, Das Trojanische Pferd, Schauspiel in 4 Akten von Friedrich Wolf, Engels 1937, S. 4f.

Apletin kurze „Charakteristiken“ der deutschen Schriftsteller. Über Friedrich Wolf wurde notiert: „Ist gefühlsmäßig Kommunist. Sein Bestreben ist, durch seine literarische Arbeit der Partei immer das zu geben, was sie gerade braucht. Er ist jedoch wenig geschult und besitzt eine geringe innerliche Parteidisziplin und greift deshalb manchmal daneben. Besonders in der letzten Zeit ist er jedoch sehr bestrebt, sich zu bessern. Die Genossen schlagen vor, ihn mindestens als Kandidat in die WKP (B) zu überführen und ihn in Moskau zu belassen, da er bei einer noch besseren Hilfe imstande ist, der Partei etwas zu geben.“[45] Wolfs Aufenthaltsgenehmigung mußte im November 1936 erneut verlängert werden, da er die „Sowjetbürgerschaft wegen einer geplanten Auslandsreise“ nicht annehmen sollte.[46] Seine Angst vor einer drohenden Verhaftung steigerte sich zunehmend, da allein bis Anfang 1937 bereits 130 KPD-Mitglieder vom NKWD verhaftet worden waren.[47] Um dieser „Menschenfalle“ zu entkommen, richtete Wolf am 4. Dezember 1936 an Wilhelm Pieck und Heinrich Wiatrek ein Gesuch zur Genehmigung einer längeren Auslandsreise. Er begründet dies damit, daß in Skandinavien, in London und in der Schweiz Stücke von ihm aufgeführt würden. Ähnlich wie andere Moskauer Emigranten wollte Wolf zudem in der Internationalen Brigade am Spanischen Bürgerkrieg teilnehmen und sich wegen seiner militärärztlichen Erfahrung als Truppenarzt zur Verfügung stellen. Vor allem aus diesem Grund bat er um eine schnelle Entscheidung.[48] Wilhelm Pieck stimmte handschriftlich zu und unterzeichnete am 26. Dezember 1936 ein vorgedrucktes und streng geheimes Formular, das an den „Verbindungsdienst des Sekretariats des EKKI“ gerichtet wurde. Als Reiseziel wurde hier Frankreich (über Skandinavien) angegeben, und Wolf sollte die Reisekosten selbst tragen. Für die Vorbereitung der Reise wurden ihm Anfang Januar auch zwei deutsche

45 RGASPI, F. 495, op. 205, d. 43, Bl. 119.

46 Wilhelm Pieck an Abteilung für Internationale Verbindungen, 23. 11. 1936, RGASPI, F. 495, op. 205, d. 43, Bl. 87.

47 RGASPI, F.495, op.15, d.263, Bl. 182. Während der „deutschen Operation” verhaftete das NKWD bis Ende März 1938 siebzig Prozent der KPD-Mitglieder in der Sowjetunion.

48 RGASPI, F. 495, op. 205, d. 43, Bl. 113.

Pässe zurückgegeben, die er – wie auch alle anderen Emigranten – in der Kaderabteilung abgegeben hatte.[49]

Nach der Jahreswende sollten sich Wolfs Reisepläne jedoch schnell zerschlagen, da vom 23. bis 31. Januar 1937 im Moskauer Kolonnensaal der Schauprozeß gegen das „sowjetfeindliche trotzkistische Zentrum" stattfand. Auch wenn der Sekretär des Exekutivkomitees der Komintern Palmiro Togliatti und der Leiter der Kaderabteilung am 23. Januar noch durch ihre Unterschrift zustimmten, wurde die geplante Reise „im Zusammenhang mit dem Prozeß" schließlich abgelehnt, wie die Kaderabteilung später in einem Schreiben an den NKWD-Offizier Lew Poljatschek festhielt.[50] Das NKWD erhielt zwar noch am 25. Januar 1937 von der Kaderabteilung biographische Angaben und ein Foto Wolfs, um die Ausreise einzuleiten.[51] Handschriftlich hinzugefügt wurde außerdem, daß es von der „Sektion", d.h. der KPD-Führung, keine Einwände gegen die Ausreise gebe. Obwohl alle politischen Instanzen der Komintern und der KPD zugestimmt hatten und das NKWD informiert war, wurde die Abreise Wolfs dann doch gestoppt. Wolf wurde über dieses Ausreiseverbot jedoch nicht informiert und wandte sich am 10. Februar 1937 erneut an Pieck: „Am 4. 12. reichte ich ein Gesuch zu einer Auslandsreise ein, das von Komintern bewilligt wurde, ich wollte zwischen 10.-15. 1. fahren. Seit über 4 Wochen rufe ich täglich bei Euch an; es heißt dann immer: ‚Morgen bestimmt', oder in ‚2–3 Tagen'. Inzwischen konnte ich durch dieses dauernde Hinhalten an den Proben und Premieren meiner Stücke im Ausland nicht teilnehmen, musste die von Studenten- und Gewerkschaftsorganisationen Skandinaviens angesetzten Vorträge absagen (die Einladungen liegen bei Euch bei meinen Papieren); da meine Aufenthaltsbewilligung seit 4 Wochen abgelaufen ist und ich hier seit 4 Wochen unangemeldet bin, droht mir die Miliz und Hausverwaltung täglich mit Bestrafung und Ausweisung."[52] Wolf verwies zudem darauf, daß er auch zur Vorbereitung des Zweiten

49 Below an Poljatschek, 13. 6. 1937, RGASPI, F. 495, op. 205, d. 43, Bl. 95.
50 Below an Poljatschek RGASPI, F. 495, op. 205, d. 43, Bl. 73.
51 An den Verbindungsdienst des Sekretariats des EKKI, RGASPI, F. 495, op. 205, d. 43, Bl. 99.
52 RGASPI, F. 495, op. 205, d. 43, Bl. 114.

Schriftstellerkongresses zur Verteidigung der Kultur in Spanien eingeladen wurde. Da auch Arthur Pieck in den letzten Tagen ausreisen durfte, nahm Wolf offenbar an, daß kein allgemeines Ausreiseverbot vorliege.

Nach dem Schauprozeß eröffnete am 14. Februar 1937 das NKWD mit einem „Direktivbrief" eine gezielte Jagd auf deutsche „Trotzkisten", die angeblich im „Auftrag" der Gestapo auf dem Territorium ihre „terroristische, Diversions- und Spionagetätigkeit" betrieben.[53] Verdächtig erschienen dem Volkskommissar Jeshow dabei auch jene „Schriftsteller, Wissenschaftler, Schauspieler, etc.", die unter dem „Deckmantel" von Touristen eingereist waren. Dieser NKWD-Direktivbrief gegen die deutschen „Rechts-Trotzkisten" bereitete den NKWD-Befehl Nr. 00439 vor, der als „deutsche Operation" zu massenhaften Verhaftungen von deutschen „Arbeitsemigranten" und „Politemigranten" und vor allem von Sowjetbürgern deutscher Nationalität führte.[54] Die Verfolgungslogik der „Kontaktschuld" und der ubiquitäre Verdacht erzeugten unter den deutschen Emigranten in Moskau eine ständig eskalierende Angst vor der drohenden Verhaftung.

Angesichts der zunehmenden Verhaftungen von deutschen Emigranten unternahm Wolf im Frühjahr 1937 einen erneuten Versuch, ins Ausland zu reisen. Als Fürsprecher schaltete er hierzu Michail Apletin, den Leiter der Auslandskommission des Sowjetischen Schriftstellerverbandes, ein. Dieser schrieb an Wilhelm Pieck: „Die Reise ist notwendig, um eine Reihe von literarischen Fragen in Stockholm, Kopenhagen, London und Paris zu erledigen. In den Briefen, die Gen. Wolf vom Ausland erhalten hat, schreibt man über die Aufführungen seiner Theaterstücke in Kopenhagen, Stockholm und London, über Organisierung der Radio-Übertragung aus seinen Werken (London) und über einen Film ‚Zigeuner' nach dem Werk von Puschkin, für eine Filmunternehmung in London. Außerdem möchte Gen. Wolf Material sammeln für eine neue Arbeit über die Emigration im Westen." Da Wolf zudem noch eine Einladung der Internationalen Schrift-

53 Direktivbrief der Hauptverwaltung Staatssicherheit des NKWD, abgedruckt in Reinhard Müller, Herbert Wehner – Moskau 1937, Hamburg 2004, S. 362-397.

54 Vgl. Nikita Ochotin, Arseni Roginski, zur Geschichte der „deutschen Operation" des NKWD 1937-1938, in: Jahrbuch für Historische Kommunismusforschung, 2000/2001, S. 89-125.

stellerassoziation für Verteidigung der Kultur zur Vorbereitung eines antifaschistischen Schriftstellerkongresses erhalten habe, halte der Sowjetische Schriftstellerverband die Reise für „zweckmäßig und erwünscht".[55] Ausgerüstet mit der Empfehlung des Schriftstellerverbandes der Sowjetunion suchte Wilhelm Pieck Rückendeckung bei Georgi Dimitroff, dem Generalsekretär der Komintern: „Lieber Genosse Dimitroff! Vom Genossen Apletin erhielt ich das beiliegende Gesuch um Ausreise-Erlaubnis für den Genossen Friedrich Wolf. Ich bitte Dich die Angelegenheit zu erledigen. Von der Vertretung der KPD bei der Komintern bestehen keine Bedenken. Wir sind natürlich nicht informiert, ob nicht von anderer Seite triftige Gründe gegen die Ausreise vorgebracht werden. Aber darüber wirst nur Du Auskunft erhalten können."[56] Piecks Ansuchen überschrieb Dimitroff am 14. Mai 1937 mit einer handschriftlichen Anweisung an den Leiter der Kaderabteilung Alichanow: „Veranlassen Sie das Notwendige, damit Wolf ins Ausland reisen kann."[57] Nach dieser Direktive hielt man in der Kaderabteilung fest, daß Wolfs Ausreise während des Schauprozesses im Januar nicht genehmigt wurde und jetzt wahrscheinlich „die Möglichkeit besteht, daß er fahren kann". Alichanow[58] erteilte den Auftrag, sofort bei der „betreffenden Stelle", d.h. beim NKWD anzufragen, ob „Einwände gegen eine Ausreise bestehen".[59] Nach Alichanows Verhaftung fragte am 13. 6. 1937 dessen Nachfolger Below (d.i. Georgi Damianow) bei Lew Poljatschek, dem Leiter des 9. Referats in der 3. Abteilung der Hauptverwaltung Staatssicherheit des NKWD, nach:

> Bitte teilen Sie mit, ob es Einwände gegen eine Entsendung von Gen. Friedrich Wolf zum gegenwärtigen Zeitpunkt zur Parteiarbeit im Lande gibt.
> Auf unsere Anfrage vom 27. Dezember 1936 erhielten wir eine positive Antwort / 23. Januar 1937, Nr. 175709 / doch im Zusammenhang mit dem Prozess wurde seine Reise abgelehnt.

55 Michail Apletin an Wilhelm Pieck, 22. 4. 1937, RGASPI, F. 495, op. 205, d. 43, Bl. 98.
56 Pieck an Dimitroff, 28. 4. 1937, RGASPI, F. 495, op. 205, d. 43, Bl. 97.
57 Dimitroff an Alichanow, 14. 5. 1937, RGASPI, F. 495, op. 205, d. 43, Bl. 97.
58 Gework Alichanow wurde am 25.5. 1937 verhaftet und später erschossen.
59 Brückmann an Tschernomordik und Zirul, 21.5.1937, RGASPI, F. 495, op. 205, d. 43, Bl. 96.

Wolf, Friedrich, geb. 1887 in Deutschland, Deutscher, deutscher Staatsangehöriger, freier Schriftsteller. Mitglied der KPD seit 1928, reiste im März 1933 in die UdSSR ein. Wohnhaft: Nishnij Kislowskij per. Nr. 8, Wohnung 20.
Below[60]

Obwohl Dimitroff sich als Generalsekretär der Komintern für Wolfs Ausreise einsetzte, versagte im Sommer 1937 das NKWD erneut die notwendige Zustimmung. Diese abermalige Restriktion kann sicherlich auf die zunehmenden Terrorwellen unter den deutschen Emigranten in der Sowjetunion zurückgeführt werden, die Arbeitsemigranten in Industriebetrieben, ehemalige Parteioppositionelle, frühere Mitglieder des KPD-Politbüros und auch den KPD-Literaturbeauftragten Heinrich Meyer[61] betraf. Mit dem NKWD-Befehl Nr. 00439 begann im Juli 1937 eine „nationale Operation“, die sich mit den Feindbildern des „trotzkistischen Gestapoagenten“, des „Terroristen“, des „Schädlings“ exterministisch gegen die deutschen Emigranten richtete. In dieser bedrückenden Atmosphäre des ubiquitären Verdachts gerieten bereits Literarkritiken und Rezensionen, die einer Abweichung von der politischen „Linie“ nachspürten, zu vernichtenden Meldungen. Besonders linientreu und beckmesserisch profilierte sich hier Herbert Wehner, der sich ein Filmszenarium *Das trojanische Pferd* von Friedrich Wolf vornahm.[62] Mit Wehners Kritik setzten sich Wolf und der sowjetische Filmregisseur Alexander Rasumny in einem Schreiben an Pieck und Philipp Dengel, Leiter der Deutschen Vertretung beim EKKI, dezidiert auseinander: „Die Kritik muss den Eindruck erwecken, als gäben Stück und Szenarium ein völlig falsches Bild vom illegalen antifaschistischen Kampf in Deutschland. Gen. Pieck, der sowohl einige Proben, wie

60 Below an Poljatschek, 7.6.1937, RGASPI, F. 495, op. 205, d. 43, Bl. 94.

61 Heinrich Meyer (Deckname: Heinrich Most), (1904-1938), Lehrer, 1922 KPD, 1928 Chefred. „Hamburger Volkszeitung“, 1930 Mgl. der Hamburger Bürgerschaft, vom 10. Nov. 1932 bis 8. Mai 1933 in Untersuchungshaft, danach Schutzhaft bis zur Entlassung aus dem KZ Lichtenburg am 1. Sept. 1934, Emigration Saarbrücken, Paris, 1934/35 Mitarbeiter des Politbüros in Paris, im Febr. 1935 nach Moskau, Referent des EKKI-Sekretärs Florin, Sekr. des Politbüros der KPD in Moskau, am 3. August 1937 verhaftet, vom Militärkollegium des Obersten Gerichts am 3. September 1938 zum Tode verurteilt und erschossen. Zur Biographie vgl. RGASPI f. 495, op. 205, d. 6179, NKWD-Akte Nr. 11622.

62 Zu Wehners Rezensionen vgl. Reinhard Müller, Herbert Wehner – Moskau 1937, S. 132-146.

auch die Aufführung selbst sah, hat sich zumindest über das Stück wesentlich anders geäußert."[63] Die Kritik des „Gen. Kurt Funk" nehme „überhaupt nicht Notiz", daß einzelne Personen auf ihrem Weg zur Einheitsfront gezeigt werden. Abschließend betonen Wolf und Ransumy, daß sie für positive Ratschläge und konkrete Hilfe dankbar gewesen wären, und bitten um eine Aussprache. Wahrscheinlich nach einer Intervention Piecks zog Wehner seine Kritik am Filmszenarium zurück.[64] Seine vernichtende Rezension Wehners zu einer Erzählung von Helmut Weiß endete 1937 mit der unmißverständlichen Aufforderung an die „entsprechende Instanz", d.h. das NKWD, sich mit Autor und den Verlagsredakteuren zu beschäftigen.[65] Eine weitere Rezension Wehners betrachtete Walter Ulbricht „beinahe als eine polizeiliche Anzeige"[66], die zu einer hochnotpeinlichen Sitzung der deutschsprachigen Schriftsteller unter Beteiligung von Pieck und Ulbricht führte. Nur dank einer Intervention Dimitroffs entkam der ungarische Schriftsteller Andor Gabór, der daraufhin seine schriftstellerische Tätigkeit jahrelang unterbrach, diesem intriganten Kesseltreiben.

Nicht nur Friedrich Wolf selbst registrierte die wiederholten Versuche, ihm in Theaterstücken wie *Floridsdorf* und *Das trojanische Pferd* eine falsche „politische Linie" nachzuweisen. So berichtete Willi Bredel 1937 über eine Sitzung der deutschen Schriftsteller: „Auf die Frage, wer denn Wolf habe vernichten wollen, erwiderte Weinert, Genosse Becher habe ihm hinterher gesagt, Friedrich Wolf solle geschlachtet werden."[67] Wolf registrierte all diese politischen Einsprüche und bedrohlichen Rezensionen, die in der Moskauer ‚Wolfsgesellschaft' auch von Neid gespeist wurden. Seine Bühnenerfolge und seine Auslandsreisen trugen zu dieser kollegialen Mißgunst

[63] Wolf und Ransumni an Pieck und Dengel, 14. 8. 1937, RGASPI, F. 495, op. 205, d. 43, Bl. 109-110.

[64] Handschriftliche Notiz Wilhelm Piecks auf einem zweiten Exemplar des Briefs, RGASPI, f. 495, op.11, d. 15, Bl. 13-14.

[65] Vgl. Reinhard Müller, Herbert Wehner – Moskau 1937, S. 141f.

[66] Julius Hay, Geboren 1900. Aufzeichnungen eines Revolutionärs, München/Wien 1977, S.220.

[67] Zitiert bei David Pike, Deutsche Schriftsteller im sowjetischen Exil 1933-1945, Frankfurt am Main 1981, S. 207.

bei. In der geschlossenen Parteiversammlung der deutschen Schriftsteller wurde ihm von Willi Bredel vorgeworfen, daß er nie dabei war.

Wenige Tage nach der Verhaftung Heinrich Meyers (Deckname: Most) richtete Wolf an Philipp Dengel und Alexander Barta eine zweiseitige Klageschrift, in der er all seine persönlich erfahrenen Kränkungen, Intrigen und Diffamierungen auf die „Schädlingsarbeit“ und „Machinationen“ von inzwischen entlarvten „Spionen“ zurückführte. Eine personalisierte Abrechnung, die neben Heinrich Meyer auch den bereits am 5. November 1936 verhafteten Ernst Ottwalt betraf. Der wechselseitige Verdacht, die Suche und das Aufdecken von „Verbindungen“ nahm unter den Moskauer Emigranten häufig paranoide Formen an: „Der Vorgang der Demaskierung und Entlarvung ist für den Paranoiker – und nicht nur für ihn – von fundamentaler Bedeutung. Von ihm leitet sich auch die Kausalitätssucht ab; alle Gründe werden ursprünglich in Personen gesucht.“[68] Trotz seiner früheren Erfolge sieht Wolf in den aufgeführten „Zufällen“ eine „Methode der Gegner“, die ihn als revolutionären Schriftsteller „demobilisieren“ wollen.

Deutsche Vertretung/KOMINTERN
Gen. Dengel
Partorg./Deutsche Kommission /Schriftstellerverb
Gen. Barta
Moskau, 15. VIII 37
Friedrich Wolf

Werte Genossen!

Heute erfuhr ich, dass Heinr. Most verhaftet sei. Da ich persönlich gegen die Methoden Ottwalds und in letzter Zeit auch Mosts, ihnen unliebsame Schriftsteller zu demobilisieren, nachweisbar mehrfach auftrat – allerdings lange nicht mit genügender Schärfe auftrat – möchte ich einige Beispiele dieser eigenartigen Schädlingsarbeit hier anführen: Im Falle Ottwalds wurde mir mehrfach von Genossen gesagt, ich litte an ‚Verfolgungswahn‘ oder ver-

[68] Elias Canetti, Masse und Macht. Frankfurt am Main 1992, S. 510.

trüge keine Kritik. Aber wenn sich Zufälle in kurzer Zeit derart häufen, so entspringt dieser ‚Wahnsinn' einer Methode der Gegner! Bitte urteilt selbst:
Fall 1): Vor einem Jahr teilte mir meine hiesige Übersetzerin Maria Levina (D. 1-63-55) mit, sie habe schon einmal ein Stück von mir zum Übersetzen bekommen *Die Jungens von Mons*, das 1932 von der ‚Jungen Volksbühne'/Berlin gespielt wurde. Wie sie mitten in der Übersetzung war, kam der Leiter der Repertoirekommission Wandurski zu ihr, habe ihr das Stück abgenommen, weil dies ein ‚faschistisches Stück' sei und Wolf wahrscheinlich ein Faschist geworden sei. Das war Ende 1932. Kurz danach wurde Wandurski als polnischer Spion entlarvt und demgemäß bestraft.
Fall 2): Am 27. II. 34 schrieben M. Lass und Lasslo[69], die damaligen Redakteure der *Roten Zeitung* an die deutsche Sektion der MORP den anl. Brief (Original und Kopie), in dem sie sich gegen die Aufführung meines Dramas *Professor Mamlock* wandten, wegen des Mangels wirklich revolutionären-antifaschistischen Charakters', wegen ‚mangelnder Spannung' und mangelnder künstlerischer Qualitäten. Die beiden Redakteure wurden wie bekannt später als deutsche Spione entlarvt. Professor Mamlock wurde aber grade bei der deutschsprachlichen Aufführung am Schauspielhaus Zürich durch fortgesetzte Demonstrationen der Nazi-‚Frontisten' bekämpft und durch Einheitsfront der Züricher Arbeiterschaft geschützt. (Material anl.). Ebenso bei der Aufführung am Nationaltheater in Oslo, wo sogar der deutsche Botschafter und die ‚Börsenzeitung' intervenierten, um eine Auff. d. Stückes zu verhindern.
Fall 3): Ottwald! Dieser würdige Zeitgenosse hat die ganzen letzten Jahre dauernd mit den lügenhaftesten und intrigantesten Methoden gegen mich gearbeitet, natürlich meist hinter meinem Rücken. Als ich 1935 anl.[äßlich] – des I. amerikanischen Schriftstellerkongresses und der amerikan. Aufführung meiner *Matrosen von Cattaro* in New York war, fand (an sich schon merkwürdig) in meiner Abwesenheit eine Besprechung meines Stückes *Floridsdorf* in der MORP statt. Ottwald bezeichnete das Stück als dilettantisch und die Otto Bauerscene als einen ‚Kabarettscherz'. Meine Frau schrieb diese Diskussion wörtlich nach. Ottwald leugnete nachher alles, obwohl in dem bekannten Artikel der *Prawda* vom 5. IX. 36 gegen Otto Bauer (*Der Judaskuss*) diese

69 Roual László konnte 1935 aus der Sowjetunion unter einem Vorwand ausreisen und veröffentlichte eine antistalinistische Autobiographie „Abschied von Sowjetrußland". Vgl. dazu: Die Säuberung, hrsg. Reinhard Müller, S. 108; ders., Wort-Delirium. Kampagnen von Komintern und KPD gegen Kritiker der Moskauer Schauprozesse, in: Michel Grunewald (Hrsg.), Das linke Intellektuellenmilieu in Deutschland, seine Presse und seine Netzwerke (1890-1960), Bern 2002, S. 523-556.

Scene mit den 2 Telefonen ideologisch mehr als bestätigt wurde. Selbst wenn man sie mir nicht berichtet hätte, so hätte ich sie direkt erfinden müssen. Aus anl. Copie meines Briefs vom 25. VIII..36 an die Redaktion des *Deutschen Almanachs* geht klar hervor, wie Ottwald meine Arbeit sabotieren wollte. Ich schrieb damals – also vor Ottwalds Verhaftung – ‚Ich möchte diesen Fall hiermit signalisieren als einen der seltsamsten ‚Zufälle‘ und Machinationen, über die ich unlängst mit dem Gen. Ottwald sprach.‘
Fall 4): Most: Nach meiner Vortragsreise 1936. die ich auf Einladung der Theaterverbände und Kulturorganisationen in Stockholm, Oslo und Kopenhagen hielt, wollte ich Gen. Florin einen mündlichen Bericht über diese Reise erstatten; Most sagte immer wieder: das ist nicht nötig. Es war mein Fehler, dass ich mich damit abfand. – Mitte 1936 reichte ich bei der Redaktion *Das Wort* meine Erzählung *Die Nacht von Bethineville* ein. (jetzt VEGAAR-Bücherei Nr. 9. Gen. Bredel sagte mir eines Tages, Most habe sie gelesen und halte sie für , … ‚nationalistisch‘, zum mindesten könnten einige Stellen zu diesem Verdacht Anlass geben. – Welche Stellen? Auf S. 19 oben und S. 21 oben wird der Ausmarsch einer Pionierkompagnie am 5. August 1914 geschildert, diese Kompagnie 1914 singt die die Soldatenlieder der alten kaiserlichen Armee: , O Deutschland hoch in Ehren…‘ usw.. Im Verlauf der Erzählung wird aber gezeigt, wie dieser Vizefeldwebel Rudolf seine Wandlung erlebt und bei der Dresdner Demonstration nach Rosas und Karls Ermordung hinter unseren roten Fahnen mitdemonstrierte. Jeder 9jährige Schuljunge versteht das! Aber Most verhinderte den Abdruck der Erzählung im *Wort*, mit jener infamen Begründung, die den Autor diffamieren und demobilisieren sollte. – Dann bekam bei VEGAAR Ottwald die Erzählung in die Hände. Er begann nun auf andere Weise seine ‚literarische‘ Bearbeitung: er machte aus allen Imperfekten in der Erzählung solche Plusquamperfekte: statt ‚er war‘ ein ‚war gewesen‘, statt ‚er hatte‘ ein ‚er hätte gehabt‘ – so dass diese Erzählung wie die ersten Schreibersuche eines Sextaners wirkte.
Wird es klar, mit welchen groben und zugleich sublimierten Methoden man versuchte, einen Schriftsteller zu demobilisieren, ihm das Schreiben zu verekeln, ja unmöglich zu machen? Eine weitere beliebte Methode der beiden war, die Legende zu verbreiten: Der Wolf verträgt keine Kritik! Nun habe ich in den 20 Jahren meiner schriftstellerischen Tätigkeit manche Kritik ‚vertragen‘, und sehr oft hat sie mir sogar Freude gemacht und ich habe von einer Kritik von Niveau nur gelernt. Aber es gibt auch diese boshafte und unfruchtbare Kritik der Ottwald und Most, die den Schriftsteller zu demobilisieren sucht. Auch hierfür ein Beispiel, das mir alle Teilnehmer an meinem so genannten ‚schöpferischen Abend‘ im Mai 37 bestätigen können. Nach einer sehr lebhaf-

ten Discussion, wobei an Kritik wirklich nicht gespart wurde, erhielt ich ein kurzes Schlusswort. Danach war der Abend eigentlich zu Ende. Gen. Barta musste früher fort, und man bat Most, die Versammlung gewissermaßen zu machen. Er bat noch ein paar Worte machen zu dürfen, fing jedoch plötzlich mit einer ausführlichen Kritik des *Trojanischen Pferdes* (des Stückes) an; und jetzt kommt das typische: er kritisierte eine alte längst überholte fehlerhafte 1. Fassung des Stückes, die ich dreimal bereits überarbeitet hatte. Ich verbat mir dies unfaire Verhalten, worauf er prompt erwiderte: ‚Du verträgst keine Kritik!' Ich rief auch dazwischen. Dass er nach meinem Schlusswort nicht wieder mit einer ganz neuen Kritik beginnen könne, zumal über eine von mir längst verworfene alte Fassung; er blieb dabei.

Das alles scheinen vielleicht Bagatellen. Aber in diesen Bagatellen liegt eine Methode! Die Methode mit allen Mitteln einen revol. Schriftsteller zu demobilisieren. Alle die 4 von mir aufgeführten Fälle sind nachprüfbar! Ich bitte sogar darum, sie nachzuprüfen! Vielleicht befinde ich mich in einem Irrtum? Vielleicht kann man bei diesen fortgesetzten Methoden nach und nach tatsächlich wahnsinnig werden. Aber auch die letzte Behandlung unseres Filmszenariums durch Gen. Funk (hinter dem, wie ich betonen möchte, keine politischen Motive vermute) halte ich nachweisbar für unsachlich, sie muss in dieser Form – statt zu helfen – demobilisieren. Ich behaupte, wenn ich bei meinen früheren Arbeiten wie *Cyankali*, *Matrosen von Cattaro*, *Mamlock* die der Arbeiterbewegung genützt haben, schon im Voraus solche demobilisierende Kritik begegnet wäre, ich hätte dann nach und nach den Mut verloren. Ich bitte mich scharf und hart zu kritisieren, aber doch so, dass diese Kritik sachlich ist, dass sie hilft und nicht demobilisiert.

Mit Genossengruß
Friedrich Wolf
Anlagen[70]

Mit dieser Philippika distanzierte sich Wolf von bereits Verhafteten und demonstrierte zugleich seine „Wachsamkeit" gegenüber den Parteiinstanzen. Auch wenn er die einzelnen Vorfälle als Bagatellen ansieht, schien er zu befürchten, daß er durch „die fortgesetzten Methoden nach und nach

70 RGASPI, F. 495, op. 205, d. 43, Bl. 106.

tatsächlich wahnsinnig“ werden kann. Die stalinistische Verschwörungskonstrukte des „Spions“ und „Schädlings“ projizierte Wolf in sein persönliches Umfeld. Verstärkt wurde Wolfs „Emigrationspsychose“ (Georg Lukács) durch die wiederholte Zurückweisung seiner Ausreisegesuche, die er auch einem Gedicht thematisiert. Dieser Text, der wahrscheinlich im Sommer 1937 entstand, liegt der Kaderakte Wolfs bei:

Wir hörten, unsere Kameraden sind in Spanien gefallen.
Und wir schrieben Gesuche
Wir wollten die Lücken ausfüllen unserer Kameraden
Und wir schrieben Gesuche…

Wir warteten geduldig, monatelang, von Tag zu Tag,
Von Woche zu Woche.
Wir quälten unsere Gehirne: Was haben wir begangen
Dass man uns nicht antwortet

Wir haben nochmals Gesuche geschrieben
Und nie eine Antwort erhalten
Wir haben darüber nachgedacht
Muss man einem Menschen antworten?

Wahrscheinlich liegen unsere Gesuche zwischen Akten…
Was ist ein Mensch?
Wahrscheinlich liegen diese Akten in den Schränken…
Was ist ein Mensch?

So frug schon Hiob, als Jaweh ihn prüfte;
Aber wir sind nicht Hiob, denn
Wir wollen mitschmieden an den Feuern
Unserer Zeit

Deshalb werden wir immer dastehn und fragen
Wo sind unsere gerechten Gesuche?
Immer wieder werden wir das fragen…

Mit der alttestamentarischen Figur des frommen Hiob evozierte Wolf eine Zeit der Prüfungen und des Unglücks, denen der Gerechte und Erfolgreiche auf Betreiben des Satans ausgesetzt wurde. Obwohl Hiob seine zehn Kinder verliert und mit Krankheit geschlagen wird, folgt er nicht dem Rat seiner Frau, die ihn auffordert, Gott zu verfluchen. Hiob unterwirft sich der Allmacht Gottes, bereut in Staub und Asche und erhält doppelt so viel zurück, wie er früher besessen hat. Nach dem Beispiel Hiobs verlor auch Wolf trotz aller Prüfungen kaum seinen kommunistischen Glauben, sondern formulierte allenfalls sein Mißtrauen gegenüber einer Bürokratie, die seine „gerechten Gesuche“ in Aktenschränken ablegte. Ludwig Marcuse, der Feuchtwanger 1936/37 auf seiner Moskaureise begleitete,[71] schildert diese Glaubenstreue: „Er litt – und trug es, weil er glaubte, dass, was da wird, allen Leidens wert ist. Ich lernte durch ihn den Passionsweg eines Dramatikers kenn, dem die Herrschaft der Funktionäre nicht an der Wiege gesungen wurde.“[72]

Im Herbst 1937 beteiligte sich Wolf scheinbar ungebrochen an mehreren Besprechungen mit KPD-Funktionären über die deutschsprachigen Radiosendungen des Komintern-Senders. Da im russischen Programm für Kinder und Schulen eine Montage seines Stückes *Das trojanische Pferd* gesendet wurde, fragte er bei dem KPD-Funktionär Dengel nach, ob nicht auch eine ähnliche Montage in deutscher Sprache gebracht werden könnte. Gleichzeitig bot er Dengel zwei Theaterkarten an, da *Professor Mamlock* wieder in den Spielplan des Theaters des Zentralrats der Gewerkschaften aufgenommen wurde.[73]

Ein neue Enttäuschung erlebte Wolf, nachdem er sein Manuskript des neuen Theaterstücks *Peter kehrt heim* bei der Verlagsgenossenschaft ausländischer Arbeiter (VEGAAR) am 1. August 1937 eingereicht hatte.

71 Vgl. Anne Hartmann, Lost in translation. Lion Feuchtwanger bei Stalin, Moskau 1937. In: Exil. Forschung, Erkenntnisse, Ergebnisse 28 (2008), 2, S. 5-18; Aufzeichnung der Unterredung des Genossen Stalin mit dem deutschen Schriftsteller Lion Feuchtwanger (8. Januar 1937) [Übersetzung, Anmerkungen], ebd., S. 19-31.

72 Ludwig Marcuse, Mein zwanzigstes Jahrhundert. Auf dem Weg zu einer Autobiographie, München 1960, S. 221.

73 Friedrich Wolf an Philipp Dengel, 22.9. 1937, RGASPI, F. 495, op. 205, d. 43, Bl. 103.

Trotz wiederholter Anfragen und Mahnungen war das Stück in der VEGAAR vier Monate danach überhaupt noch nicht gelesen worden, obwohl es bereits von den sowjetischer Zensurbehörden genehmigt worden war: „Das Stück wurde von GLAWLIT und GLAWREPERTKOM genehmigt, vollständig in der Septembernummer der ‚SWESDA‘ abgedruckt, als Buchausg. ist es russisch bereits im Satz bei ‚Isdat, Isskustwo‘, es wurde als Oktoberfestspiel mit Erfolge am ‚Deutschen Staatstheater/Engels Wolgadeutsche Republik gespielt.“[74] Dieses dilatorische Verhalten gegenüber eingereichten Manuskripten, das Wolf hier anprangert und als gezielte Benachteiligung empfand, wurde aber in der VEGAAR auch bei anderen Autoren wie Ervin Sinkó praktiziert.[75] Nachdem der stellvertretende Leiter der VEGAAR Erich Wendt bereits am 14. 8. 1936 und der Leiter Michail Kreps am 26. 7. 1937 vom NKWD verhaftet worden waren, verschob auch der Interimsleiter Alexander Parisew alle Verlagsentscheidungen. Auch öffentlich wurde Wolf angegriffen. Sein mit großem Erfolg aufgeführtes Stück *Die Matrosen von Cattaro* wurde plötzlich in Leningrad vom Spielplan abgesetzt. In der *Iswestija* vom 4. Juli 1937 wurde es als „defaitistisch und politisch gefährlich“ diffamiert. Wolf selbst geriet auch in das Visier des NKWD. Ein Spitzel berichtete über ihn, er vertrete die Auffassung, „dass in der UdSSR angeblich keinerlei Demokratie, sondern nur Gewalt herrsche“.[76]

Bei seinem Aufenthalt in Engels in der Wolgarepublik wurde Wolf auch vom Schicksal seiner früheren Geliebten Lotte Rayß und ihres Lebensgefährten Lorenz Lochthofen[77] tief berührt und schilderte dies im Oktober in zwei Briefen an seine Frau Else in Moskau: „Lotte hat es jetzt verflucht

[74] Friedrich Wolf an VEGAAR/Deutsche Sektion und Internationale Kommission des Schriftstellerverbandes, RGASPI, 25. 11.1937, F. 495, op. 205, d. 43, Bl. 104.

[75] Vgl. Ervin Sinkó, Roman eines Romans, Köln 1962.

[76] Koljazin, Vladimir F., V. A. Goncarov (Hrsg.): „Vernite mne svobudu!“ [dt. Gebt mir die Freiheit zurück!]: dejateli literatury i iskusstva Rossii i Germanii-zertvy staliniskogo terrora; memorial'nyi sbornik dokumentov iz archivov bysego KGB, Moskau 1997, S. 362.

[77] Lorenz Lochthofen, kam 1930 als Schlosser in die Sowjetunion, 1934 Redakteur der „Deutschen Zentral-Zeitung“, bis zur Verhaftung in Engels Zeitungsredakteur der „Nachrichten“, am 10. 1. 1938 zu Gulag-Haft verurteilt, bis 1946 im Lager Workuta, kam 1958 in die DDR, 1963 Mitglied des ZK der SED.

schwer. Ich habe ihren Mann noch einen Tag gesehen. Bereits am nächsten Tag war er den Weg gegangen, den heute so viele gehen." [...] „Ach ist das ein Leben. Lottes Jugend ist auch zum Teufel, und ich mache da ab und zu Jom Kippur, bin doch ein dickes Teil mitschuld, dass sie es jetzt so schwer hat. Sie selbst lehnt diese Auffassung übrigens strikt ab, findet das alles richtig ist. Aber das ist so ein ohrenbetäubender Heroismus. Tatsache ist, dass sie jetzt mit ihren zwei Kindern allein dasitzt...Man möchte manchmal heulen, wenn man diese Kinder sieht."[78]

Im Moskauer Hotel Lux wurde am 27. Juli 1937 Wilhelm Wloch verhaftet und durch mehrere Moskauer Gefängnisse geschleift.[79] Else Wolf war mit Erna Wloch befreundet und erfuhr, daß sie nach verzweifelter Suche erst Anfang Dezember 1937 ihren Mann im Moskauer Gefängnis Butyrka ausfindig machen konnte.[80]

Diesen bedrückenden Erfahrungen und Enttäuschungen suchte Wolf, der in der Irrationalität des stalinistischen Terrors auch um seine eigene Verhaftung fürchten mußte, mit einem erneuten Gesuch zur Ausreise zu entfliehen:

> Gen. Wilhelm Pieck
> Präsidium Komintern
> Gen. Dengel Deutsche Sektion/Komintern
> 17.11.37
> Werte Genossen,
> Ich wiederhole mein Gesuch, das ich vor etwa 1 Jahr nach dem Tod von Hans Beimler (und dann nochmals) an Euch richtete. Ich möchte als Truppenarzt

[78] Friedrich Wolf-Archiv, Akademie der Künste, Mappe 280.

[79] Wilhelm Wloch, seit 1920 KPD-Mitglied, 1925 bis 1936 Mitarbeiter im illegalen „Verbindungsdienst" der Komintern (OMS), 1936 aus Shanghai nach Moskau beordert, am 27. Juli 1937 verhaftet, 1939 zum Tode verurteilt und erschossen.

[80] Else Wolf nahm Lothar Wloch während der Sommerferien auf der Datsche auf und unterstützte Erna Wloch, die 1940 mit ihren Kindern nach Deutschland ausreiste. Auch dies wurde vom NKWD registriert: „Wolfs Ehefrau ist antisowjetisch eingestellt, bis in die jüngste Zeit hat sie verschiedene antisowjetische Elemente aus einer Reihe von durch Organe des NKWD repressierten Familien und Einzelpersonen um sich gruppiert, die später aus der UdSSR nach Deutschland ausgereist sind." Koljazin, Vladimir F., V. A. Goncarov (Hg.), „Vernite mne svobudu!", S. 362.

in der spanischen Volksarmee arbeiten, entsprechend unsrer Einstellung, dass der Hitlerfaschismus jetzt vor allem auch vor Madrid geschlagen werden muss. – Meine Qualifikation: Ich war 4 Jahre im Weltkrieg als Truppenarzt und Gasschutzsanitätsoffizier tätig, ich kann mich neben deutsch und russisch auch in französ. und englisch verständigen.

Mit komm. Gruss!
Friedrich Wolf[81]

Nach dem Gespräch erinnerte Wolf dann Dengel, daß sein deutscher Pass im Januar 1938 ablaufe und er mit dem in Kürze ablaufenden Paß vom französischen Konsulat kein Visum erhalten werde. Seinen Paß und seine Aufenthaltsgenehmigung könne er zudem bei der Abteilung für Internationale Verbindungen der Komintern erst am 3. Dezember abholen, darum bat er abschließend: „Nachdem ich jetzt mit viel Mühe meine Sowjetbürgerschaft vor 2 Monaten eingereicht habe, möchte ich wenigstens einigermaßen die Gewissheit haben dorthin zu kommen, wohin ich kommen will.“[82]

Dengel sah jetzt seinerseits aber keine Möglichkeiten mehr, Wolfs Ausreise zu unterstützen und forderte ihn auf, die Sache selbst in die Hand zu nehmen und bei den „entsprechenden Sowjetbehörden“, d.h. beim NKWD einen Versuch zu unternehmen.[83]

Nach diesen Prozeduren, die in der Kaderakte nicht überliefert sind, gelangte Wolf Anfang Januar 1938 nach Helsingfors und von dort über Stockholm, Kopenhagen und Amsterdam nach Paris.

81 RGASPI, F. 495, op. 205, d. 43, Bl. 105. Hs. Zusatz von Georg Brückmann: „Dengel will mit ihm sprechen."
82 Wolf an Dengel, 26.11. 1937, RGASPI, F. 495, op. 205, d. 43, Bl. 107.
83 Dengel an Wolf, 28.11. 1937, RGASPI, F. 495, op. 205, d. 43, Bl. 112.

Günter Agde

Filmutopien vor der Katastrophe

Friedrich Wolfs Filmprojekte für Meshrabpom-Film Moskau (1931–1933)

1.

Lange Zeit waren Friedrich Wolfs Pläne für Meshrabpom-Film unbekannt, wurden übersehen oder nur marginal erwähnt.[1] Meist begnügte man sich mit der Nennung von Titeln und mit Spekulationen über das Scheitern seiner Pläne, fragte jedoch weder nach der Bedeutung der auftraggebenden Firma noch nach den inhaltlichen und ideologischen Dimensionen der Projekte selbst.[2] Auch Wolf, der sonst aufmerksam darauf bedacht war, seine Werke zu plazieren und Mißerfolge lange mit sich herumtrug, ist nie wieder auf diese Projekte, mit denen er einige Zeit große Hoffnungen ver-

[1] So zur Filmretrospektive Friedrich Wolf 1974. Der Eröffnungsredner, der immerhin noch mit Wolf selbst an der Realisierung eines Films zusammengearbeitet hatte, Kurt Maetzig, erwähnt die Moskauer Pläne nicht. Vgl. Kurt Maetzig, Friedrich Wolf und der Film, in: Kurt Maetzig, Filmarbeit Berlin 1987, S. 353 ff. Auch Hans Rodenberg in seinem großangelegten, detailreichen Aufsatz zu Wolfs 50. Geburtstag 1938 geht auf diese Pläne nicht ein. Vgl. Hans Rodenberg, Friedrich Wolf zum 50. Geburtstag, in: Internationale Literatur. Deutsche Blätter (Moskau), Nr. 9, Heft 3, 1939.

[2] Vgl. etwa Lew Hohmann, Friedrich Wolf und der Film – Eine unglückliche Liebe, in: Mut, nochmals Mut, immerzu Mut. Internationales Friedrich-Wolf-Symposion, Neuwied am Rhein 1989/90, S. 244 ff.

band, zurückgekommen. Der ausschlaggebende Grund für sein Beschweigen dieser Pläne lag in seiner unbeirrbaren Parteitreue: Spätestens seit Willi Münzenbergs Ausschluß aus dem ZK der KPD 1938 galt alles, was mit dessen Namen zusammenhing, als Tabu, auch für Wolf. Und Meshrabpom-Film war in Münzenbergs Medienkonzern die späteste, wenngleich erfolgreiche und äußerst bekannte Betriebsteilgründung gewesen.[3] Münzenberg und die Leute, mit denen Friedrich Wolf bei seinen Filmprojekten für Meshrabpom-Film zu tun hatte, waren – wenigstens bis zum Tode Wolfs 1953 – Unpersonen: der avantgardistische Regisseur Erwin Piscator (nach Moskauaufenthalt Weiteremigration über Frankreich in die USA) und Alexander Maaß (Rundfunksprecher beim WDR, nach Moskau emigriert, später bei den Internationalen Brigaden in Spanien, nach 1945 wieder beim WDR) galten als Renegaten; Otto Katz, agiler Organisator und Journalist mit dem Pseudonym André Simone, wurde als Westemigrant Opfer eines stalinistischen Schauprozesses in Prag; Paul Dietrich, ein Bekannter Wolfs aus Stuttgarter Zeiten und seit 1930 als Politfunktionär für Agitation bei der Komintern, war erschossen worden. Der Moskauer Münzenberg-Stellvertreter und IAH-Präsident für Meshrabpom-Film, Francesco Misiano, und Studiodirektor Boris Babitzki waren Repressionen ausgesetzt gewesen. Deutsche Filmkollegen wie die Regisseure Carl Junghans und Hans Richter, die nach ihrem kurzen Aufenthalt in der Sowjetunion nach Deutschland zurückgekehrt waren, wurden übersehen. Hans Rodenberg, der jene Internationale Abteilung bei Meshrabpom-Film leitete, die eben diese Pläne realisieren wollte, hielt sich nach 1945 wie Friedrich Wolf stillschweigend an diese Art Verdrängung durch Schweigen.[4] Der Stalinismus und der sogenannte Große Terror haben auch hier andauernd weitergewirkt.

3 Vgl. Rainhard May/Hendrik Jackson (Hrsg.), Filme für die Volksfront, Berlin 2001.

4 Hans Rodenberg hat sich erst sehr spät und mit großer Zurückhaltung über diese Zusammenhänge geäußert. Hans Richter erwähnt er nur beiläufig, und Carl Junghans hielt er für einen unpolitischen Menschen. Vgl. Hans Rodenberg, Protokoll eines Lebens, Berlin 1980, S. 113.

2.

Als Friedrich Wolf im März 1931 von der Moskauer Filmproduktionsfirma Meshrabpom-Film die Einladung erhielt, für sie Filmszenarien zu schreiben, hatte der Dramatiker bereits einige dubiose Erfahrungen als Autor für Filmproduktionen gemacht. Für den abendfüllenden Kulturfilm der Ufa *Wege zu Kraft und Schönheit*[5] hatte er ein Treatment geschrieben, und sein erfolgreiches Theaterstück *Cyankali* war 1930 von Hans Tintner verfilmt worden. Sein Anteil an dem Abenteuerfilm *SOS Eisberg* (1933) war anonymisiert worden.[6] Friedrich Wolf hatte erleben müssen, daß viele seiner Intentionen in beiden Filmen entstellt und entschärft wurden. (Beim *Cyankali*-Film war seine Verärgerung vor allem durch die Besetzung der weiblichen Hauptrolle – Grete Mosheim statt der von ihm gewünschten René Stobrawa – bestimmt.[7]) Wolf hat seine frühe, schwierige Erfahrung als Autor von Filmszenarien zeitlebens nicht vergessen und kam immer wieder auf sie zurück. Mit Zorn postulierte er noch Jahre später entschlossen das Primat des Manuskripts beim Film.[8] Er teilte den Schmerz vieler Autoren, die je für das Kino geschrieben haben: daß ihre literarischen Ambitionen (und das waren bei Friedrich Wolf auch stets politische!) sehr häufig durch Regisseur- oder Produzentenwünsche verändert wurden. Hinter diesem branchentypischen Dauerwiderspruch freilich verbirgt sich ein mediales Problem und ein ästhetisches Charakteristikum eigener Art, daß nämlich Literaten

5 Mit dem Untertitel: Ein Film über moderne Körperkultur, Regie: Wilhelm Prager, Produktion: Ufa Kulturabteilung, 1925, Neufassung 1926. Vgl. dazu Michael Töteberg, Schöne nackte Körper, Wege zu Kraft und Schönheit, in: Das Ufa-Buch, hrsg. von Hans-Michael Bock und Michael Töteberg, Frankfurt a.M. 1992, S. 152 ff.

6 In der Stabliste taucht sein Name gar nicht mehr auf. Vgl. CineGraph – Lexikon des deutschsprachigen Films, München o.J. (Loseblattsammlung), Stichwort Arnold Fanck (Regisseur des Films), Filmographie.

7 Friedrich Wolf hat überhaupt wenig auf Schauspieler geachtet und sie stets nur ‚bemerkt', wenn sie seinen Rollenintentionen nahekamen oder ihnen erheblich widersprachen. Er hat auch kein Schauspielerporträt oder sonst eine bemerkenswerte Beobachtung schauspielerischer Leistungen geschrieben.

8 Vgl. Friedrich Wolf, Das mangelnde Manuskript oder der Herzfehler des Films, in: ders., Von der Filmidee zum Drehbuch, Berlin 1949, S. 7 ff.

(auch Dramatiker) nur selten wirklich die Adaption eines Lese-Schreibe-Textes in die Visualisierung auf die große Leinwand des Kinos nachvollziehen und tolerieren konnten, zumal wenn sie nicht über ausreichende Kenntnis der ästhetischen Eigenheiten des Films oder gar über eigene Filmpraxis verfügten.

Die bitteren Enttäuschungen waren Erfahrungen Wolfs mit der bürgerlichen Filmindustrie, vor allem mit der Ufa, die Wolf als nationalistisch-konservatives Instrument bourgeoiser Ideologien unter der Leitung des Erzkonservativen Hugenberg ansah. Über diese Firma und deren Filme hatte Wolf keinerlei Illusionen mehr. Das Angebot von Meshrabpom-Film jedoch war das Angebot einer Firma aus Moskau, dem damaligen Zentrum der kommunistischen Weltbewegung, wie auch Friedrich Wolf es verstand. Sie war eine sozialistische, eine proletarische und eine sowjetische Firma, die folglich seinen szenaristischen Ambitionen besonders nahe kommen mußte, schon wegen ihrer ideologischen Übereinstimmungen. Überdies führte sie die von Friedrich Wolf hochgeschätzte Internationale Arbeiterhilfe (IAH) im Namen und in ihrem Vorspann-Signet. Die Begeisterung, mit der er der Einladung folgte, hat hier eine wesentliche Wurzel.

Für Friedrich Wolf übertrugen sich Nimbus und Qualität der „Russenfilme"[9] als Verheißung auf die eigenen Projekte, denn die meisten sowjetischen Filme, die in den 20er Jahren mit großem Erfolg in Deutschland liefen, waren von Meshrabpom-Film produziert worden.

Die Namen der Regisseure, die als Kandidaten für seine Projekte gehandelt wurden, bildeten eine erhebliche Option für künstlerische Qualität und parteilich konsequente Ausrichtung: Alexander Dowshenko, Nikolai Ekk, Ilja Trauberg, Jakow Protasanow, Boris Barnet.[10] Auch der Theaterregisseur Wsewolod Meyerhold, der prononcierteste Vertreter des

9 Diese Vokabel, die seinerzeit häufig in der deutschen Öffentlichkeit verwendet wurde, erfuhr durch Alfred Kerr eine merkliche Nobilitierung. Vgl. Alfred Kerr, Russische Filmkunst, Berlin 1927.

10 Vgl. Brief von Francesco Misiano an Friedrich Wolf vom 7. August 1931, Archiv der Akademie der Künste, Nachlaß Friedrich Wolf, Nr. 55/10/18.

avantgardistischen Theaters im Moskau jener Jahre, war im Gespräch. Die Filme dieser Regisseure haben europaweit die filmische Avantgarde des noch jungen Mediums Kino mitgeprägt. Sehr gut vorstellbar, daß Friedrich Wolf darauf spekulierte, seine expressiv-revolutionären Filmprojekte würden in der Realisation gerade durch diese innovativen Künstler eine filmische Potenzierung von Ambition und Wirkung erreichen. Wolf hatte viele Filme von Meshrabpom-Film in Deutschland gesehen und durch seine sehr aktive Mitarbeit am Volksfilmverband für deren Popularisierung gesorgt.[11] Interna der Firma und deren Produktionsweise, ihre Position in der IAH und im sowjetischen Filmwesen interessierten ihn kaum.[12]

Erst als er in direkten Arbeitskontakt mit der Firma kam, erfuhr er, daß Meshrabpom-Film auch mit anderen deutschen Künstlern über Filmpläne verhandelte: mit Carl Junghans, Erwin Piscator, Hans Richter sowie mit dem Holländer Joris Ivens und dem Ungarn Béla Balázs (die beide über glänzende deutsche Sprachkenntnisse verfügten) und mit Schauspielern, die auch Wolf gesehen hatte. (Den deutschen Schauspieler und kommunistischen Funktionär Hans Rodenberg, der von Meshrabpom-Film für ihre internationalistischen Strategien engagiert worden war, kannte Friedrich Wolf bis dahin noch nicht.) Wolf nahm diese potentiellen Konkurrenzen als Antrieb für die eigene Produktion. Völlig selbstverständlich und der Sicherheit seines Instinkts vertrauend setzte er darauf, daß der Wahrnehmungsvertrag zwischen Film/Kino und Zuschauern – wie er ihn für die ‚Russenfilme' in Deutschland beobachtet und publizistisch befördert hatte – auch für seine Filme gelten würde,

11 Noch als Wolf zur szenaristischen Arbeit an seinen Filmentwürfen bei Meshrabpom-Film in Moskau weilte, spendete er enthusiastisches Lob für den Spielfilm Der Weg ins Leben (Regie: Nikolai Ekk), der gerade in Deutschland gestartet worden war und als einer der ersten ausländischen Tonfilme vielfältiges Lob erhielt. Radio-Interview für den Sender des Zentralrats der Gewerkschaften Moskau vom 25.5.1931, geführt von ‚Sascha', seinem Freund Alexander Maaß, in: Filmwissenschaftliche Mitteilungen 3/1967, S. 903.

12 Vgl. May/Jackson, a.a.O.; Günter Agde, Zwischen Hoffnung und Illusion, Filmarbeit deutscher Emigranten in Moskau und die Produktionsfirma Meshrabpom-Film, in: Internationales Jahrbuch der Exilforschung 21/2003, S. 62 ff.; ders., Kämpfer, Biographie eines Films und seiner Macher, Berlin 2001, S. 61 ff.

daß nämlich von derlei Filmen revolutionäre Impulse auf die Zuschauer ausgehen und klassenkämpferische Potentiale unterstützen würden. Spätestens hier muß man auf Wolfs Filmverständnis verweisen, das man aus seinen diversen Beschreibungen von Filmen herausfiltern kann. Und man muß sein berühmtes Pamphlet *Kunst ist Waffe* nach seinem Filmverständnis absuchen: Film wird dort als „unmerkliche Waffe im Klassenkampf, als geschmack- und geruchsloses Kampfgas"[13] benannt, eine „eigene Arbeiterfilmproduktion" als nützlich „für die Werbung, die Entfaltung, die Kampfkraft des sozialistischen Gedankens" bezeichnet. Film sei „eine Fahne, ein Schwert, ein Machtfaktor, eine Waffe"[14].

3.

Bevor Friedrich Wolf Projekte bei Meshrabpom-Film einreichte, plante er mit Hans Richter bereits einen „Rußlandfilm"[15], offenbar einen Dokumentarfilm nach Art der in Deutschland erfolgreichen sowjetischen Dokumentarfilme *Das Dokument von Shanghai* (1928, Regie: Jakow Blioch) und *Ein Sechstel der Erde* (1926, Regie: Dsiga Wertow). Der Film wurde nicht realisiert, Wolfs Manuskript ist verschollen. Die enthusiastisch-aktivistische Arbeitsverbindung zwischen Friedrich Wolf und Hans Richter übertrug sich – nach dem Scheitern dieses Vorhabens – problemlos auf ein neues Filmprojekt, das Richter nun nach Wolfs Szenarium für Meshrabpom-Film realisieren sollte: *Metall* (auch als *Hennigsdorf* bezeichnet). Richter hat – nach eigenen Angaben – Wolfs Script in Moskau weiterentwickelt und dann in Moskau und Odessa 800 Meter Schwarzweißfilm gedreht – immerhin ein Drittel eines Spielfilms normaler Länge. Dann wurde das Projekt abgebrochen, Gründe dafür sind dokumentarisch nicht exakt überliefert. Ob Wolf Richters gedrehtes

[13] Friedrich Wolf, Kunst ist Waffe, Ein Feststellung, hrsg. und Verlag Arbeitertheaterbund Deutschlands e.V., 1928, S. 16.

[14] Ebd.

[15] Friedrich Wolf, Brief an Hans Richter, 1.X.1930, Archiv der Akademie der Künste, Nachlaß Friedrich Wolf, Nr. F.9, 53/5

Material gesehen hat, ist unklar, das Material selbst gilt als verloren.[16] In dem Entwurf *Metall* wird keine Fabel im traditionellen Sinne mit handelnden Figuren, Konflikten und Entwicklungen gestaltet. Statt dessen beschreibt Wolf wortreich und mit publizistisch-agitatorischem Impetus soziale Kräfte und ihre Auseinandersetzungen und Entwicklungen. Schwere Konflikte zwischen den Stahlwerkern des Ruhrgebiets (den ‚Ausgebeuteten') und den Industriellen daselbst (den ‚Ausbeutern') um Lohndumping, Produktionskrise, Aussperrungen und Massenarbeitslosigkeit bestimmen die Exposition. In der Folge steigern sich die Aktivitäten der beiden involvierten Arbeiterparteien SPD und KPD und der Gewerkschaft (in Form des Deutschen Metallarbeiterverbandes DMV). Genauso wie im Ruhrgebiet verläuft kurz darauf eine massive Auseinandersetzung zwischen Stahlwerkern und Industriellen im Stahlwerk Hennigsdorf bei Berlin. Den Sieg der Stahlwerker bringt die Bildung der Revolutionären Gewerkschaftsopposition (RGO).[17] Wolfs Manuskript weist der inhaltlichen Struktur nach deutlich auf Sergej Eisensteins Film *Panzerkreuzer Potemkin*, der Friedrich Wolfs Leitfilm war. In einer breiten Exposition wird die Anhäufung sozialen Zündstoffs dargelegt. Not und Bedrängnis der Stahlarbeiter und ihrer Familien nehmen zu – vergleichbar dem Elend der Matrosen auf dem Schiff (das verdorbene Fleisch für die Speisen, die Arroganz der Offiziere). Dann schlägt die zunehmende Quantität in eine neue Qualität um: die Erhebung, der Protest, die Gegenaktion. Wolf folgt hier seinem Lieblingsbauplan einer antithetischen Dramaturgie und strukturiert und akzentuiert deutlich die Bewegungen, die Kurven im An- und Abschwellen der Massenkräfte und ihrer Aktionen, also der Arbeiter, der Streikenden, der Ausgesperrten, der Alten. Er verzichtet erklärtermaßen

16 Jewgenij Margolit und Wjatscheslaw Schmyrow (Is'jatoe kino [Das verbotene Kino], Moskau 1995) erwähnen es nicht. Hans Richter gab später nirgendwo eine brauchbare Auskunft über sein gedrehtes Material und dessen Verbleib. Jüngst sind einige Szenen- und Werkfotos aufgetaucht, die jedoch wenig aussagekräftig sind. Zudem sorgt ein tschechischer Schriftzug auf einem Dekorationsdetail für einige Verwirrung. Vgl. Heide Schönemann, Hans Richter und Friedrich Wolf im Meshrabpom-Programm, in: Hans Richter, Film ist Rhythmus, Freunde der Deutschen Kinemathek e.V., Berlin 2003, S. 115 ff.

17 Nachlaß Friedrich Wolf in: Archiv der Akademie der Künste, Nr. 53.

auf einen oder mehrere zentrale Helden (sonst ein Charakteristikum seiner Theaterstücke) und baut statt dessen den Zusammenprall zweier Blöcke. Er formt einen kollektiven Helden (die Streikenden): „Der ‚Held' kann gerade in diesem Film wirklich nur die MASSE sein".[18] Damit übernimmt Wolf eine in jenen Jahren geläufige vulgärmarxistische Auffassung, der zufolge ein sozialer Konflikt direkter Ausdruck von Klassenauseinandersetzungen sei, als dramaturgisches Prinzip für den Film. Folglich führt er einzelne Figuren in nur episodischen, anekdotischen Szenchen, in Splittern und Momentaufnahmen physischer Verrichtungen vor. Sie lockern die Massenszenen auf, weisen aber weder charakterliche Vielfalt noch die für tragende Figuren erforderlichen Profile auf. Die Analogie zu *Potemkin* suggeriert auch das Finale. Dort wird der gewaltlose Abzug der rebellierenden Matrosen – auf dem Riesenschiff durch die feindlichen Linien ‚in die Sicherheit des Auslandes' – als Triumph gezeigt. Historisch bildete dies keinen revolutionären Umsturz, aber einen Sieg insofern, als die Zuschauer des Films den geschichtlichen ‚Sinn' dieses Ereignisses sogleich mit der erfolgreichen Oktoberrevolution von 1917 assoziierten. In *Metall* wird die Gründung der RGO als Sieg, als einzige Lösung des existentiellen Konflikts und als Apotheose gesetzt. Mit zahlreichen handschriftlichen Eintragungen in das Manuskript hat Friedrich Wolf Anweisungen und Vorschläge für die filmische Umsetzung seines Materials notiert, wie sie seinem damaligen Filmverständnis entsprachen: Durchnummerierung von Szenen und Sequenzen, die Hervorhebung von Zwischentiteln als Inserts und ähnliches. Auch diese Notate tragen deutliche Spuren der ideologischen Vereinfachung.[19] Wolfs Text *Metall* kann als „erste deutsche Filmerzählung eines Massenstreiks" gelten, wie Lew Hohmann notierte.[20] Das Projekt war noch vor dem ersten deutschen proletarischen Spielfilm *Kuhle Wam-*

18 Friedrich Wolf, Metall, Entwurf, Nachlaß, a.a.O., Bl. 2, Hervorhebungen von Wolf.

19 Leider haben die Herausgeber der *Ausgewählten Werke* Friedrich Wolfs, Else Wolf und Walther Pollatschek, in der Druckfassung diese filmischen Ambitionen Wolfs unterdrückt, indem sie seine handschriftlichen Anmerkungen und andere Hervorhebungen im Typoskript tilgten. Vgl. Friedrich Wolf, Ausgewählte Werke in Einzelausgaben, Bd. XI, Filmerzählungen, Berlin 1959, S. 15 ff.

20 Lew Hohmann, Friedrich Wolf und der Film, a.a.O., S. 246.

pe konzipiert worden und konnte dessen szenische Vorschläge zur filmischen Gestaltung revolutionärer Bewegungen nicht auswerten oder auf sie reagieren, die andere Vorschläge waren, als sie Eisenstein mit *Panzerkreuzer Potemkin* gemacht und Wolf sie aufgegriffen hatte.[21] Das von Wolf erkannte und gestaltete Anwachsen revolutionärer Kräfte und Bewegungen war illusionär angesichts des sich in Deutschland real verstärkenden Faschismus. Als ähnlich illusionär muß erscheinen, wie Wolf die RGO favorisiert und sie – in schlußendlicher Lobpreisung – als revolutionäre Errungenschaft und als wirkliche soziale Kraft mit Aussicht auf Erfolg feiert. Weil sie jedoch die damalige Arbeiterbewegung weiter spaltete, wurde sie bald von der KPD als revolutionär gemeinte Bewegung verworfen, was Wolf (zunächst noch) nicht ausmachen konnte. Zudem verkannte er die Massenbasis der faschistischen Bewegung: Die von ihm erfundene Figur des Nazis („Stahlhelmers") Buck geht ohne jedes Profil durch die Handlung. Sie fungiert nur als Mitglied des Betriebsrates und wirkt wie ein Statist, der keinen Dialogsatz, keine Aktion, der nichts hat, um seine Position zu verdeutlichen. So wird er auch nicht als Mitglied und Repräsentant einer (gefährlichen) Massenbewegung erkennbar. Ganz in diesem Sinne funktioniert auch eine kleine Szene, in der die Streikküche des Stahlhelms (also der Faschisten) von bedürftigen Streikenden boykottiert wird, ohne daß dafür Gründe angegeben werden. Schließlich gestaltet Wolf ‚die Kapitalisten' als klischierte Typen, die abstraktes Deutsch aus platten Propaganda-Broschüren reden. Auch dies eine arge Vereinfachung.

4.

Das Treatment *Captain Campell*, das er bei Meshrabpom-Film einreichte, hat Wolf direkt für die Verfilmung geschrieben. In der Literatur ist

[21] *Kuhle Wampe oder Wem gehört die Welt?* (Regie: Slatan Dudow) wurde am 30. Mai 1932 uraufgeführt, also nachdem Friedrich Wolf seine Entwürfe bei Meshrabpom-Film abgeliefert hatte.

es in seiner Theaterversion unter dem Titel *Die Jungen von Mons* überliefert.[22] Die Story gestaltete er wie auch in seinen Theaterstücken geradlinig und überschaubar: Aus Not gibt sich die Witwe eines Frontoffiziers als ihr Mann aus, trägt dessen Uniform und dessen Orden und gewinnt so Zugang zu Offiziers- und Industriellenkreisen und beträchtliche Reputation. Sie organisiert eine Gruppe Frontkameraden, schult sie militärisch und formt sie zu einer brutalen Eingreiftruppe der Konzerne, die mit rücksichtsloser Gewalt gegen streikende Arbeiter vorgeht. Bei einer Saalschlacht wird ihre Identität entdeckt. Die Konstruktion bricht zusammen. Wolf benutzte einen realen zeitgenössischen Vorgang in Großbritannien, den er Zeitungsveröffentlichungen entnommen hatte. Kurios nebenbei: Ein deutscher Dramatiker schreibt einen englischen Stoff für eine russische Firma. Friedrich Wolf benutzte die Technik des Verkleidungsspiels, eines alten theatralischen Mittels, das bis zu Shakespeares *Maß für Maß* zurückverfolgt werden kann und auch in Filmen verwendet wurde. Jedoch spielte Wolf hier nicht durchgängig mit Verkleidungen wie in einer Verwechslungskomödie. Die Anfangs-Komik nutzt sich rasch ab: Sobald die Militarisierung der Campell-Truppe installiert und Campells Status bei den Industriellen unanfechtbar geworden ist, wird das Spiel nur noch brutal und aggressiv.

Wolf reduziert in diesem Script reale faschistische Gefahren auf den psychologischen Sonderfall einer verkleideten Frau als ‚Führer' und die faschistische Massenbewegung auf die Brutalität einer militärischen Elitetruppe, der ‚Mannschaft' Campells. Und wieder gibt es Stereotypisierungen von Kapitalisten-Figuren. Insofern enthält auch dieser Filmvorschlag mancherlei Illusionäres. Allerdings thematisiert Wolf eine für die deutsche faschistische Bewegung bestimmende ideelle ‚Verbindung', die durchaus identitäts- und traditionsstiftend gewirkt hat, nämlich die zu den Frontkämpfern des 1. Weltkrieges – und damit auch zu einer weltpolitischen ‚Niederlage' (dem ‚Schandvertrag' von Versailles). Freilich, als Friedrich Wolf beide Exposés schrieb, war er – noch – fest davon überzeugt, daß die

22 Friedrich Wolf, Gesammelte Werke, hrsg. von Else Wolf und Walther Pollatschek, Bd. 3 (Dramen), Berlin 1960, S. 197 ff.

Klassenverhältnisse so seien, wie er sie gestaltet hatte, daß also der Faschismus in Deutschland zu besiegen wäre, noch bevor er die Macht ergreifen könnte. Zwar verwendete Wolf die Vokabel nicht, aber von dem Bild des Sozialfaschismus, wie es die damalige KPD entwarf, war er nicht weit entfernt.

Friedrich Wolf hat *Campell* in der Arbeitsbeziehung mit Meshrabpom-Film mehrfach energisch umgearbeitet. Aber das Grunddilemma konnte er nicht bewältigen, solange er an seiner einseitigen und ausschließlichen Konfrontation Arbeiter–Faschisten festhielt. Für die Bühnenfassung des Campell-Stoffs *Die Jungens von Mons* rettete er sich durch den Einbau zahlreicher Revue-Elemente (das Mons-Lied, eine Art Corps-Gesang der Schlägertruppe, wird zum Leitmotiv) und durch weitere Privatisierung der Campell-Figur.

5.

Die faschistische Gefahr in Deutschland wurde auch in anderen Meshrabpom-Filmen damals drastisch unterschätzt: *Der Deserteur* (*Desertir*, Regie: Wsewolod Pudowkin)[23] gestaltet die Erlebnisse eines Hamburger Arbeiters, der in die Sowjetunion reist, um am sozialistischen Aufbau teilzunehmen, dort aber überzeugt wird, daß sein Platz in Deutschland ist. *Brennende Ruhr* (*Pyljajuschtschij rur*, Regie: Konstantin Eggert) thematisiert die sozialen Auseinandersetzungen im Ruhrgebiet, die auch Karl Grünbergs Roman gleichen Titels zugrunde lagen.[24] Beide Filme wurden in Moskau verboten. Ohne es mit Dokumenten hinlänglich beweisen zu können, kann angenommen werden, daß die Gründe dafür dieselben waren wie für den Abbruch der Arbeit an *Metall*: der innerhalb der Produktionsfirma zeitweilig noch unentschiedene Widerstreit zwischen realistischem und propagandistischem Filmkunst-

23 1932, Buch: Nina Agadshanowa-Schutko.

24 Drusja sowestji (Pyljajuschtschij rur, Wosstanije w rurje), Szenarium: Oleg Leonidow, Leonid Glasytschew, Produktion: Meshrabpom-Film 1932. Vgl. Jewgenij Margolit/Wjatscheslaw Schmyrow, Is'jatoe kino, a.a.O. Moskau 1995, S. 30.

verständnis bei der Gestaltung außersowjetischer Filmgeschichten. Die These vom politischen Schematismus und dessen Kollision mit Realismusauffassungen bei Meshrabpom-Film stützt unfreiwillig Wolfs Mitstreiter in Sachen *Metall*, Hans Richter. Auf Drehurlaub in Berlin und also noch mitten in der Arbeit, erwähnt Richter höflich, aber deutlich gegenüber der deutschen Presse seine sehr persönliche Schwierigkeit, daß „er die schablonenhaften und für westeuropäische Zustände gänzlich unzutreffenden Vorstellungen der Russen von ausländischen Großindustriellen und Gewerkschaftern bekämpfen und aus ihrer Starre befreien mußte. Denn es leuchtet vielen Russen immer noch nicht ein, daß ein westeuropäischer Wirtschaftsführer nicht wie ein vollgefressener und dauernd Orgien feiernder russischer Großkaufmann dargestellt werden kann. [...] es ist nicht leicht, diese seit den Tagen der Revolution allmählich zu festen Begriffen gewordenen Typen auch in der Praxis vollkommen zu erneuern.[25] „Die hier aufscheinenden firmeninternen Diskussionen bedürfen weiterer Erforschung.[26] Einige Jahre später wurde in den Diskussionen der deutschen Schriftsteller im Moskauer Exil vom 4. bis 8. September 1936, die vielfach als eine besondere Form von ‚Parteireinigung' angesehen wird[27], auch über Meshrabpom-Film geredet, allerdings stets vom Ende der Firma her.[28] Friedrich Wolf, wiewohl ausführlich befragt und ausführlich antwortend, hat seine früheren Filmprojekte mit keinem Wort erwähnt. Er wurde auch nicht nach ihnen gefragt. Die Wirklichkeit hatte seine Filmutopien ‚von damals' längst überholt: Der deutsche Faschismus hatte gesiegt und seine Macht gefestigt, seine militärische Aggressivität zeichnete sich 1936 immer deutlicher ab. Jedoch: Friedrich Wolfs persönliche Utopie, einen Film mit einer

[25] Zitiert nach: Simon Koster, Ein Avantgardist stellt sich um, Hans Richter kommt zu neuen Formen, in: Filmkurier Berlin, 22. November 1932.

[26] Unhaltbar scheint mir freilich Heide Schönemanns These, das Ende der Zusammenarbeit zwischen Wolf und Richter und des Metall-Projekts sei als eine Art ‚Voraus-Opfer' des Großen Terrors anzusehen. Vgl. Heide Schönemann, Hans Richter und Friedrich Wolf im Meshrabpom-Programm, a.a.O.

[27] Georg Lukács/Johannes R. Becher/Friedrich Wolf u.a., Die Säuberung, Moskau 1936: Stenogramm einer geschlossenen Parteiversammlung, hrsg. von Reinhard Müller, Reinbek 1991.

[28] Die Firma Meshrabpom-Film war im Juni 1936 buchstäblich über Nacht liquidiert worden, ein deutliches Zeichen des beginnenden Stalinschen Terrors.

sozialistischen Produktionsfirma zu realisieren, blieb bestehen. Sie wurde 1938 mit der Verfilmung seines Stückes *Professor Mamlock*[29] erfüllt und erlebte lange nach seinem Tod mit der erneuten Verfilmung dieses Theaterstücks durch seinen Sohn Konrad bei der DDR-Filmproduktionsfirma DEFA 1961 einen Höhepunkt.

[29] Regie: Herbert Rappoport, Adolf Minkin, Produktion: Lenfilm, Leningrad.

Oksana Bulgakowa

Ein Wiener in Sowjetrußland: Herbert Rappaport

Gerbert Morizewitsch Rappaport wurde am 7. Juli 1908 in Wien als Herbert Otto Jacob in einer großbürgerlichen jüdischen Familie geboren, absolvierte das Franz-Josefs-Gymnasium, das unweit von der elterlichen Wohnung am Stubenring 22 lag, studierte 1927–29 Jura an der Wiener Universität, ab 1928 arbeitete er in Deutschland, zunächst als Filmjournalist.[1] Er schrieb Kritiken, Informationen, Werbe- und Pressetexte für Wiener Zeitschriften und den Pariser *CinéMonde.* Er versuchte, Kontakt zu den Herausgebern von *Close up* aufzunehmen, und schickte seine Kritik zu Eisensteins *Generallinie* ein, doch Kenneth MacPherson hatte bereits eine und lehnte sein Angebot ab. Rappaport arbeitete als Regieassistent – bei Georg Wilhelm Pabst, einem anderen Österreicher in Berlin. Meist taucht sein Name im Vorspann nicht auf, und seinen ersten ‚richtigen' Vertrag bekam er bei der *Dreigroschenoper* als Musikassistent. Er wirkte auch bei der Entstehung der französischen Fassung der *Dreigroschenoper* mit.

1 Dies ist eine leicht überarbeitete Fassung des bereits publizierten Textes, in: O. Bulgakowa (Hrsg.), *Die ungewöhnlichen Abenteuer des Dr. Mabuse im Lande der Bolschewiki. Ein Buch zur Filmreihe Moskau-Berlin*, Berlin 1995, S. 219–228. Inzwischen wurde Herbert Rappaport eine Retrospektive in Graz 2008 gewidmet, die von einer Broschüre begleitet wurde: Michael Omasta/Barbara Wurm u.a. (Hrsg.), Regie: Rappaport. Ein sowjetischer Filmemacher aus Wien, Wien 2008. Rappaport figuriert auch unter den Helden einer Arbeit von Jasmin Arnold: Die Revolution frisst ihre Kinder. Deutsches Filmexil in der UdSSR, Marburg 2003.

Er verschickte seine Filmideen an österreichische, deutsche, französische Filmgesellschaften, schrieb Lustspiele, schickte sein Libretto *Notre Dame* an Kenneth MacPherson, wollte das Stück des russischen Exilautors Arkadi Awertschenko *Selbstmörder* verfilmen, doch bekam meist ablehnende Antworten. Rudolf Arnheim meinte, sein Einakter *Dialog am Telefon* sei sehr lustig, doch für die *Weltbühne* zu harmlos. Rappaport pendelte zwischen Wien und Berlin, da er in Wien Angelegenheiten seiner Eltern und einige Aufträge von Pabst zu regeln versuchte (es ging um den Erwerb der Rechte für die Verfilmung von Arthur Schnitzlers *Traumnovelle*). Die Sammlung seines Nachlasses – Briefe, Rechnungen, Drehbuchentwürfe, Opernlibretto, aufbewahrt in der Deutschen Kinemathek Berlin – enthält den Text eines Vortrages seines Vaters über Freud und den Briefwechsel, der einen Einblick in die finanziellen Probleme der Familie gibt sowie über den Zustand der Mutter berichtet, die an Depressionen litt und 1923 in einem Sanatorium betreut wurde.[2]

1933 ging Herbert Rappaport mit seiner Lebensgefährtin, der Autorin Anna Gmeyner (Künstlername: Wiesner), nach Frankreich, wo Pabst ihr Drehbuch *Du haut en bas* inszenierte. Rappaport arbeitete da wieder als Assistent, wie auch bei Pabsts *Don Quichotte* mit dem russischen Sänger Fjodor Schaljapin. Anna Gmeyner war bereits 1931 in die Sowjetunion eingeladen worden, wo sie als Co-Autorin für Piscators *Aufstand der Fischer* gearbeitet hatte (ihr Name taucht allerdings nicht im Vorspann auf, wie in vielen anderen Filmen). Rappaport, der in regem Briefwechsel mit seinem Schulfreund Fred Zinnemann stand, versuchte sein Glück in Amerika. Vielleicht ging er dorthin mit Pabst, der dort den *Modern Hero* 1934 im New Yorker Theater inszenierte. Zwischen 1934 und 1936 arbeitete Rappaport in den USA, wo er unter anderem im Contemporary Theater Group in Los Angeles 1935 Friedrich Wolfs *Matrosen von Cattaro* auf die Bühne brachte.

2 1906 hatte er bei Prof. Müllner mit der Arbeit *Das Problem des Zufalls* promoviert. Rappaports Mutter starb in Graz 1932, sein Vater in Wien im Februar 1939.

In Hollywood traf er auf Boris Schumjazki, den Leiter des sowjetischen Filmkomitees, der sich dort gerade zusammen mit dem Regisseur Friedrich Ermler und dem Kameramann Wladimir Nilsen zu einer Studienreise aufhielt. Schumjazki bot ihm Arbeit in der Sowjetunion an. So landete er 1936 beim Lenfilmstudio. Laut Vertrag nahm er seine Arbeit dort am 26. Mai 1936 auf.

Anna Gmeyner allerdings trennte sich von ihm, ihre politischen Ansichten erlebten eine jähe Wende, anders als bei Herbert Rappaport. In einem Brief an Zinnemann schrieb Rappaport 1928: „Wir sind ein Viertel Jahrhundert zu spät auf die Welt gekommen. Die Russen sind uns in allem voraus."[3] Er meinte dabei das Kino. Rappaport war von den Russenfilmen begeistert – von Wsewolod Pudowkin, Sergej Eisenstein, Alexander Dowshenko, Wladimir Turkin. Er bekam in diesem Land die Möglichkeit, selbständig als Regisseur zu arbeiten – eine Arbeit, die er in Europa und den USA nicht gefunden hatte. Für diese Arbeit wurde er mit vier Stalin-Preisen belohnt.

Rappaport heiratete später Lydia Schildknecht, die als Kostümbildnerin bei Lenfilm gearbeitet hatte, und starb 1983 in Leningrad. Kurz davor hatte er für sich die Entscheidung gefaßt, nach Wien zurückzugehen, wo er auch sein Leben beschließen wollte. Seine Frau bestand darauf, daß er in Wien beigesetzt wurde, was auch im Mai 1985 geschah.

Rappaport führte Regie bei 14 abendfüllenden Spielfilmen, inszenierte jedoch nicht nur Filme, sondern auch Fernsehserien und Volksfeste, z.B. zum 100. Geburtstag des kasachischen Volksdichters Dshambul in Alma-Ata. Im Unterschied zu den anderen Emigranten wurde er weder verhaftet noch ausgewiesen, noch von der Arbeit ferngehalten. Er war sogar während des Krieges mit der Filmproduktion betraut, als kein einziger Ausländer beim Film mehr arbeitete (außer Hans Klering und Heinrich Greif, die die deutschen Bestien spielen mußten). Nach dem Krieg wurde er nach Estland geschickt, um dort die sowjetische nationale Kinematographie zu

3 Schriftgutarchiv/Stiftung Deutsche Kinemathek Berlin, 4-3-83/ 40-2.

begründen. (Eine Praxis, die in allen anderen Unionsrepubliken üblich war, als dort russische Regisseure die ersten kirgisischen oder turkmenischen Filme drehten.)

Rappaport war ein Eklektiker, er hat alle Genres des sowjetischen Films erprobt, alle stereotypen Geschichten für den Film umgesetzt: die Umerziehung eines jungen estnischen Individualisten (*Sonne und Regen*), die Einsicht eines bürgerlichen estnischen Wissenschaftlers (*Ein Leben in der Zitadelle*), die Entscheidung eines Mittelbauern für den Kolchos (*Das Licht in Koordi*). Er hat sogar, wie in der Sowjetunion damals üblich, einen biographischen Film – und zwar über Alexander Popow – gedreht, der wie alle Filme dieser Art die Ideologie festigte, die russischen Erfinder hätten alles früher und besser entdeckt als die europäischen Wissenschaftler.

Während des Krieges machte er, ebenso wie alle anderen, propagandistische Kurzfilme für *Bojewyje kinosborniki* (*Kriegsalmanache*). In den 1950er Jahren, als die Produktion fast auf Null sank, filmte er, wie alle, Konzerte, Theateraufführungen und russisches Ballett ab. Er inszenierte auch einen Revolutionsfilm (als Koproduktion mit der DEFA) darüber, wie die russischen Arbeiter der deutschen Novemberrevolution helfen und wie sich dabei ein russisches Mädchen in einen Deutschen namens Kurt verliebt (*Schwarzer Zwieback*). Seine letzten Filme waren Kriminalgeschichten. Sie waren professionell gemacht – im Rahmen des russischen Verständnisses von Professionalität –, doch wiesen sie keine individuelle Handschrift auf.

Zwei seiner Arbeiten sind indessen bemerkenswert. Eine, die Verfilmung von *Professor Mamlock*, zeigt, wie das sowjetische Verständnis der Filmdramaturgie ein deutsches Stück umdeutet. Die andere ist der erste sowjetische Musikfilm, der sich nicht an den Traditionen der Hollywood-Nachahmung orientierte, wie die Komödien von Alexandrow oder die Kolochospastoralen von Iwan Pyrjew. Es war ein anderer Zweig: die ‚Großstadtoperette'. Zwar mußte die Operette sich stets im Konflikt mit der Oper behaupten, aber immerhin war es eine Operette.

Warum die Verfilmung des populären Stücks *Professor Mamlock* Rappaport anvertraut wurde, ist nicht ganz klar. Sowohl der Co-Regisseur Adolf Minkin als auch Rappaport selbst hatten bis dato keinen selbständigen Film gemacht.[4] Rappaport konnte weder mit der Popularität von Friedrich Wolf konkurrieren noch mit der von dessen Stück, das weltweit gespielt wurde. Im Januar 1934 wurde *Professor Mamlock* auf jiddisch in Warschau uraufgeführt, im Juli desselben Jahres in Tel Aviv inszeniert, im Dezember in Zürich, im März 1935 in Moskau und etwas später in Leningrad; es folgten Aufführungen in Oslo, Amsterdam, Tokyo, Madrid, Toronto, Shanghai, New York, Turku und London. Vielleicht war Rappaports Arbeit mit Pabst ausschlaggebend, dessen Filme in der UdSSR ein hohes Ansehen genossen. Als in der Leitung des Meshrabpomfilm-Studios diskutiert wurde, welcher deutsche Regisseur für eine Zusammenarbeit gewonnen werden sollte, stand Pabst als Nr. 1 auf der Liste. Vielleicht hatte Rappaports Erfahrung mit Wolfs Stück in Los Angeles eine Rolle gespielt.

Ich weiß auch nicht, warum Herbert Rappaport als Regisseur für die Musikkomödie ausgewählt wurde. Vielleicht war nicht nur seine Musikalität entscheidend[5], sondern die Tatsache, daß er ein Österreicher war und die Vorstellung von der österreichischen Kultur in der russischen Rezeption durch die Wiener Operette geprägt wurde. Die russischen Stereotypen der Wiener Kultur sind nicht Freud, Musil, Mahler, sondern Strauß, Lehar, Kalman. Interessant ist, wie ein anderer österreichischer Emigrant in Rußland, Hugo Huppert, das durch Majakowski schildern läßt: „Ich hätte Wien [...] für eine Antiquität gehalten. Walzer und Flittergold, Freunderl und Weinderl, Hauptfigur – der befrackte Kapellmeister mit der Geige im Restaurant."[6]

Zwei Regisseure, mit denen Rappaport gearbeitet hatte (Alexander Iwanowski und Leonid Trauberg), fühlten sich auch später der Operette verpflichtet. *Die Musikalische Geschichte* zog zwei sowjetische ‚Operettenfilme' nach sich: Iwanowskis *Anton Iwanowitsch serditssja (A. I. ärgert*

[4] Adolf Minkin (1898–1967) debütierte 1932 in Leningrad. *Professor Mamlock* war sein dritter Film, doch alle seine Filme drehte er in Co-Regie und arbeitete nach 1949 als Regisseur von Wochenschauen und Dokumentarfilmen.

[5] Rappaport schrieb in einem unveröffentlichten Text, daß die Musik eine „ungemein persönliche Angelegenheit des Wieners" sei. Zitiert nach: Regie: Rappaport, S. 3.

[6] Hugo Huppert. Ungeduld des Herzens, Berlin 1976, S.138-139.

sich, 1941) und Leonid Traubergs *Aktrissa* (*Schauspielerin,* 1943). Auch in den 1950er und 1960er Jahren arbeiteten sie in diesem Genre. Trauberg verfilmte die Operette von Isaak Dunajewski *Wolnyj weter* (*Freier Wind)* und Iwanowski *Sylva* (*Die Czardasfürstin*). Auch Rappaport verfilmte 1963 plötzlich die Schostakowitsch-Operette *Tscherjomuschki* über Chruschtschows Wohnungsbauprogramm!

Deutsches Exil-Kino als russische Variante eines ‚deutschen Films': *Professor Mamlock*

1932 gab es in der Sowjetunion 20.000 ausländische Arbeiter.[7] 1933 kamen die deutschen Emigranten dazu, 1934 300 österreichische Schutzbündler, 1936 Spanier. Für die deutschen und österreichischen Emigranten wurden Zeitungen und zwei Zeitschriften herausgegeben, das Filmstudio Meshrabpom produzierte die Filme der Exilanten und es gab einige Anläufe, das deutsche Exiltheater zu etablieren, die in zwei Dokumentationen und natürlich in den Erinnerungen von Bernhard Reich, Erwin Geschonneck u.a. beschrieben sind.[8]

Professor Mamlock stand einerseits in der Tradition dieses Theaters, andererseits im Kontext der Exil-Filme bzw. der sowjetischen Filme zu deutschen Themen, die seit Anfang der 1930er Jahre im Studio Meshrabpomfilm produziert wurden. In der Situation des verhärteten politischen Kampfes in Europa sollte dieses gemeinsame russisch-deutsche Unternehmen Filme für das ausländische Proletariat produzieren, um der bürgerli-

[7] Diese Zahl nennt der Exil-Band des Reclam-Verlags (Exil in der UdSSR, Leipzig 1979, hrsg. v. Klaus Jarmatz, Simone Barck und Peter Dietzel). Hans Schafranek stützt sich in seinem Buch auf Angaben der deutschen Botschaft in Moskau, die allerdings nur fünf- bis sechstausend deutsche Arbeiter nennt. Vgl. Hans Schafranek, Zwischen NKWD und Gestapo. Die Auslieferung deutscher und Österreichischer Antifaschisten aus der Sowjetunion an Nazideutschland 1937-1941, Frankfurt 1990, S. 14–15.

[8] Peter Dietzel, Die Theaterarbeit deutscher Emigranten in der Sowjetunion, in: Exil in der UdSSR, S. 281-325; Hermann Haarmann/Lothar Schirmer/Dagmar Wallach, Das Engels-Projekt. Ein antifaschistisches Theater deutscher Emigranten in der UdSSR (1936-1941), Worms 1975; Erwin Geschoneck. Meine unruhigen Jahre, hrsg. v. Günther Agde, Berlin/DDR 1984; Bernhard Reich, Im Wettlauf mit der Zeit, Berlin/DDR 1970.

chen Propaganda entgegenzuwirken. Die Inlandthematik wurde im Studio fast vollständig aufgegeben, die russischen Regisseure stellten sich auf die Produktion fürs Ausland ein, und das Studio rief Ausländer nach Moskau, damit diese hier Filme für das Weltproletariat drehten. Diese Anstrengungen wurden damals auch ‚von außen' wahrgenommen. Max Ophüls schrieb 1936 an Gustav von Wangenheim: „Es gibt für uns mit Ausnahme der Sowjetunion noch keinen ‚Verleger'. Der internationale Produzent geht jedem politischem Bekenntnis ängstlich aus dem Weg", der Brief wurde in der Zeitschrift *Das Wort* veröffentlicht. [9] Die Filme der Exilanten reihten sich ein in den Kontext der russischen Filme über das Ausland. Die Tradition der Meshrabpom-Produktionen erlebte allerdings einige Wandlungen, denn die Darstellung der politischen Verbündeten und Gegner änderte sich entsprechend der sich wandelnden sowjetischen Politik.

Zu Anfang der 1930er Jahre entstanden Filme, die die komplizierte Situation in Deutschland darstellten. Wladimir Petrows *Fritz Bauer* (1930), Ilja Traubergs *Dlja was naidjotsja rabota* (*Sie finden hier Arbeit*, 1932), Alexander Paschkows *Solnze woschodit na sapade* (*Die Sonne geht im Westen auf*, 1932), Pjotr Kirillows *Utirajte sljosy* (*Wischt die Tränen ab*, 1932), Wsewolod Pudowkins *Desertir* (*Der Deserteur*, 1933), Iwan Pyrjews *Konwejer smerti* (*Fließband des Todes,* nach einem Drehbuch von Michail Romm und Viktor Gussew, 1933), Wladimir Nemoljajews *Karjera Rudi* (*Rudis Karriere*, 1934) und Margarita Barskajas *Rwanyje Baschmaki* (*Die zerrissenen Stiefel*, 1933) leiteten diese Entwicklung ein. Verräter, Straßenkämpfe mit der Polizei und Streikbrechern, Arbeitslosigkeit und die Auswanderung in die Sowjetunion als einziger Weg sind die variierten Themen in fast gleichen Sujets.[10] Die Sozialdemokraten treten in den Filmen als Verräter der Arbeiterklasse auf, sie arbeiten Hand in Hand mit der Polizei und liefern Kommunisten aus.

9 Das Wort, Heft 1/1936, S. 97, zitiert nach: Exil in der UdSSR, S. 500.

10 Dieser Welle ging ein Film voraus, der bereits 1926 im Odessaer Studio – nach Larissa Raisners Reportageband *Hamburg auf Barrikaden* (1923) – gedreht wurde. Der Film mit dem Titel *Hamburg* (Regie: Wladimir Balljusek) ist nicht erhalten.

Währenddessen wurde in der Meshrabpom-Leitung diskutiert, welche deutschen Regisseure nach Moskau eingeladen werden könnten. Geplant war, Georg W. Pabst einzuladen, Piscator sollte hier seinen im Theater erfolgreichen *Schwejk* verfilmen, Kisch zusammen mit Brecht das Drehbuch schreiben. Auch ein Film über die Wolgadeutschen war für Piscator im Gespräch, das Treatment dazu schrieb Julius Hay. Joris Ivens sollte mehrere Dokumentarfilme drehen, doch es entstand lediglich eine Arbeit über den Bau von Magnitogorsk *Pesn o geroiach (Heldenlied,* 1932). Hans Richter und Carl Junghans wurden für *Metall* und *Die Schwarzen und die Weißen* verpflichtet, doch diese Filme nie produziert.

Piscator arbeitete mit einer Gruppe ausländischer und russischer Schauspieler an der Verfilmung von Anna Seghers' *Aufstand der Fischer* (die leidige Geschichte dieser Produktion wurde mehrmals beschrieben, es entstand am Ende nur die russische Fassung). Das Studio ging an diesem Projekt fast zugrunde, der Regisseur trieb es an den Rand des Bankrotts. Mehrmals versuchte die Studioleitung, im Interesse der Existenzsicherung die Notbremse zu ziehen und die Arbeiten am teuersten Film in ihrer Geschichte zu stoppen, gab aber jedesmal nach – aus politischen Erwägungen und unter dem Druck der IAH, um einen gefürchteten Skandal in Deutschland zu vermeiden. Mit der Schließung des Studios 1936 änderten sich jäh die Bedingungen.

1936–38, als Tausende Freiwillige aus der Sowjetunion in Spanien gegen die deutschen Flieger der Legion Condor kämpften, entstanden bei Mosfilm, Lenfilm und der ehemaligen Meshrabpomfilm, nun Gorki-Studio, Volksfrontfilme, die bereits im nationalsozialistischen Deutschland angesiedelt waren und den Faschismus entlarven sollten. Bei diesen Produktionen waren bereits deutsche Emigranten tätig: Alexander Masljukows *Karl Brunner* (1936, nach dem Drehbuch von Béla Balázs, der sein Kinderbuch *Karlchen, durchhalten*! als Vorlage nutzte), *Borzy* (*Kämpfer*, 1936, Buch und Regie: Gustav von Wangenheim), *Borba prodolshajetsja* (*Der Kampf geht weiter*, 1939, Buch: Friedrich Wolf, Regie: Wassili Shurawljow), *Bolotnyje soldaty* (*Die Moorsoldaten*, 1938, Buch: Juri Olescha und Alexander Matscheret, Regie: Matscheret), *Semja Oppengejm* (*Familie*

Oppenheim, 1939, nach Feuchtwanger, Buch und Regie: Grigori Roschal, Libretto: Lilo Dammert, Beratung: Hans Rodenberg). Die russischen Filme über den Nazi-Terror und die antisemitische Politik erschienen früher als die amerikanischen und die englischen, sie gingen mit diesem explosiven Stoffen unerschrocken um.[11]

Am Ende des Jahrzehnts, 1938/39, wurden Bilder vom zukünftigen Krieg mit Deutschland, der auf fremdem Territorium ausgetragen wurde, auf der Leinwand beschworen: *Jesli zawra wojna* (*Wenn morgen Krieg ausbricht*) von Jefim Dzigan und *Eskadrilja Nr 5* (*Geschwader Nr. 5*) von Abram Room.

Die russischen Filme über Deutschland und die Arbeiten der deutschen Filmemigranten weisen keine großen Unterschiede auf. Letztere waren meist Anfänger im Film. Sie begannen ihre Praxis im fremdsprachigen Ausland ausgerechnet zu Beginn der Tonfilmära. Sie waren zwar als Drehbuchautoren, Regisseure, Schauspieler und Berater bei diesen Filmen tätig (genauso wie die russischen Emigranten in Deutschland am Bild der Russen im deutschen Kino zur selben Zeit mitwirkten), doch änderten sie wenig daran, daß die Filme ‚russisch' blieben.

Der Rezension von Béla Balázs zu einem solchen ‚russisch-ausländischen' Film deutet es an: „Das ist kein sozialistischer Realismus. Und nicht die Realität einer kapitalistischen Welt spiegelt dieser ungewöhnliche Film wider. Er trägt überhaupt keine Züge irgendeiner Realität. Die wunderschönen und aufregenden Bilder des *Fließbandes des Todes* ähneln eher einem Delirium, dem Traum eines naiven Menschen, der etwas über diese fremde Realität gehört hat. [...] In diesem Film gibt es Szenen von ergreifender Wahrhaftigkeit. Und von lächerlicher Unwahrheit. Es gibt Szenen von tiefer sozialer Relevanz. Und von infantiler Oberflächlichkeit. Von künstlerischer Feinheit und unerträglicher, übertriebener Schwergewichtigkeit. Kurzum, langweilig ist hier keine einzige Einstellung."[12]

11 1933 wollte Gaumont-British einen Film nach Feuchtwangers Drehbuch *Geschwister Oppenheim* machen, nahm jedoch bald Abstand von dieser Idee.

12 Bela Bálazs, Warwarski talant (Das barbarische Talent), in: Kino, 22.6.1933.

Professor Mamlock demonstriert auf exemplarische Weise, wie ein deutscher Stoff trotz der Mitwirkung der Emigranten als russischer Film uminterpretiert wurde. Obwohl ein Österreicher, der in Deutschland gelebt hatte, den Film inszenierte und Friedrich Wolf selbst am Drehbuch mitgearbeitet hatte, ist es ein durch und durch russischer Film. Die Handlung ist in der abgeriegelten, künstlichen, ja aseptischen Atelierwelt angesiedelt: leere Krankenhauszimmer, eine leere Fabrikhalle, die Interieurs eines russisches Wohnzimmers, die für die Wohnung eines säkularisierten jüdischen Professors stehen. Die Straßen sind im Atelier nachgebaut und enden im Parterre (die Häuser sind oben abgeschnitten). Nur die Flucht über die Dächer und Feuerleitern ist so gedreht, daß die Kamera zum ersten Mal eine offene Außentotale erfaßt. Die Tatsache, daß die Helden weiße Kitteln tragen und in weißen Krankenhauszimmer agieren, betont die vom Alltag befreite Atmosphäre und trifft den Stil des ‚leeres Raums', der von den sowjetischen Filmen dieser Zeit favorisiert wird. Trotz der vielen Nachtszenen sieht man keine Schatten, kein expressionistisches Licht. Die Ausleuchtung ist immer die gleiche, stark und klar wie von der Operationslampe, die auf die Wunden gerichtet ist.

Vom Stück zum Film

Mamlock hatte als Stück in der Sowjetunion einen Riesenerfolg.[13] Sergej Tulpanow, sowjetischer Kulturoffizier in Berlin nach 1945, sagte später:

13 Im März 1935 wurde es am Moskauer Theater der Gewerkschaften MGSPS inszeniert (Regie: Samuil Margolin) mit Jewgraf Ljubimow-Lanskoj in der Titelrolle. Die Leningrader Inszenierung wurde von dem Meyerhold-Schüler P. Zetnerowitsch gestaltet. Das Stück wurde zum erfolgreichsten ausländischen Stück und verbreitete sich über das ganze Land. Wolf mochte mehr die Leningrader Inszenierung, die Moskauer war ihm zu naturalistisch. In Moskau wurde versucht, das Melodramatische zu überwinden und das Stück als eine soziale Tragödie auszulegen. Die Dokumentarebenen wurden hinzugefügt, um den intimen Charakter aufzubrechen: Straßenbilder, Wahlkämpfe, Aufmarsch der SA-Kolonnen, Projektionen, Flugblätter usw. Der Leningrader Regisseur befreite das Stück von der Hülle des Familiendramas, die Szenen wurden meetingartig dargestellt, mitten im Zuschauerraum, was auf die Traditionen des Realistischen Theaters von Nikolai Ochlopkow zurückging, in dem der Regisseur früher gearbeitet hatte. Bis zum Pakt mit Deutschland im August 1939 erlebte das Stück 200 Vorstellungen, ab 1941 war es wieder im Repertoire, nur aus dem jüdischen Krankenpfleger wurde ein

„Man kann ohne Übertreibung sagen, daß es unter den Offizieren und Soldaten der Sowjetunion kaum jemanden gab, der den Verfasser von *Professor Mamlock* nicht kannte. Dieses Stück half, das Sowjetvolk zu erziehen und seinen Willen im Kampf gegen die faschistische Ideologie zu festigen“.[14]

Die Popularität des Stückes lag in der Dramaturgie des sensationellen Melodramas mit dem tragischen Ende, sadistischen Momenten und dramatischen Individualschicksalen begründet, die Wolf bereits erfolgreich in *Zyankali* eingesetzt hatte. Es berührte ein brisantes aktuelles Thema und die Rassendoktrin, die in der Sowjetunion nach der Eugenik-Begeisterung der 1920er Jahre tabuisiert war. Wolfs Held war für das sowjetische Theater eine Ausnahme. In den sowjetischen Stücken dieser Zeit findet man kaum einen *bürgerlichen apolitischen Intellektuellen*, der nicht als Klassenfeind entlarvt oder grob karikiert wird. (Damit hing der Erfolg der *Turbins* im Künstlertheater zusammen, eines Stückes gegen den Zeitgeist, das allerdings 1935 verboten wurde.) Bei Wolf war es ein tragischer Held, der bemitleidet werden durfte. Das Stück eilte der Einheitsfrontpolitik voraus.

Wolf konzipierte das Stück für ein kleinbürgerliches Publikum, um dessen Glauben an die Rechtstaatlichkeit des neuen Regimes zu erschüttern und die Kapitulation der deutschen bürgerlichen Demokratie vor dem Faschismus zu demonstrieren. Nicht die Rassenpolitik an sich, sondern die Vernichtung der demokratischen Rechte war für den Autor wichtig. Der Film setzte völlig andere Akzente und entwickelte einen anderen Handlungsverlauf. Als Drehbuchautoren fungierten Wolf und beide Regisseure, doch das Stück war der sozialistischen Umerziehungsdramaturgie angepaßt und die Rassendiskussion durch die Klassendoktrin ersetzt.

Die Kritik in der *Prawda* fing so an: „In dem Stück von Friedrich Wolf erleben wir die Geschichte eines jüdischen Wissenschaftlers, der von faschistischen Barbaren verhöhnt wird, eine Geschichte, die isoliert von

Tscheche namens Gromolka gemacht. Vgl. die Beschreibung der Inszenierung in: Exil in der UdSSR, S. 451-457, 458-461.

14 Ebd., S. 451.

Stimmungen und Gefühlen der Gesellschaft von Deutschland dasteht. Im Film erleben wir das Schicksal des Professor Mamlock eingebettet in den Kampf des deutschen Volkes gegen die faschistischen Barbaren, und das verleiht ihm eine besondere Ausdruckskraft".[15]

Das deutsche Proletariat ist hier immer noch in den Traditionen der Filme vom Anfang der 1930er Jahre geschildert: Es ist gegen den Faschismus, aus seinem Innersten heraus, aus seinem ‚Klasseninstinkt'. (Die Kritik auf Grigori Roschals Verfilmung der *Geschwister Oppermann* fing so an: „1933. Der Faschismus überfällt das deutsche Volk", als ob es sich um einen Aggressor von außen handelte.[16]) Die Filmautoren glaubten, daß Hunger, Elend und Arbeitslosigkeit dem deutschen Proletariat die Augen öffnen würden. Wer es noch begreifen mußte, das waren die Intellektuellen, die Fachleute.

Das Stück demonstrierte, was mit Staat und Recht im Faschismus passiert. Im russischen Film wird dieses rationale Herangehen durch das melodramatische Schicksal eines leidenden Opfers ersetzt.

Im Film verschwindet die Tochter, doch tauchen neue Figuren auf: Arbeitermutter (wie Mutter Krause, aber viel resoluter), Arbeiterjugend, bewußte Untergrundkämpfer, die lächerlichen Polizisten und ein SS-Mann proletarischer Herkunft, der durchblickt, wie der Held aus dem Stück von Wangenheim *Helden im Keller.* Es gibt weniger Diskussionen im bürgerlichen Salon, dafür aktionsgeladene Szenen voll roher Gewalt: ein Wahlkampfmeeting in der Fabrik, das mit einer Schlägerei endet (wie die Szenen aus *Deserteur* oder *Zerrissene Stiefel*); ein Überfall auf die Druckerei, wo die Untergrundzeitung gemacht wird; eine aufgeregte Schlange

15 Nikolai Krushkow, Professor Mamlock, in: Prawda, 28.7.1938. Hervorhebung von mir.

16 Alexander Dejtsch, Semja Oppengejm, in: Kinogaseta, Moskau, 23.11.1938. Der Rezensent schrieb über diese Verfilmung: „Der Regisseur Grigori Roschal und der Drehbuchautor Serafima Roschal gingen den richtigen Weg, indem sie das Sujet des Romans entscheidend verändert haben. In dem Film sind die kontemplativen Humanisten in den Hintergrund gewichen. […] Die pessimistischen Noten aus Feuchtwangers Roman Geschwister Oppenheim sind aus dem Film verschwunden. Das bedeutet keine künstliche Anpassung des Romans an unsere Ideen und Vorstellungen. Das Drehbuch wurde von Feuchtwanger autorisiert, denn die vorgenommenen Korrekturen sollen Millionen Zuschauer die jetzigen Ansichten des Autors nahebringen."

im Milchladen; nächtliche Durchsuchungen; eine Schlägerei mit den Spitzeln; Folterszenen, Flucht und Verfolgung.

Mamlocks apolitische Haltung wird hier nicht so scharf verurteilt wie in den Filmen aus den Jahren 1932–34. Er wird akzeptiert als Held, der seinen Weg zwischen verschiedenen politischen Kräften sucht und der zum Protest erst finden muß. Mamlock erscheint der Darstellung durch Semjon Meshinski als ein unschuldig Schuldiger. Das Mitleid mit ihm und die Sympathie für ihn hatte der Film durch die dramaturgische Entwicklung unterstützt. Sein Selbstmord am Ende (das Angebot des Stückes) war für das sowjetische Filmdrama keine akzeptable Protestform. Der Professor im Film stirbt deshalb zweimal: zunächst als resigniertes Opfer beim Selbstmordversuch, da wird er gerettet, um das zweite Mal während seiner Anklagerede als flammender Volkstribun, als Angreifer der Faschisten erschossen zu werden. Er tritt auf das Balkon des Krankenhauses, das zur Tribüne wird, und spricht zu der proletarischen Masse auf der offenen Straße. Mit dieser Rede lenkt er die Aufmerksamkeit von den fliehenden Kommunisten und rettet sie, damit auch seinen Sohn, dessen politische Überzeugungen er nun teilt. Er schleudert den Faschisten die Wahrheit ins Gesicht und macht seine Zuhörer zu Zeugen seines Todes, zu Zeugen der politischen Willkür, die Diktatur entlarvend. Dieser Mamlock ist dann kein Opfer mehr, sondern der Regisseur seines Schicksals. Stolz, Unabhängigkeit und Zorn bestimmen seinen Charakter, nicht das cholerische Temperament wie im Stück. Nicht Kraftlosigkeit sind mit diesem Tod verbunden, sondern Energie: er stirbt dafür, daß die jungen Kämpfer weiterleben und er nutzt dies Situation, um die Niederträchtigkeit der Feinde bloßzustellen.

Am Ende des Films ist der Zuschauer mit der totalen Inversion der Ausgangssituation konfrontiert: der apolitische Professor wird zum politischen Tribun, der mit der Prophezeiung eines neuen Deutschland im Jahr 1938 stirbt; eine nationalsozialistisch gestimmte Ärztin wird zur aktiven Kommunistin, die ihren ehemaligen Gesinnungsgenossen erschießt; die opportunistischen Ärzte helfen den verwundeten Kommunisten, und selbst der Folterknecht ist umerzogen!

Die Faschisten werden in der Handlung entlarvt – als Lügner, Erpresser, Pragmatiker (sie nutzen den Professor aus, der eine Operation an einem wichtigen Parteigenossen durchführen muß und schmeißen ihn danach erneut aus der Klinik). Einige von diesen ‚Zeige-Aktionen' sind neue filmische Erfindungen. Hohe moralische Qualitäten der einen Seite werden in beispielhaften Handlungen gegenüber den niedrigen Aktionen der anderen Seite ausgestellt. Der Haß gegen den Faschismus wird geschickt dadurch kondensiert, daß den ganzen Film lang die guten Helden kraftlos, gequält, erniedrigt bleiben und die Bösen siegen. Die akkumulierte negative Energie wird erst am Ende entladen, zunächst in der motorischen Flucht, dann in der emotionalen Genugtuung, als der Hauptschurke erschossen wird und der junge Held gerettet, so daß der Tod des Professors – nach der offenen, befreienden Anklage – schon nicht mehr tragisch wirkt.

Aus dem Stück wurden die Intellektuellengespräche über Recht und Staat getilgt. (Wie konnten sie auch in der Sowjetunion zur Zeit der Prozesse erklingen?) Dafür wurden im Film Reiz- und Wirkungsmomente eingesetzt, die den sowjetischen Filmen dieser Zeit fehlten: sadistische Folter, roher Terror, Verhöre, Verhaftungen in der Nacht, Durchsuchungen, Schlangen nach Lebensmitteln, Schlangen vor Gefängnissen und – keine Auskunft am Schalter. (Die rohe Gewalt dieser russischen ‚deutschen' Filme, die nicht nur *Mamlock* eigen war, hat in bestimmter Weise den erschütternden Naturalismus der sowjetischen Kriegsfilme, wie *Sie kämpfte für die Heimat*, vorbereitet.) Wurden diese Szenen als Spiegelung der eigenen Realität gesehen?

Die Entfernung eines Menschen aus der Gesellschaft nach dem Rassenmerkmal wird als etwas Irrationales dargestellt, was den traditionellen russischen Antisemitismus verdrängt. Aus der sowjetischen Gesellschaft wurden damals ebenfalls einige Gruppen bzw., wie es hieß, ‚Elemente' ausgestoßen – es waren keine rassisch Fremden, sondern Klassenfeinde. Obwohl ihr Ausschluß wortreich begründet wurde, nutzten die politischen Prozesse völlig irrationale Szenarien. Die Physiognomie der Klassenfeinde in der politischen Karikatur der Zeit war oft semitisch. Mit den ausgestoßenen Klassenfeinden geschah das gleiche wie mit dem Professor: Sie durften nicht arbeiten und ihre Kinder nicht studieren. Bauern wurden nach Sibirien deportiert, Intellektuelle verhaftet, Ärzte wurden in Schauprozessen als Mörder (von Maxim Gorki) dargestellt. Als der Film in den Kinos lief, war der politische Terror gegen die Klassenfeinde überall präsent. Pawlik Morosow, ein Pionier, der seinen Vater denunziert hatte, wurde glorifiziert. Eisenstein hatte 1935–1937 einen Film über den Fall gedreht, den Feuchtwanger in der Rohfassung gesehen und in seinem *Moskau*-Buch beschrieben hat. In Leningrad lief parallel dazu im Theater der jungen Zuschauer *Der Spitzel* aus Brechts *Furcht und Elend des III. Reiches*, der die Angst der Eltern schilderte, denn sie konnten nicht wissen, ob ihr Kind gerade Eis holte oder sie denunzierte.[17] Wie diese Umkehrung wirkte, bleibt bis heute eine unbeantwortete Frage. Keiner hat *Professor Mamlock* auf die Rechtsstaatlichkeit des Sowjetsystems projiziert.[18]

Mamlock meidet jegliche Ambivalenz. Die Gesellschaft ist hier antagonistisch geteilt, egal aus wessen Perspektive gesehen (Kranke und Ärzte, Arier und Juden, Nazis und Kommunisten). Die Helden stehen stets an der Grenze zwischen Leben und Tod, schon im zivilen Krankenhaus, ganz zu schweigen von der Straße und den Gefängnissen.

Die Rassentheorie ist im Film nur angedeutet. Wolfs Stück bediente das deutsche, von der Nazipropaganda übernommene Klischee über die sexuelle Überpotenz und Anziehungskraft der Juden, denen eine arische Frau nicht widerstehen könne. Die mit jüdischen Helden assoziierten Klischees waren jedoch im russischen Kontext verschieden. Ein jüdischer Held konnte nicht als erotischer Held auftreten. Nur in einem vorrevolutionären Film von Jewgeni Bauer, nämlich *Leon Drej* (1913), ist ein Jude als eine Sexmaschine präsentiert, er verführt alle reichen Frauen der Stadt, um das Geld für die Hochzeit seiner Schwester zu sammeln. Der Film nährte

17 1942 wurde Pudowkins Verfilmung der fünf Szenen dieses Stückes verboten, man meinte, dem Film fehle eine soziale Entlarvungsnote, der Regisseur konzentriere sich zu sehr auf solche Emotionen wie Angst.

18 Allerdings hatte Friedrich Wolf Bauchschmerzen hinsichtlich der Aufführung seines Bauernstückes, was mit der grausamen Erfahrung der Bauern mit der Kollektivierung in der Sowjetunion zusammenhing.

die Angst vor Mischehen und stellte den jüdischen Verführer als einen abstoßenden Zyniker dar.

Das deutsche Klischee wurde im nationalsozialistischen Film *Jud Süß* (1940) ausgebeutet. In diesem Film von Veit Harlan werden alle arischen Frauen, auch die Herzogin, von Süß verführt. Nicht nur seine Macht und sein Reichtum, sondern seine Sinnlichkeit und kosmopolitische Erfahrung wirken anziehend. Selbst sein spätes Opfer ist zunächst von ihm fasziniert. Im Unterschied zu asketischen Schwaben ist Süß betont sensuell; das spüren die Frauen, deren Leichtsinn die Nation in den Untergang stürzen kann. Der Schauspieler Ferdinand Marian, der den eleganten jüdischen Schurken gespielt hatte, wurde nach seinen Rollen in *Die Stimme des Herzens* (1937) und *La Habanera* (1938) sehr berühmt und bekam eine Menge Liebesbriefe von seinen Verehrerinnen.

Marian wird im Film als attraktiver ‚Latinlover' vorgeführt. Nur kurz am Anfang und am Ende offenbart er sein wahres ‚jüdisches' Gesicht. Das Filmplakat hat dieses Gesicht mit Hilfe der grünen Farbe (der Farbe nicht nur des dritten Standes, sondern der Verwesung) zu einer horrorerregenden Maske gemacht. Der Propagandafilm *Der ewige Jude* hatte diese Physiognomie in eine Reihe mit angsteinjagenden Prototypen gestellt, allen voran die des Vampirs Nosferatu. Diese Physiognomik wurde in den sowjetischen Karikaturen der späteren 1940er Jahre benutzt, als man die blutsaugenden Kapitalisten mit jüdischen Nasen ausstattete.

In *Mamlock* wird die markante Nase von Semjon Meshinski durch den Schnurrbart oder die vorwiegend frontalen Nahaufnahmen versteckt. Meshinskis Mamlock sieht aus wie ein durchschnittlicher russischer Intellektueller, was durch seine Körpersprache unterstützt wird. Sie ist betont zurückhaltend. Das Klischee der deutschen Emotionalität im russischen Kontext ist eine arme Gestikulation. So sind alle Gefühlsäußerungen des Professors für den russischen Geschmack zu unterdrückt, ja gezähmt; das Klischee der jüdischen dagegen eine exzentrisch übertriebene, betont körperliche Komik, wie sie der bekannteste russisch-jüdische Darsteller Solomon Michoels demonstrierte. Die Juden traten auf der Leinwand meist als komische oder als tragikomische Figuren auf. Professor Mamlock wird nicht so geführt, obwohl der Schauspieler Meshinski im Theater groteske Charakterstudien verkörpert hatte, z. B. den jüdischen exzentrischen Helden in Valentin Katajews Stück *Zeit vorwärts*. In *Mamlock* ist seine Emotionalität der ‚deutschen' gestischen Beherrschtheit untergeordnet, das cholerische Temperament wird nicht ausgespielt. Der Rezensent Jewgeni Krieger kommentierte sein Spiel so: „Zunächst scheint, daß der verdiente Künstler der Republik Meshinski, der den Professor Mamlock spielt, zu kalt und zu leidenschaftslos ist. Doch mit jeder Szene lernt man die rational gewollte Strenge und Zurückhaltung des Schauspielers schätzen, der vor uns immer tiefer das innere Drama aufschließt, das Drama eines gegenüber der Politik gleichgültigen Wissenschaftlers, der zum bewußten und mutigen Anhänger der Revolution wird. Meshinski will nicht sentimental sein, er will uns nicht durch die Darstellung übertriebener Leiden rühren, er zeigt, wie ein an sich expansiver, temperamentvoller Mensch in den Stunden schwerer Prüfungen in sich geht, wie er eine eiskalte Ruhe gewinnt, hinter der wir eine immer stärker brennende innere Flamme spüren."[19] Das Sentimentale lebt dafür die symphonische Musik aus, und der Name des Komponisten erscheint im Vorspann an zweiter Stelle.

Eine interessante Parallele zum sowjetischen Film bietet die Hollywood-Produktion *The Mortal Storm* (1940) von Frank Borzage, deren Sujet *Mamlock* sehr nah steht. Dem Film liegt der gleichnamige Roman von Phyllis Bottoms zugrunde. Die Handlung ist in Süddeutschland im Jahr 1933 angesiedelt, in der Familie des assimilierten jüdischen Professors Viktor Roth. Die Studenten verehren ihn, um die Hand seiner Tochter (Margaret Sullavan) bemühen sich einige brillante Kandidaten. Aber die Rassengesetzte, dessen Irrationalität von allen zunächst belächelt wird, bringen den Professor um seinen Posten. Freunde und Verehrer verschwinden (mit Ausnahme von James Stewart), die Adoptivsöhne wenden sich von ihm ab, und eines Tages verschwindet der Professor spurlos. Nach

19 Jewgeni Krieger, Professor Mamlock, in: Iswestija, 21.9.1938. Meshinski erwähnt in seinem Aufsatz „Wie ich den Charakter Mamlock geschaffen hatte" mit keinem Wort die Regisseure des Films und spricht nur von seinen eigenen Überlegungen, die ihn zu solch verhaltener Darstellung bewegt haben (Kinogaseta, 23.9.1938).

langen Bemühungen erst erfährt seine deutsche Frau, daß er im Konzentrationslager ist. Einmal kann sie ihn dort besuchen, doch bald darauf bekommt sie eine Todesnachricht und eine Rechnung für die Einäscherung. Die Tochter versucht, über die Alpen in die Schweiz zu fliehen, wird jedoch an der Grenze von ihrem ehemaligen Bräutigam, einem Gestapomann, erschossen.

Der jüdische Professor wird hier – wie in Wolfs Stück und Film – als ein naiver apolitischer Intellektueller dargestellt, der an die Rechtsstaatlichkeit glaubt und tief enttäuscht wird. Am Ende sind seine Ideale zerschlagen, er ist ein resigniertes Opfer des Regimes. Frank Morgan, bekannt durch die Rolle energischer Exzentriker (er war der *Zauberer von Oz* und der Besitzer des Schuhsalons in der Lubitsch-Komödie *Shop Around the Corner*) ändert seinen Stil und spielt sehr verhalten. In Morgans Physiognomik, genauso wie bei Meshinski, sind alle jüdischen Gesichtszüge getilgt, das ist die Maske eines ethnisch neutralen Intellektuellen.

Professor Mamlock und *The Mortal Storm* reagierten als erste auf eine komplizierte Situation. Zum Helden werden hier säkularisierte Juden gemacht, die aus der Gesellschaft ausgeschlossen werden, als deren Teil sie sich begreifen. Weder ihr Äußeres, noch ihr Habitus, ihre Ansichten, Gewohnheiten, Rituale und Sprache unterscheiden diese gegen ihren Willen zu Parias gemachten Filmhelden von ihren Verfolgern. Der Jude ist nicht der *Andere.* Beide Professoren können nicht begreifen, daß ihre Verdammnis etwas mit ihrer jüdischen Identität zu tun hat, denn diese Identität besitzen sie nicht. Die erfahrene Ungerechtigkeit führt die Helden nicht dazu, sich ihres Judentums bewußt zu werden. Professor Mamlock und Professor Roth teilen – genauso wie ihre Kinder – die Kulturtradition und das historische Schicksal der Deutschen: Sie kämpften in der deutschen Armee, waren mit deutschen Orden ausgezeichnet, machten eine erfolgreiche Karriere und heirateten deutsche Frauen. Sowohl *Mamlock* als auch *The Mortal Storm* oder der Film *Familie Oppenheim* stellen das psychologische Trauma des Ostrazismus dar als einen gewaltsamen Versuch, die Helden um ihre Identität zu bringen, sowohl der individuellen als auch der kollektiven, was zum Selbstmord führt, als einzigem Ausweg. Die sowjetischen Filme sollten den Zuschauer überzeugen, daß die einzige Rettung für den Helden in der Koalition mit den richtigen politischen Verbündeten liege. Für den sowjetischen Film kommt auch im Jahr 1939 nur das deutsche Proletariat in Frage, das – Marx' Vorstellung zufolge – keine Heimat hat. Das ändert sich erst mit dem Ausbruch des Krieges.

Die Filme der letzten Zeit, sofern sie sich dieser Zeitperiode zuwenden, bringen den Helden zur Erlangung einer jüdischen Identität – als eine Reaktion auf den Ausschluß (*Papa* von Wladimir Maschkow, 2004). In Roman Polanskis Film *Der Pianist* (2002) erlangt der Held am Ende, wenn auch unfreiwillig, das Antlitz eines alttestamentarischen Juden, da er sich in seinem letzten Versteck nicht rasieren kann. In den 1930er Jahren war dieses Antlitz unmöglich. Das Bild eines orthodoxen Juden war in der Zeit als ein ideologisches Schreckbild von der Nazipropaganda okkupiert und mit irrationalen Ängsten (vor dem unverständlichen Fremden) verbunden. Diese Ängste wurden auch von der sowjetischen Propaganda geteilt. Auch in der Sowjetunion konnte der orthodoxe Jude nur als eine groteske Karikatur erscheinen. Im Dokumentarfilm über Birobidshan aus dem Jahr 1937 wurden die längsten Nasen den orthodoxen Juden auf der Bühne eines jüdischen Kabaretts angeklebt. Die ausgelöschte jüdische Identität der Filmhelden – in Hollywood wie bei Lenfilm und Mosfilm – hatte Ende der 1930er Jahre die Irrationalität der Politik Hitlers betont und wurde als eine emotional mobilisierende Propaganda eingesetzt: „Professor Mamlocks Schicksal ist das Schicksal der gesamten antifaschistischen Intelligenz, ganz abgesehen davon, welches Blut in deren Adern fließt. Die Faschisten vernichten in Deutschland Wissenschaftler, Dichter und Denker und behaupten die Herrschaft der Kommißhengste über sie. An schwere Ketten haben sie die schöpferischen Kräfte des großen deutschen Volkes gelegt. In *Professor Mamlock* erscheint der Faschismus vor dem Zuschauer in seiner abstoßenden Nacktheit."[20]

[20] Nikolai Krushkow, Professor Mamlock, in: Prawda, 28.8.1938.

Mamlock war in diesem Sinne kein jüdischer Held mehr, sondern der ‚bessere Deutsche', der die Tradition der deutschen Kultur und des nicht national gebundenen Humanismus bewahrte.

Die russischen Besprechungen von *Mamlock* betonten die grundsätzliche Gegenüberstellung von Faschismus und Antifaschismus. Erst in den Kritiken zur *Familie Oppenheim* fallen solche Begriffe wie Pogrom. Vielleicht hing es damit zusammen, daß *Mamlock* vor der Kristallnacht ins Kino kam und der Film von Grigori Roschal erst Anfang 1939: „Der neue antifaschistische Film *Familie Oppenheim* erscheint zu einem Zeitpunkt auf der Leinwand, da über Deutschland eine Welle von Judenpogromen und beispielloser antisemitischer Hetze hinwegrollt. [...] In diesem Konflikt ist der Antisemitismus als ein Teil der finstersten faschistischen Ideologie dargestellt worden."[21]

Als nach dem Molotow-Ribbentrop-Pakt die meisten Filme der deutschen Thematik aus dem Verleih verschwanden, wurde *Professor Mamlock* breit gezeigt, besonders im Ausland. In einer Reportage aus Barcelona schildert ein deutscher Journalist in der in Paris erscheinenden *Deutschen Volkszeitung*, wie vor dem Einmarsch der Franco-Truppen die riesigen Plakate zum Film abgerissen wurden. Die Spanier gingen in den Film; auf die Frage, warum sie das tun, antworteten sie: „man will die Barbaren sehen, die Barcelona bombardierten".[22] Die sowjetische Zeitung *Kino* berichtete, daß der Film in 300 Kopien gestartet wurde und daß 25 Kopien extra für das Ausland hergestellt wurden, für die Tschechoslowakei, England, Frankreich und die USA.[23]

Die emotionale Energie des Films hatte Goebbels sehr genau gespürt, und er ließ in daher einer geheimen Besprechung am 29. Januar 1940 protokollieren: „Der Film *Professor Mamlock* soll außer dem Führer niemand mehr gezeigt werden".

21 Alexander Dejtsch, Semja Oppengejm, in: Kinogaseta, 23.11.1938.
22 Exil in der UdSSR, S. 532.
23 Kinogaseta, 23.9.1938.

Sowjetische Operette

Nach diesem politischen Film inszenierte Rappaport eine völlig andere Geschichte, ein Lustspiel, einen Musikfilm in Co-Regie mit Alexander Iwanowski. Rappaport hatte bereits Lustspiele geschrieben, auch Opernlibretti, und er war bei Pabst Musikassistent gewesen. Sein Co-Regisseur hatte davor keine Komödien und keine Operetten gemacht, war vielmehr spezialisiert auf historische Aufwandfilme, auf Literaturverfilmungen (Turgenjew, Saltykow-Schtschedrin), und diese wurden von den russischen linken Kritikern und Regisseuren (wie Kuleschow oder Eisenstein) die ganzen 1920er Jahre hindurch angegriffen, obwohl sie im Ausland, in Deutschland z.B., Erfolg hatten (wie *Dworez i krepost/Palast und Festung*, 1923). Iwanowski hatte allerdings Erfahrung mit Musiktheater: Er fing seine Karriere im Operntheater an, in der privaten Simin-Oper, die durch Schaljapins Auftritte berühmt war. Später schrieb Iwanowski einige Libretti, darunter auch für das Schostakowitsch-Ballett *Das Goldene Zeitalter*.

1936 oder 37 sah Stalin *The Great Waltz* von Julien Duvivier, einen in Hollywood von einem Franzosen inszenierten ‚Wiener Film'. Er war davon begeistert, sah ihn sich mehrmals an und soll seinen Filmminister gefragt haben, warum sowjetische Studios solche Filme nicht produzieren. Dabei gab es schon die sowjetischen Musikkomödien von Alexandrow, sowjetisierte Jazz-Filme wie *Lustige Burschen*, es gab auch die folklorisierten Kolchospastoralen von Iwan Pyrjew, als Stalin den sowjetischen Musikfilm bestellte. Die Reaktion war: Ein österreichischer Regisseur, egal ob er einen Nerv für die Operette hatte oder nicht, wurde ausgewählt und dem russischen Regisseur per Dekret beigegeben. In den Erinnerungen Iwanowskis steht über Rappaport ein einziger Satz: „Als Co-Regisseur wurde mir Rappaport befohlen".[24] Die Geschichte der Entstehung des Films war ziemlich dramatisch, denn hier trafen offensichtlich verschiedene Geschmäcker aufeinander, was Dramaturgie, Besetzung und Humorverständnis betraf.

[24] Alexander Iwanowski, Wospominanija kinoreshissera, Moskau 1967, S. 237.

Der Drehbuchautor war Jewgeni Petrow, berühmt durch seine satirischen Schelmenromane *12 Stühle* und *Das goldene Kalb* (geschrieben zusammen mit Ilja Ilf, der zum Zeitpunkt der Entstehung des Films bereits tot war). Herbert Rappaport und Alexander Iwanowski stritten sich, durchsetzen konnte sich Iwanowski, wie aus seinen Erinnerungen hervorgeht. Petrow und Rappaport waren von einigen Einfällen entsetzt.

Die Operette als musikalisches Bühnenwerk war in Rußland beliebt, populär und – unterdrückt zugleich. Es mußten neue Helden – statt Weltenbummler, Csardasfürstin, oder Grafen von Luxemburg für das Genre gefunden werden, dessen sozialer Status es erlauben würde, etwas von der Norm des sozialistischen Helden (eines Arbeiters und eines Kolchosmädchens) abzuweichen. Es wurden wieder Studenten, Sängerinnen, Komponisten (endlich konnte man einen Mann im Frack zeigen und eine Frau im Abendkleid), Offiziere, schrullige Professoren, kleinbürgerliche Mütter oder eben Taxifahrer, wie in *Eine musikalische Geschichte* zu Helden gemacht, ein Kompromiß zwischen der arbeitenden Jugend und den Doch-nicht-Stachanow-Helden. Der Taxifahrer mußte keine Rekorde aufstellen und konnte in der Freizeit singen. Natürlich nicht Operetten, sondern Opernarien.

Der Film erzählte eine ‚A star is born'- Geschichte: Der singende Taxifahrer Petja Goworkow wird zufällig von einem Gast, einem Musikprofessor namens Makedonskij, entdeckt und auf die Bühne des Operntheaters gebracht. Er wird nicht nur mit Ruhm belohnt, sondern auch mit einer Blondine, seiner Arbeitskollegin. Die Hauptrolle spielte und sang der bekannte Moskauer Tenor Sergej Lemeschew, ein Frauenschwarm, der nicht zum Heiraten geeignet war.

Der Film wurde von 100 Millionen Zuschauern gesehen, ein Brief wurde in der Zeitung abgedruckt: Was ist an diesem Film gut? Auf der Leinwand ist ein Stück unserer wahren sowjetischen Wirklichkeit zu sehen. Unlängst haben wir den amerikanischen Film *Hundert Männer und ein Mädchen* (*One Hundred Men and a Girl*, 1937) gesehen. Dort gibt es ebenfalls einen Autofahrer. Er kann sich nur dafür begeistern, wie andere singen. Seine Träume kann er jedoch nicht verwirklichen. In unserem Sowjetland steht Goworkow, der gestern noch Chauffeur war, heute auf der Bühne des Bolschoi-Theaters. Kein einziges Talent geht bei uns verloren."[25]

Auch wenn die *Musikalische Geschichte* nicht ganz als Operette betrachtet werden kann, hatte der Film Folgen für die sowjetische Kinematographie; Rappaport machte eine weitere Musikkomödie, Iwanowski inszenierte sofort *Anton Iwanowitsch ärgert sich*, dann *Sylva* (*Czardasfürstin*), und Leonid Trauberg, der Drehbücher für Rappaports Filme schrieb und später ein Buch über die Wiener Operette verfaßte, *Die Schauspielerin*. Diese Filme thematisierten die sowjetischen Traumata mit dem Genre, indem sie Operette und Oper, Bach und Strauß in Gegensatz zueinander stellten.

Die sowjetischen Musikkomödien sind eigenartig, denn dort muß erst einmal die Operette verdammt werden – als bürgerliches Vergnügen, als kleinbürgerliches Überbleibsel. Nur die Oper kann hier Eingang finden oder die sozialistische Operette, die nichts von Leichtsinn, qui pro quo usw. hat.

Zwar wird am Ende von *Anton Iwanowitsch* behauptet, daß auch die Unterhaltung gebraucht würde, doch zunächst einmal wird die alte bürgerliche Art dieser musikalischen Unterhaltung gebrandmarkt (wie auch die avantgardistische Musik – hier sind sie gleichrangig). Man hebt den Widerspruch zwischen Choral und Operette auf, doch es ist nicht Offenbach oder Lehar, die zum Gegenspieler von Bach werden, sondern der junge Komponist Muchin.

Von der Unterdrückung der Operetten-Tradition kann man nur ahnen, das beste Zeugnis dafür liefert *Anton Iwanowitsch* selbst. Eine alte Operettendiva singt, was sie unter Operette versteht (von der die jungen Musiker keine Ahnung haben), und schildert in der improvisierten Arie das verbannte Ideal, was bei den Komsomolzinnen nur nachsichtiges Lächeln hervorruft. Cancan, hohe Absätze, Seidenstrümpfe, von denen die Diva singt, werden in der neuen Operette nicht gebraucht. Das sind andere Bewegungen, andere Lieder, andere Helden. Interessant, wie der Wettbe-

[25] Zitiert nach Iwanowski, S. 239.

werb zwischen den alten und neuen Stars ausgetragen wird – als eine Abwandlung der sozialistischen Wettbewerbsdramaturgie: Die neue Sängerin kann eine höhere Note nehmen, das ist wie einen Rekord aufstellen – eine vergleichbare physische Leistung wie bei Stachanow oder der Weberin Winogradowa.

Trotz der verbalen Verdammung ist *Anton Iwanowitsch* eine Operette: Man erkennt auch das Muster von *Mademoiselle Nitouche*, das natürlich abgewandelt ist. Der alte Musikprofessor ist stolz auf seine Tochter, die kurz vor dem Examen am Konservatorium steht. Mit Entsetzen hört er sie eines Tages Strauß singen. Noch schlimmer aber wird es, als der junge, in die Tochter verliebte Komponist ihr eigens eine Rolle in seiner Operette anbietet. Die Proben laufen heimlich, sie werden von den Intrigen einer alten Diva und eines alternden avantgardistischen Komponisten gestört. Der Vater erfährt von der Schande der Tochter am Premierenabend und verdammt sie, doch im Schlaf erscheint ihm Bach und versöhnt ihn mit der U-Musik. Die Melodien sind leicht und schwunghaft, auch die neue Darstellerin ist gekommen, die blonde Ludmila Zelikowskaja, die zum ersten Mal im sowjetischen Film eine erotische Ausstrahlung und den Charme eines verwöhnten Kindes haben durfte, das Schutz braucht (undenkbar bei den anderen Frauenfiguren bis dahin).

In Leonid Traubergs *Schauspielerin* wird die alte Operette auf merkwürdige Weise gerechtfertigt durch den Krieg und durch den Major, einen Kriegshelden, der obendrein von Boris Babotschkin, dem beliebtesten Darsteller eines Volkshelden, Tschapajew, verkörpert wird. Die Operettendiva, die das alte Repertoire singt, schämt sich, während des Krieges als Sylva oder Périchola aufzutreten, und geht als Krankenschwester ins Lazarett. Sie lernt dort einen erblindeten Major kennen, der ihr erzählt, wie er nur davon träumt, nach dem Sieg ins Operettentheater zu gehen und diese Operettendiva als Sylva zu sehen, so wie ihm die Arien aus Wiener Operetten die Kraft an der Front gegeben haben: die Kraft zu kämpfen. Bekehrt kommt sie ins Theater zurück, um den Soldaten weiterhin jene Kraft zu spenden. Doch Trauberg konnte es am Ende des Films, als das Gesicht der Schauspielerin von den angreifenden Soldaten überblendet wird, nicht wagen, sie eine Operettenarie singen zu lassen. Sie singt brav ein patriotisches Lied. Nichtsdestotrotz war das letzte Buch, das Trauberg 1987 schrieb, der Operette gewidmet, dem heimlich geliebten und doch verschmähten Genre.

Auch Rappaport inszenierte während des Krieges einen Film, *Wosduschny iswostschik* (*Der Luftkutscher*), in dem er zwei Sachen aufwertete: das Zivilleben und die Operette. Der Zivilflieger, der sich den ganzen Film lang schämt, ‚nur' Passagiere zu befördern und keine Heldentat vollbringen zu können, bekommt einen Geheimauftrag: ins Feindesland zu fliegen. Eine Sängerin, wieder die Zelikowskaja, in die er verliebt ist, wird aufgewertet, da die Übertragung ihres Konzertes als Peilsignal für die Rückkehr des heldenhaften Droschkenkutschers, wie er sich selbst nennt, dient. So erreicht die Operette doch noch eine heroische Stellung in der sowjetischen Gesellschaft zur Zeit des Krieges.

Filmographie von Herbert Rappaport in der UdSSR

1938 Professor Mamlok/Professor Mamlock (zus. mit A. Minkin)
1939 Gost/Der Gast (zus. mit A. Minkin)
1940 Musykalnaja istorija/Eine musikalische Geschichte (zus. mit A. Iwanowski), II. Kategorie
1941 Sto sa odnowo/Hundert für einen (Kurzfilm für Kriegsalmanach Nr. 2)
Kinokonzert 1941 goda/Filmkonzert des Jahres 1941 (zus. mit I. Menaker, A. Minkin, S. Timoschenko, M. Zechanowski, M. Schapiro)
1942 Wanjka (Kriegsalmanach Nr. 12), Kurzfilm, ZOKS
1943 Wosduschny iswostschik/Der Luftkutscher
1947 Shisn w zitadele/Das Leben in der Zitadelle, Stalin-Preis
1949 Alexander Popow (zus. mit V. Eisymont), Stalin-Preis, II. Kategorie
1951 Swet w Koodri/Das Licht in Koodri, Tallinfilm-Lenfilm, Stalin-Preis, II. Kategorie
1952 Konzert masterow iskusstw/Konzert der Meisterkünstler (zus. mit Iwanowski)
1953 Mastera russkowo baleta/Meister des russischen Balletts
1955 Sschstschastje Andrisa/Andris' Glück
1957 Poddubinskije tschastuschki/Tschastuschki aus Poddubna (Filmspektakel)
1960 W doshd i w sonze/Bei Regen und Sonne, Tallinfilm
1961 Kak werjowotschka ne wjotsja/Wie die Schnur sich auch schlingelt, Kurzfilm, (zus. mit Leonid Bykow)
1963 Tscherjomuschki
1966 Dwa bileta na dnewnoj seans/Zwei Karten für die Vormittagsvorstellung
1971 Tschornyje suchari/Schwarzer Zwieback, Ko-Produktion Lenfilm-DEFA/DDR
1972 Krug/Der Kreis (VT: Opiumspuren)
1974 Sershant milizii/Der Unteroffizier der Miliz (TV-Serie)
1976 Menja eto ne kasajetsja/Mich geht das nicht an

Christoph Hesse

Professor Mamlock und die ‚Judenfrage'

Julius Hay nannte es rückblickend ein „in seiner Simplicitas und lauterster Gesinnung im nichtfaschistischen Westeuropa stürmisch erfolgreiche[s] Kampfstück[...] gegen die faschistischen Judenverfolgungen".[1] Das Kampfstück, das Friedrich Wolf gleich nach seiner Flucht aus Deutschland in Basel begonnen und schon im Sommer 1933 auf der Île de Bréhat abgeschlossen hatte, war, nach den Theaterexperimenten der vorangegangenen Jahre zu urteilen, ein durchaus traditionelles bürgerliches Trauerspiel. Doch das darin dargestellte Schicksal eines jüdischen Arztes, der nach der Machtübernahme der Nazis noch an das Recht glaubt, bis er schließlich an der Feigheit seiner einstigen Freunde und Kollegen verzweifelt und seinem Leben ein Ende setzt, indessen den Hinterbliebenen einen „anderen Weg"[2] weist, war als Kampfansage an Nazideutschland deutlich vernehmbar. Als eine solche wurde das Stück wohl auch verstanden. Was Hay allerdings nicht erwähnte, ist, daß es ebenso enthusiastisch wie im nichtfaschistischen Westeuropa im erklärtermaßen sozialistischen Osteuropa, nämlich

[1] Julius Hay, Geboren 1900, Aufzeichnungen eines Revolutionärs, München 1980, S. 272. – Friedrich Wolfs *Professor Mamlock* wurde in der Reclam-Universalbibliothek soeben neu aufgelegt (Stuttgart 2009), mit umfangreichem Anhang und einem Nachwort des Herausgebers Hermann Haarmann; nach dieser Ausgabe wird im folgenden zitiert. Die deutschsprachige Erstaufführung des Stücks fand, unter dem Titel *Professor Mannheim*, am 8. November 1934 im Schauspielhaus Zürich statt (Regie: Leopold Lindtberg). Uraufgeführt wurde es in jiddischer Sprache am 19. Januar 1934 im Jüdischen Theater in Warschau (mit Alexander Granach in der Hauptrolle).

[2] Professor Mamlock, IV. Akt, S. 73.

in der Sowjetunion, aufgenommen wurde. Noch ehe die deutschsprachige Ausgabe 1935 in Zürich erschien, wurde es 1934 auf hebräisch in Tel Aviv und im selben Jahr in russischer Übersetzung in Moskau veröffentlicht. Binnen kurzem avancierte es dort zum erfolgreichsten ausländischen Stück, das auf vielen Bühnen im ganzen Land gespielt wurde.

Der vom Studio Lenfilm produzierte Film *Professor Mamlock*, den der österreichische Emigrant Herbert Rappaport zusammen mit Adolf Minkin nach einem gemeinsam mit Wolf verfaßten Szenarium 1937 in Leningrad drehte, schloß an den Erfolg des Stücks an.[3] Mit 300 Kopien, wird berichtet, kam er 1938 allein in die sowjetischen Kinos, mit weiteren 25 gelangte er in den Westen nach England, Frankreich, in die USA und selbst bis an die Front nach Spanien.[4] Sogar nach der Unterzeichnung des Nichtangriffspakts mit Deutschland im August 1939, als das Feindbild Faschismus aus den sowjetischen Kundgebungen mit einemmal verschwand und jemand wie Sergej Eisenstein, der für seinen patriotischen und insbesondere gegen Deutschland gerichteten Historienfilm *Alexander Newski* (1938) eben noch mit dem Lenin-Orden ausgezeichnet worden war, den Auftrag erhielt, Wagners *Walküre* im Bolschoi-Theater zu inszenieren, wurde *Professor Mamlock* weiterhin gezeigt.

Es nähme einen nicht wunder, wenn eines Tages ein Dokument entdeckt würde, das bewiese, der seinerseits als Antisemit verdächtigte Filmliebhaber Stalin[5] habe gerade diesen Film – aus welchen Gründen auch immer –

3 *Professor Mamlok*, UdSSR 1938. Produktion: Lenfilm. Regie: Herbert Rappaport, Adolf Minkin. Drehbuch: Herbert Rappaport, Adolf Minkin, Friedrich Wolf. Darsteller: Semjon Meshinski (Mamlock), Oleg Shakow (Rolf), Nina Schaternikowa (Inge) Wladimir Tschestnokow (Hellpach), Wladimir Merkurjew (Krause). Erstaufführung: 5.9.1938, Moskau. In Deutschland: 24.11.1947. – Vgl. dazu die zeitgenössischen Filmkritiken in: Oksana Bulgakowa (Hrsg.), Die ungewöhnlichen Abenteuer des Dr. Mabuse im Lande der Bolschewiki, Berlin 1995, S. 231 f.

4 Vgl. die Angaben bei Oksana Bulgakowa, Ein Wiener in Sowjetrußland (in diesem Band).

5 Diesen Vorwurf erhob 1937 bereits Leo Trotzki (Thermidor und Antisemitismus, in: ders., Schriften, Bd. I.2, Hamburg 1988, S. 1040-1052). Die Behutsamkeit seiner Argumentation war den Moskauer Prozessen, auf die er sich bezog, durchaus angemessen, denn dort war u.a. von Bronstein (d.i. Trotzkis jüdischer Familienname) und vom ‚Judas' Trotzki, nicht aber von Juden die Rede. Wie recht er mit seinem Verdacht hatte, sollte sich erst in der nächsten großen ‚Säuberung' 1948–1952 bestätigen. Vgl. dazu Louis Rapoport, Hammer, Sichel, Davidstern. Judenverfolgung in der Sowjetunion, Berlin 1992.

ins Herz geschlossen; eine vom NKWD bereits konstruierte ‚trotzkistische Verschwörung' von Künstlern und Filmemachern immerhin soll er kurzerhand für null und nichtig erklärt haben.[6] Solange aber eine solcherart plausible Erklärung nicht zur Hand ist, bleibt zu fragen, weshalb ein Film über einen jüdischen Professor in Deutschland in der Sowjetunion Ende der dreißiger Jahre hergestellt und vorgeführt und offenbar auch vom Publikum mit großem Interesse aufgenommen wurde. Das Interesse der Kommunistischen Partei an der sogenannten Judenfrage war jedenfalls ziemlich gering und, was den Nationalsozialismus betraf, vor allem strategisch motiviert. Die mit den Revolutionen von 1917 eingeleitete Emanzipation der Juden auf dem Gebiet der späteren Sowjetunion blieb, wie Arno Lustiger dargelegt hat, eine „janusköpfige Befreiung"[7]; auch die hoffnungsvolle Blüte der jiddischen Kultur in den dreißiger Jahren erwies sich als bloße Gewährleistung, die allzubald revoziert werden sollte. Ob daher als Erklärung für die Popularität des *Professor Mamlock* eine besondere Empathie mit den Juden in Betracht gezogen werden kann, wäre zumindest fraglich. Den Erfolg des Films könnte man womöglich auch darauf zurückführen, daß in der Sowjetunion selbst soeben unzählige Menschen, und zwar aus allen Teilen der Bevölkerung, einem beispiellosen Staatsterrorismus zum Opfer gefallen waren.[8] Die Schikanierung eines aus dem Volk ausgestoßenen Professors kam wohl den sowjetischen Kinozuschauern 1938 auf ganz andere Weise unheimlich vor als dem bürgerlichen Theaterpublikum in Westeuropa einige Jahre zuvor. Eine kurze Sequenz wie die, in der Inge Ruoff sich nach dem Verbleib von Mamlocks verhaftetem Sohn Rolf zu erkundigen sucht und dabei von der Polizei an die SA und von dort an die

6 Das berichtet Thomas Tode in seinem Vorwort in: Dziga Vertov, Tagebücher/Arbeitshefte, hrsg. v. Thomas Tode und Alexandra Gramatke, Konstanz 2000, S. 5.

7 Vgl. Arno Lustiger, Rotbuch: Stalin und die Juden. Die tragische Geschichte des Jüdischen Antifaschistischen Komitees und der sowjetischen Juden, Berlin 1998, hier insbes. S. 62-93.

8 Der als Jeshowschtschina bezeichnete große Terror der Jahre 1937/38 war mit der abrupten Entmachtung des NKWD-Chefs Nikolai Jeshow im November 1938 zu Ende gegangen. Stalin selbst verkündete 1939, „daß wir die Methode der Reinigung im Massenmaßstab nicht mehr anzuwenden brauchen" (Rechenschaftsbericht an den XVIII. Parteitag, in: ders., Fragen des Leninismus, Berlin 1950, S. 713). Willkürliche Verhaftungen und Verurteilungen blieben unterdessen auf der Tagesordnung.

Gestapo verwiesen wird, ohne daß sie von irgend jemandem eine Auskunft bekommt, wurde in der Sowjetunion vor dem Hintergrund der ‚Säuberungen' sicherlich anders aufgefaßt als in einem Land, in dem die Verhaftung eines Menschen nicht dessen spurloses Verschwinden zur Folge hatte. Sonderbar mußte vielmehr erscheinen, daß im faschistischen Deutschland, wie es der Film darstellt, ein Verhafteter nach wenigen Augenblicken wieder auftauchen kann.

Abbildung 1

Oksana Bulgakowa hat ausführlich erörtert, auf welche Weise hier „ein deutscher Stoff trotz der Mitwirkung der Emigranten als russischer Film uminterpretiert wurde“[9], auch was die Figur des Juden Mamlock im besonderen anlangt. Anschließend daran soll das Resultat dieser Russifizierung, oder vielmehr Bolschewisierung, mit Blick auf die Darstellung des Antisemitismus im folgenden näher betrachtet werden. Über den Antisemitismus, der in dem von Jahr zu Jahr größer werdenden Deutschen Reich 1938 zu der mörderischen Konsequenz fortschritt, die Wolf 1933 zumindest angedeutet hatte, erfuhren die Zuschauer in diesem Film allerdings nicht mehr, als was die Kommunistische Partei seit jeher darüber verlauten ließ. Was sie auch fünf Jahre nach der Machtübernahme der Nazis noch einmal erfuhren, war, daß der Widerstand gegen den Faschismus in Deutschland schier unaufhaltsam wachse. Wenn Mamlock am Ende von den Nazis erschossen wird, so nicht deshalb, weil er Jude ist, sondern weil er eine Rede an sie gerichtet hat, die offensichtlich Georgi Dimitroffs Auftritt vor dem Leipziger Reichsgericht nachempfunden sein sollte.

9 Siehe ihren Beitrag in diesem Band.

Daß der Stoff im Film dergestalt uminterpretiert werden konnte, hat freilich Gründe, die auch im Stück selbst zu suchen sind. Es steht außer Frage, daß Friedrich Wolf mit der filmischen Neuinterpretation im großen und ganzen einverstanden war; er selbst hatte im sowjetischen Exil am Drehbuch mitgearbeitet und übertrug später auch die Dialoge für die von der DEFA besorgte Synchronfassung ins Deutsche (gemeinsam mit Georg Rothkegel). Interessant ist vielmehr, auf welche Teile der Handlung des Stücks man zurückgreifen konnte, um aus *Professor Mamlock* einen für die Sowjetunion politisch wertvollen Film zu machen, und welche Aspekte und Figuren zu diesem Zweck außen vor bleiben durften (oder mußten). Gedreht wurde dieser Film ja nicht vor allem, um die Bürger der Sowjetunion für die bedrohliche Lage der Juden in Deutschland zu interessieren. Maßgeblich waren andere Belange. Es sollte die Beliebtheit des Stücks filmisch verwertet und im Zuge dessen zugleich die Trommel gerührt werden für eine sogenannte Volksfront gegen den Faschismus, die man von Moskau aus zu steuern versuchte (siehe Abb. 1). Deshalb wurde die Handlung nicht auf Operationssäle und bürgerliche Wohnstuben beschränkt, sondern über große Teile des Films auch auf die Straße, in Kneipen und Fabriken verlagert. Noch bevor der Zuschauer überhaupt erfährt, daß Professor Mamlock Jude ist, das heißt: als solcher behandelt wird, bekommt er eine politische Versammlung zu sehen (Abb. 2), die mit einer Schlägerei zwischen Nazis und kommunistischen Arbeitern endet. Der im Stück gemachte Versuch, die Bedrohung der Juden mit der obligatorischen Klassenfrage zu verknüpfen, sollte offenbar auch im Film unternommen werden – mit dem bemerkenswerten Unterschied, daß nun die Volksfront in den Mittelpunkt des Geschehens rückt, ein klassenübergreifendes antifaschistisches

Abbildung 2

Bündnis, dessen entschlossenste Vorkämpfer freilich die klassenbewußten Arbeiter sein sollen, in welchem jedoch auch ein jüdischer Bourgeois, nachdem er sich einer moralischen Läuterung unterzogen hat, zum Fürsprecher der Menschheit heranwachsen kann.

1933

Professor Mamlock war nach Ferdinand Bruckners *Die Rassen*[10] das zweite deutschsprachige Bühnenstück, das sich mit der Lage der Juden im nationalsozialistischen Deutschland auseinandersetzte. Und es war das erste Stück, das sich damit nicht psychologisierend, wie bei Bruckner, sondern explizit gesellschaftskritisch auseinandersetzte.[11] An einer Parabel über die Rassenideologie der Nazis hatte sich übrigens zuvor schon Brecht versucht, Juden aber kamen darin lediglich als von Rundköpfen diskriminierte Spitzköpfe vor[12] (ein weitaus genaueres Bild des Antisemitismus entwarf er, ganz ohne Gleichnis, in der 1937 entstandenen Szene „Die jüdische Frau“ aus *Furcht und Elend des III. Reiches*[13]).

In seiner Darstellung der Verfolgung und Vernichtung der Juden im Dritten Reich erinnert Saul Friedländer daran: „Die politischen Hauptopfer des neuen Regimes und seines Terrorsystems waren zumindest in den ersten Monaten nach der Machtübernahme nicht Juden, sondern Kommunisten.“[14] Und in genau diesen Monaten schrieb Friedrich Wolf, immerhin „eine Art offizieller Dramatiker der Kommunistischen Partei“[15],

10 Ebenfalls im Frühjahr 1933 entstanden und im selben Jahr in Paris und Zürich erschienen, wurde dieses Stück bereits am 30. November 1933 im Schauspielhaus Zürich uraufgeführt (Regie: Gustav Hartung).

11 Vgl. dazu das Nachwort von Hermann Haarmann in: Professor Mamlock, S. 103-121.

12 1932 war ein Bühnenmanuskript mit dem Titel *Die Spitzköpfe und die Rundköpfe oder Reich und reich gesellt sich gern* im Verlag Felix Bloch Erben in Berlin erschienen. Uraufgeführt wurde das Stück, das Brecht im Exil mehrfach überarbeitete und später mit *Die Rundköpfe und die Spitzköpfe* überschrieb, erst am 4. November 1936 in dänischer Sprache im Kopenhagener Riddersalen-Theater (Regie: Per Knutzon). Vgl. die beiden Fassungen in: Bertolt Brecht, Werke. Große kommentierte Berliner und Frankfurter Ausgabe, Bd. 4, Frankfurt a.M. 1988, S. 7-145 und S. 147-263.

13 Ebd., S. 385-390. a

14 Saul Friedländer, Das Dritte Reich und die Juden. Erster Band: Die Jahre der Verfolgung 1933–1939, München 1998, S. 29.

15 Hay, Geboren 1900, S. 129.

ein Stück über das Schicksal eines jüdischen Arztes in Deutschland, eines sogenannten Assimilierten, der sich nicht in erster Linie als Jude, sondern als deutscher Staatsbürger begreift. Daß Wolf selber ein Arzt aus jüdischer Familie war – der aber im Gegensatz zur tragischen Hauptfigur seines Stücks den Glauben an das Recht längst verloren und das Land gleich nach dem Reichstagsbrand verlassen hatte –, kann sicherlich die Charakterisierung der Titelfigur erklären, es macht jedoch die Tatsache selbst nicht weniger erstaunlich. Anders als etwa Lion Feuchtwanger hatte Wolf vordem weder für seine eigene jüdische Herkunft (die ihm erst die Nazis gewaltsam wieder vor Augen führten) noch für sonstige jüdische Belange besonderes Interesse bekundet. Als Schriftsteller stand er seit den zwanziger Jahren im Dienst der Partei, in deren Reihen es üblich war, jede andere als die somit verliehene proletarische Identität zu verleugnen. Der Prolet nämlich, heißt es in *Professor Mamlock*, interessiert sich ebensowenig wie die, die ihn und seinesgleichen aus den Betrieben aufs Pflaster werfen, dafür, „ob ick reinrassiger Germane bin oder ein Kuli oder ein Zulukaffer." – „Heute noch vielleicht...", sagt darauf Dr. Hellpach, den Sieg der ‚Bewegung' bereits vor Augen.[16] Die Nazis, und auch das wird in diesem Stück ebenso scharfsichtig wie anschaulich dargestellt, interessieren sich hingegen sehr genau dafür, wer von Bluts wegen zu ihrem Volk gehören soll und wer nicht, ungeachtet der Klassenzugehörigkeit. Der bürgerlich pflichtbewußte Chefarzt Mamlock, obgleich er das neue Regime nicht gutheißt, stellt offensichtlich im Gegensatz zu den Kommunisten, die es aktiv bekämpfen, keinerlei Bedrohung dar. Als Chirurg ist er es gewohnt, mit den Händen zu arbeiten, worauf die Nazis in ihrer Weltanschauung allergrößten Wert legten, und als leitender Angestellter einer Klinik ist er weder in der berüchtigten Zirkulationssphäre tätig noch ein Repräsentant des ‚raffenden Kapitals'; er ist ehrgeizig und gebildet, doch kein Intellektueller, von dem zu befürchten wäre, daß er mit kritischen Reden Volk und Staat zersetzt. Sämtliche Beweise der Harmlosigkeit können aber den Antisemiten, der darin gerade die besondere Verschlagenheit des Juden er-

16 Professor Mamlock, I. Akt, S. 13.

blickt, nicht beschwichtigen. „Was er wünscht und plant, ist der Tod des Juden", schrieb Sartre 1946.[17] Das hat Wolf, indem er die Aussonderung des Juden Mamlock szenisch gestaltete, 1933 zumindest angedeutet.

Aufschlußreich ist zunächst ein (in den Film nicht aufgenommenes) Streitgespräch über ‚Reinrassigkeit', das sich gleich im ersten Akt, noch bevor die Nazis zur Macht kommen, gelegentlich der Blutspende eines Patienten unter den Ärzten und Pflegern entspinnt. Später, nach dem Reichstagsbrand Ende Februar 1933, tritt die mit den Nazis sympathisierende junge Ärztin Inge mit einer Zeitung an ihren Chef heran: „Lesen Sie das, Herr Professor, billigen Sie vielleicht diesen niederträchtigen Terrorakt der Kommunisten und ihrer intellektuellen Hintermänner, der Juden?" Woraufhin Mamlock entsetzt fragt: „Der Juden? Sind Sie wahnsinnig?"[18] Hier zum erstenmal wird ihm klargemacht, was es auf sich hat mit dem Rassenwahnsinn, den er in jenem Streitgespräch knapp ein Jahr zuvor noch mit rationalen Argumenten meinte entkräften zu können. Klarheit über die ihm drohende „Gefahr, Gefahr"[19] gewinnt er aber erst viel später, und zwar als für ihn selbst diese Einsicht bereits *zu* spät kommt, da nun auch seine einstigen Freunde und Kollegen gegen ihn Stellung bezogen haben. Er nimmt sich das Leben. Einen anderen Weg als den seinen zu gehen, nämlich den des Widerstands, dieses Vermächtnis läßt er im Sterben seinem Sohn Rolf ausrichten, dessen kommunistische Aktivitäten er vordem stets

17 Jean-Paul Sartre, Betrachtungen zur Judenfrage, in: ders., Drei Essays, Frankfurt a.M./Berlin/ Wien 1975, S. 132. Sartre erkannte auch: „Nicht die Erfahrung schafft den Begriff des Juden, sondern das Vorurteil fälscht die Erfahrung. Wenn es keinen Juden gäbe, der Antisemit würde ihn erfinden." (S. 111.) An späterer Stelle heißt es indessen, „daß der Antisemitismus eine bourgeoise und mystische Darstellung des Klassenkampfes ist, und daß er in einer Gesellschaft ohne Klassen nicht bestehen könnte." Und: „daß der Antisemitismus ein verzweifelter Versuch ist, *gegen* die Schichtung der Gesellschaft in Klassen eine nationale Union zu verwirklichen. Er ist ein Versuch, die Zersplitterung der Gesellschaft in einander feindselige Gruppen dadurch abzuschaffen, daß man die gemeinsamen Leidenschaften derart erhitzt, daß die Schranken schmelzen. Aber da die Trennungen fortbestehen, da ihre wirtschaftlichen und gesellschaftlichen Ursachen nicht beseitigt wurden, will man sie alle in einer einzigen zusammenfassen: Die Unterschiede zwischen reich und arm, Arbeitern und Arbeitgebern, gesetzlichen und okkulten Mächten, Städtern und Bauern und so weiter, sie alle faßt man in den einen Gegensatz zwischen Juden und Nichtjuden zusammen." (S. 187.)

18 II. Akt, S. 27.

19 So ruft Mamlock im IV. Akt, S. 69.

mißbilligt hat. Überbringen soll die Grüße an den Sohn die mittlerweile auf Distanz zu den Nazis gegangene Inge.

Die von der nationalsozialistischen Propaganda imaginierte Verbindung von Judentum und Kommunismus[20], die Inge hier ausspricht, liefert Wolf die Vorlage für den Wandlungsprozeß seines Protagonisten, der letztlich nicht nur die eigene ausweglos gewordene Lage, sondern vielmehr zugleich erkennt, daß der Kampf der Kommunisten gegen die Nazis auch seine Sache, die eines Juden, ist (oder hätte sein müssen). Im Unterschied zu der Hauptfigur des späteren Films ist sich der Mamlock im Stück seiner jüdischen Herkunft durchaus bewußt, wie sein Hinweis auf „David, der den riesigen Philister Goliath besiegte"[21], belegt. Darauf jedoch nehmen die Kommunisten, die nun den Faschismus besiegen sollen, keine Rücksicht. Interessanter als seine ‚Rassenzugehörigkeit', mit der die ‚Arier' Mamlock konfrontieren, ist für sie die Tatsache, daß er dem Kleinbürgertum angehört und daher gleichsam naturgemäß Illusionen hegt über die bürgerliche Gesellschaft und im besonderen über den Faschismus, der ihrer Auffassung nach nichts anderes sei als die brutalste Form bürgerlicher Klassenherrschaft. Die Einsichten in den die Volksgemeinschaft konstituierenden antisemitischen Rassenwahn, die Wolf in den besten Momenten seines Stücks gelingen und die dieses Stück genau darum aus der antifaschistischen Literatur seiner Zeit herausheben, schiebt er selbst wieder beiseite, sobald er auf die magischen Parolen der Partei umschwenkt. Die „Frage, worum es heute geht", so läßt er Rolf dem Vater erklären, „ist keine Generationsfrage, ist keine physiologische Frage"; diese „Frage ist, Vater – verzeih das harte Wort –, eine Klassenfrage."[22] Dies aber nur insofern, so müßte man mit Hinweis auf einen von Herbert Marcuse bereits 1934 gefaßten Gedanken hinzufügen, als die nationalsozialistische Volksgemein-

[20] Das ‚Weltjudentum' steckte demnach aber nicht nur hinter dem internationalen Kommunismus, sondern ebenso hinter dem internationalen Finanzkapital.

[21] I. Akt, S. 15.

[22] II. Akt, S. 23.

schaft die Aufhebung der Klassengesellschaft auf dem Boden der Klassengesellschaft betrieben hat.[23]

Die scheinbar radikalen Stellungnahmen sind tatsächlich die am wenigsten gelungenen Stellen des Stücks. Die tiefsten Einsichten gewinnt Wolf dort, wo er sich als Künstler seinem Werk überläßt, das von der Einsamkeit eines Juden in Deutschland 1933 handelt. Die seitens der Partei autorisierten Allerweltswahrheiten über den Gegensatz der Klassen gewähren hier spätestens keine Einsicht mehr hinter die Kulissen. Die von den Nazis verkündete völkische Ordnung, die die Kommunisten nur als Teil der Kulisse betrachteten und sogleich zu durchschauen meinten, erwies sich im Gegenteil als ein mit Gewalt verwirklichter Schein, der wohl mit Dialektik, aber nicht mit Begriffen wie Bourgeois und Proletarier zu fassen ist. Die in das Stück eingebauten Lehrmeinungen wirken gleichsam als Fesselung der ästhetischen Produktivkräfte; sie verstellen den Blick auf den völkischen Antisemitismus, dem Wolf als sensibler Beobachter des Geschehens auf die Spur kommt.

1935

Aber noch etwas anderes hat Friedrich Wolf mit diesem Stück vorweggenommen: die Propagierung einer Volksfront gegen den Faschismus, wie sie der Weltkongreß der Komintern zwei Jahre später erst beschloß. Deutlicher freilich, als dies im Stück selbst zu erkennen war, wollte Wolf es den Lesern und Zuschauern 1936 noch einmal erklären. „Denn dieser Mamlock", meinte er, „ist nicht irgendeiner", er ist einer von einigen hunderttausend Juden in Deutschland, die ihres Lebens nicht mehr sicher sein können – nein: „er ist einer von Millionen, er ist der Typus von Millionen deutscher ‚Demokraten', die gestern den kaiserlichen Feldmarschall Hindenburg zum Reichspräsidenten[24] der Republik wählten, weil er auf die ‚Verfassung' geschworen hatte, die heute Hitler als ‚Wall gegen den Bol-

[23] Vgl. Herbert Marcuse, Der Kampf gegen den Liberalismus in der totalitären Staatsauffassung, in: Zeitschrift für Sozialforschung, Heft 2/1934 (Paris, Nachdruck: München 1980), S. 161-195, hier S. 176 f.

[24] Im Original irrtümlich: „zum Reichskanzler".

schewismus' betrachten und die morgen für ein größeres Deutschland ‚gen Osten reiten' wollen. Er ist ein Typus des deutschen Intelligenzlers, für den ‚der Staat', ‚die Familie', ‚die Wissenschaft', ‚die Gerechtigkeit' unwandelbare ewige Werte sind, im Sinne der Kategorien Kants."[25]

Eine Ironie am Rande, daß unterdessen auch der Bolschewismus den Staat, die Familie, die Wissenschaft – nicht so sehr die Gerechtigkeit – als praktisch unwandelbare Werte wiederentdeckt hatte. Bemerkenswert aber ist, daß Wolf selbst damit sein Stück im nachhinein auf eine Bedeutung festlegte, die so deutlich erst in der Verfilmung zum Vorschein kommen sollte. Als Nathans letzten Auftritt hat Gerhard Scheit den *Professor Mamlock* bezeichnet.[26] In der Tat war der Nathan im vier Jahre später entstandenen Film nicht wiederzuerkennen. Scheits Kritik trifft denn auch genauer als auf das Stück auf den Film zu: „Die Hoffnungen auf einen nationalen Widerstand der Deutschen und Österreicher gegen Hitler, die – von der Volksfront-Propaganda gegen jegliche Enttäuschung abgeschirmt – geradezu religiösen Charakter annahmen, sollten den Blick ganz entscheidend trüben für die besondere Lage der Juden – als dem Zielpunkt nationalsozialistischer Vernichtungspolitik."[27] Von der späteren Vernichtungspolitik der Nazis konnte sich 1933 wohl niemand eine Vorstellung machen. Als zumindest naiv hätte man aber schon damals den von Wolf gestalteten Gesinnungswandel der Inge Ruoff bezeichnen können. Grotesk erscheint er zumal im Vergleich zu Mamlocks Wandlungsprozeß. Während der jüdische Professor mit der gewonnenen Einsicht in seine Lage zusehends verzweifelt und also im Kampf versagt, erweist sich die vormalige Volksgenossin und nunmehr einsichtige Genossin als verläßlicher Bündnispartner im Kampf gegen den Faschismus. In dieser Hinsicht entsprach das Stück durchaus den Vorstellungen der Partei, die ihr Vertrauen in das deutsche Volk durch nichts erschüttern ließ und von ihrer fatalen Gewohnheit, Nie-

25 Wolf, Ein „Mamlock"? – 12 Millionen Mamlocks!, in: ders., Professor Mamlock (Anhang), S. 77.

26 Vgl. Gerhard Scheit, Verborgener Staat, lebendiges Geld. Zur Dramaturgie des Antisemitismus, Freiburg 1999, S. 453-455.

27 Ebd., S. 455.

derlagen in Siege umzudeuten, auch dann nicht abrückte, als ihre eigenen Kader in den Folterkellern der Nazis verschwanden. In einer Resolution zur Lage in Deutschland, die am 1. April 1933 angenommen wurde, beurteilte die Führung der KPD ihre bisherige Politik als „vollständig richtig“ und sagte dem Faschismus sein baldiges Ende voraus: „Der revolutionäre Aufschwung in Deutschland wird trotz des faschistischen Terrors unvermeidlich ansteigen. Die Abwehr der Massen gegen den Faschismus wird zwangsläufig zunehmen.“[28] Wirklichkeitsferne Aussagen wie diese sollten in der gewohnt rechthaberischen Manier das eigene Versagen übertönen. Einen revolutionären Aufschwung nahm in Deutschland allein die nationalsozialistische Bewegung. Die im Frühjahr 1933 einsetzenden Massenverhaftungen oder die eilige Verabschiedung des Ermächtigungsgesetzes, nichts von alledem rief eine Abwehrreaktion hervor, im Gegenteil: „Die Unterstützung der Bevölkerung für diese Sturzflut von Aktivitäten und diese ständige Machtdemonstration wuchs lawinenartig an.“[29]

Abbildung 3

Auf die Abwehr der Massen hatte begreiflicherweise auch Friedrich Wolf zunächst gehofft. Und diese Hoffnung wollte er, wie so viele Antifaschisten, durch nichts in Zweifel ziehen lassen, auch Jahre später nicht, als die nationalsozialistische Volksgemeinschaft ihre Reihen immer fester zusammenschloß, indem sie Juden, Homosexuelle, ‚Zigeuner‘ und ‚Asoziale‘ ausschloß; Kommunisten waren da längst verschwunden, das deutsche Proletariat aber in jener Gemeinschaft aufgehoben. Ob Wolf es

[28] Nachgedruckt in: Theo Pirker (Hrsg.), Utopie und Mythos der Weltrevolution. Zur Geschichte der Komintern 1920–1940, München 1964, S. 173-181, hier S. 173 und 180.

[29] Friedländer, Das Dritte Reich und die Juden. Erster Band, S. 29.

schon damals hätte besser wissen können oder müssen, ist hier nicht zu beurteilen. Festhalten kann man aber, daß Nietzsches Warnung, man solle nicht Hoffnung mit Wahrheit verwechseln, wohl niemals sonst so dringend hätte beherzigt werden müssen wie angesichts der Herrschaft einer Bewegung, die ihrerseits Nietzsche als einen ihrer Vordenker pries. Der immerhin schrieb: „Deutsch denken, deutsch fühlen – ich kann Alles, aber *das* geht über meine Kräfte ..."[30] In der Schlußszene des Films ruft der Jude Mamlock den Deutschen, die ihn als ihr Unglück betrachten, zu: „Ich liebe Deutschland." Diese Zuneigung kann *sein* Unglück allerdings nicht abwenden.

1937

Während im Stück, unbeschadet aller politischen Kampfrhetorik, das tragische Schicksal eines jüdischen Bürgers dargestellt wird, mit dem der Zuschauer mitfühlt und -leidet, tritt im Film der Jude Mamlock plötzlich als Kämpfer Dimitroff hervor, in den er sich nach seiner Wiederauferstehung verwandelt. Hier nämlich mißlingt der Suizid, der die Handlung des Stücks beschließt, und sobald der nun seinerseits Patient gewordene Arzt im Krankenbett wieder zu Kräften kommt, tritt das Motiv für die versuchte Selbsttötung, die durch eine Intrige Dr. Hellpachs erwirkte Absetzung des Juden, der keine deutsche Klinik leiten dürfe, in den Hintergrund. Aus der vormals tragischen Figur wird ein Agitator. Daß es sich außerdem um einen Juden handelt, spielt dann keine Rolle mehr. Diese Identität erscheint als der belanglose Zufall, der sie tatsächlich auch ist, der aber unter den geltenden Rassegesetzen der Nazis bedeutete, daß einer nicht nur aus dem sogenannten deutschen Volk, sondern schlechthin aus der Menschheit ausgesondert wurde. Der Ausschluß des Juden Mamlock wird sogar im Film zweimal deutlich gezeigt, und zwar in den Szenen, in denen er als Leiter der Klinik abberufen wird. Beim ersten Mal wird er von SA-Männern abgeführt und durch die Straßen getrieben (Abb. 3), beim

[30] Friedrich Nietzsche, Ecce homo, in: ders., Sämtliche Werke. Kritische Studienausgabe, Bd. 6, München 1988, S. 301.

zweiten Mal aber sind es seine eigenen Kollegen, die sich der Forderung des Nazis Hellpach anschließen. Für die Dramaturgie des Films bleibt diese sehr ergreifende Szene von untergeordneter Bedeutung. Denn zum Widerstand entschließt sich Mamlock nicht aufgrund dessen, was ihm als Jude widerfährt, sondern weil er sich ein Beispiel nimmt an Dimitroff, von dessen Auftritt im Reichstagsbrandprozeß er, wie er seinem Sohn mitteilt, mit Begeisterung in der Zeitung gelesen hat.

Als die Dreharbeiten im Jahr 1937 aufgenommen wurden, entsprach die von Wolf 1933 schon antizipierte Volksfront längst auch der offiziellen Beschlußlage der Komintern. Die berüchtigte Sozialfaschismus-These[31], die seit 1928 der Politik der kommunistischen Parteien (auch der oben zitierten Resolution der KPD) die Richtung gewiesen hatte, war auf dem VII. Weltkongreß der Komintern 1935 revidiert und durch eine Politik ersetzt worden, die nunmehr sämtliche antifaschistischen Kräfte, einschließlich der bürgerlichen, bündeln sollte. Der Faschismus wurde, nach der Definition Georgi Dimitroffs, als „die offene, terroristische Diktatur der reaktionärsten, chauvinistischsten, am meisten imperialistischen Elemente des Finanzkapitals“[32] aufgefaßt; alle übrigen ‚Elemente‘ kamen also als Bausteine der zu errichtenden Front potentiell in Betracht. Exemplarisch dafür stehen im Film zwei Figuren: die aus dem Stück bekannte Inge, deren amouröse Beziehung zu Rolf hier nach Maßgabe des populären Spielfilms in den Vordergrund rückt[33], und der neu hinzugekommene Nazi Krause, der nach der Folterung der Kommunisten Rolf und Ernst, die er selbst auf Befehl hat durchprügeln müssen, an der Überlegenheit des Nationalsozialismus zu zweifeln beginnt. Rolf und Ernst, verrät er seiner

31 Der zufolge sei die Sozialdemokratie, wie Stalin bereits 1924 festgestellt hat, „objektiv der gemäßigte Flügel des Faschismus“ (Zur internationalen Lage, in: ders., Zu den Fragen des Leninismus. Eine Auswahl, hrsg. v. H.-P. Gente, Frankfurt a.M. 1970, S. 86).

32 Georgi Dimitroff, Die Offensive des Faschismus und die Aufgaben der Kommunistischen Internationale im Kampf für die Einheit der Arbeiterklasse gegen den Faschismus, in: ders., Ausgewählte Werke in zwei Bänden, Frankfurt a.M. 1972, Bd. 2, S. 105.

33 Tatsächlich finden sich in den allermeisten Spielfilmen „two plot lines: one involving heterosexual romance (boy/girl, husband/wife), the other line involving another sphere – work, war, a mission or quest, other personal relationships.“ (David Bordwell, Narration in the Fiction Film, London 1986, S. 157.)

Freundin, „das sind Kerle", denn sie hätten unter der Folter geschwiegen. Auch was Mannhaftigkeit und Härte betrifft, sind demnach die Kommunisten den Nazis voraus. Die Assistenzärztin Inge und der Prolet Krause, die Angestellte und der Arbeiter, beide von den Faschisten irregeführt, durchschauen allmählich den Trug.

Derjenige, der den Trug von vornherein durchschaut, ist Mamlocks Sohn Rolf, ein politisch umtriebiger Student der Medizin, der im Film nun zur eigentlichen Hauptfigur aufrückt. Aus der Handlung ganz verschwunden ist dafür Mamlocks Tochter Ruth (im Stück ist sie antisemitischen Demütigungen in der Schule ausgesetzt). Gleich in der ersten Einstellung, ehe Mamlock selbst ins Bild tritt, sieht man Rolf an einem Barren turnen (Abb. 4): einen jungen athletischen Mann, der schon in seiner äußeren Erscheinung jenen höchst dubiosen Kult verkörpert, der um die mit dem Ausdruck Leibesertüchtigung ganz triftig bezeichneten Aktivitäten auch im realen Staats- und Parteisozialismus betrieben wurde. Der Aufschwung am Barren und die dabei gut sichtbare Erhärtung der Muskeln signalisieren die Stärke, die den für die kommunistische Partei aktiven Sohn nicht zuletzt auch vor dem Vater auszeichnen sollen, der selbstverständlich klein und untersetzt daherkommt. Dessen Statur entspricht offensichtlich dem Niveau seines politischen Urteilsvermögens. Es muß aber, um eine schwächliche Vaterautorität in einen Helden verwandeln zu können, irgend etwas auch im Schwächling schon vorhanden sein, das die spätere Wandlung begünstigt. In diesem Fall ist es Mamlocks unbestreitbare Größe auf dem Gebiet der Wissenschaft. Denn als Naturwissenschaftler, so soll der Zuschauer wohl annehmen, ist er ein quasi natürlicher Verbündeter des Fortschritts, und zwar auch des gesellschaftlichen. Gewiß spielte dabei auch die hohe

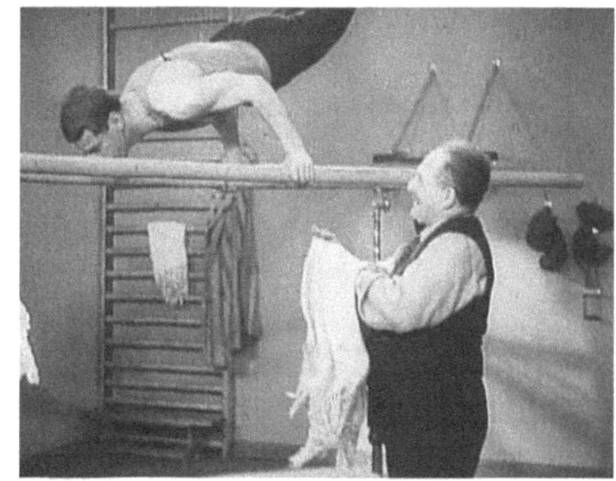

Abbildung 4

Wertschätzung der Naturwissenschaften in der Sowjetunion eine Rolle, wo selbst der Marxismus in eine Art Sozialphysik umgedeutet wurde.

Richtungsweisend in der Exposition des Stücks ist das Gespräch über Blut und Rassen; im Film sind es zwei aufeinanderfolgende Unterhaltungen, die Mamlock und Rolf im Arbeitszimmer führen. In der ersten der beiden Szenen beraten sie sich über dem Mikroskop, beim zweiten Mal, nachdem der Vater den Sohn bei einer politischen Zusammenkunft im eigenen Haus ertappt hat, geraten sie in Streit (Abb. 5/6). Zunächst zeigt Rolf ihm eine Probe, die Mamlock, über das Mikroskop gebeugt, als Streptococcus viridans identifiziert: „Rolf, Junge, wenn wir beide so weiter arbeiten, stellen wir die Welt auf den Kopf. Wir verändern den Menschen. Wir machen ihn wieder jung, lebensfähig und froh, verstehst du?“ Rolf: „Ja, du hast recht, Vater. Die Welt muß von Grund auf verändert werden, und die Menschen mit ihr. Aber das ist es ja…“ Mamlock: „Kein Aber, mein Junge, kein Aber, denn die Wissenschaft kennt keine unüberwindbaren Aber.“ Es klingelt. Rolf beiläufig (im Gehen): „Ich dachte nicht nur an die Wissenschaft.“ Als beide kurz darauf wieder im Arbeitszimmer zusammenkommen, weist Mamlock seinen Sohn zurecht, er solle seine Zeit nicht mit politischem Geschwätz vergeuden und sich statt dessen ganz der Wissenschaft überantworten. Er erinnert ihn an Virchow, Koch, Pas-

Abbildung 5

Abbildung 6

teur. Darauf entgegnet Rolf: „Aber nur mit diesem Mikroskop, und wenn man Tag und Nacht mit ihm arbeitet, ist das Glück der Menschheit nicht zu erringen. Ich habe Pasteur und Koch gelesen. Aber davon hat bei ihnen nichts gestanden. Aber Marx und Lenin erklären das.“ Mamlock verläßt den Raum und geht in den Salon, wo im Radio Goebbels‘ Rede über den Reichtagsbrand und die angeblichen Brandstifter zu hören ist. Noch nimmt er jedoch die Drohungen nicht ernst.

Eine andere politische Rede erst, von der er später im Krankenbett aus der Zeitung erfährt, wird Mamlocks Einstellung radikal auf den Kopf oder, wie man möchte, auf die Füße stellen. In der Zwischenzeit ist er aus der Klinik gewaltsam vertrieben und dank einem neuen Gesetz, das Kriegsveteranen von den geltenden Arierparagraphen vorläufig ausnimmt, sofort wieder eingesetzt worden, woraufhin der nun als Nazikommissar in Uniform auftretende Kollege Hellpach ihn abermals aus dem Amt jagt. Zu diesem Zweck fingiert Hellpach eine antisemitische Erklärung der Patienten, die auch Mamlocks Kollegen sowie sein Freund Seidel, ein Zeitungsredakteur, unterzeichnen. Mamlock sieht keinen anderen Ausweg, als sich selbst mit einer im Schreibtisch aufbewahrten Pistole zu erschießen. Anders als im Stück wird er im Film jedoch sogleich zu neuem Leben erweckt, um schlußendlich als wahrer Held von den Nazis erschossen werden zu können. Zu seiner Genesung trägt auch die liebevolle Pflege der Ärztin Inge bei, die von Hellpach und seinen Kameraden zusehends Abstand nimmt; aus ihrer sexuellen Zuneigung zu Rolf erwächst bald auch eine politische Sympathie für die Kommunisten. Sie ist die erste, der Mamlock seine neugewonnene Sicht auf die Welt anvertraut. Mit der Zeitung in der Hand, in der er soeben über den Auftritt Dimitroffs im Leipziger Reichstagsbrandprozeß

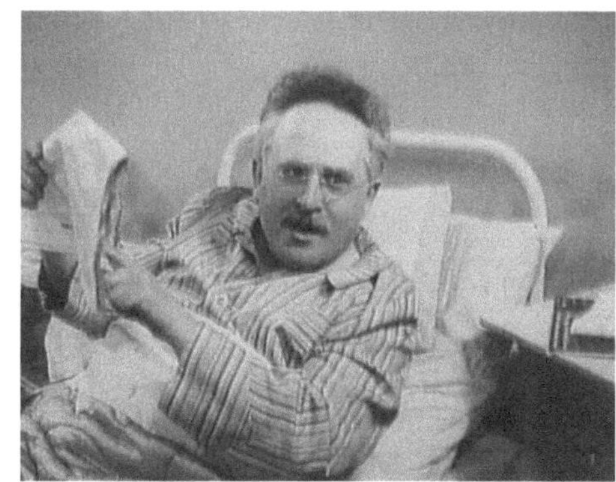

Abbildung 7

gelesen hat, ruft er aus dem Krankenbett: „Was für eine Rede! Welche Kühnheit, welche Kraft sind in diesem Menschen! Drüben in Leipzig, er verteidigt sich gar nicht, nein, im Gegenteil, er klagt an!" (Abb. 7) Kurz darauf sieht er auch seinen den Nazis entkommenen Sohn Rolf wieder, den er nun herzlich in die Arme schließt: „Vater, ich weiß alles, was mit dir passiert ist." – „Nein, nein, mein Junge, du weißt ja gar nicht, was wirklich in dieser Zeit mit mir passiert ist." – „Du mußt schnell gesund werden und Deutschland verlassen." – „Nein, niemals, ich verlasse Deutschland niemals, dafür liebe ich dieses Land viel zu sehr." Rolf erkundigt sich, ob der Vater schon gefrühstückt habe, was dieser beiläufig bejaht; wichtiger als körperliche Angelegenheiten sind ihm inzwischen andere Dinge: „Aber du hast die Rede Dimitroffs gelesen? Was für ein Mensch! Solche Menschen wie er werden immer siegen!" An diesem Menschen nimmt sich Mamlock ein Beispiel, wenn er in der Schlußszene des Films auf den Balkon hinaustritt und das Wort an das vor der Klinik versammelte Volk richtet (Abb. 8–10). Das Volk besteht in diesem Fall hauptsächlich aus bewaffneten Nazis, die herbeigeeilt sind, um den entflohenen Kommunisten Rolf zu fassen. „Wenn es Krach gibt, schießen wir", ruft einer von ihnen. Daraufhin ergreift Mamlock das Wort: „Schießt nur, schießt, tötet Frauen, Greise und Kinder. Das habt ihr gut gelernt, dafür hat man euch abgerichtet.

Abbildung 8

Abbildung 9

Und ihr glaubt, das geht so über tausend Jahre. Ihr glaubt, ihr werdet den Menschen das Recht zum Leben, zum Denken und zur Vernunft rauben können. Ihr irrt. Von euch wird im Gedächtnis der Nachwelt nichts übrigbleiben als ein gespenstischer Traum. Ja, hetzt nur die Gelehrten, verfolgt sie, verbrennt die Bücher der großen Geister. Euer Schicksal ist schon besiegelt. Ich liebe Deutschland: das Deutschland der großen Gelehrten, der Philosophen und der Dichter, das Deutschland der erhabenen menschlichen Erkenntnis, das Deutschland der Arbeit und des Friedens. Aber niemals euer Deutschland, das Deutschland der Tränen und Foltern, und der Menschenverachtung, das Deutschland des Krieges und der Henker. Dieses Deutschland kann nicht bestehen, es wird zugrunde gehen, es muß zugrunde gehen." (Zuruf: „Schweig, du Hund!") „Ja, schießt nur, schießt aus euren Maschinengewehren. Man wird sie euch eines Tages wegnehmen, und es wird wieder Menschen geben in Deutschland, wieder Me—" Es fallen Schüsse, Mamlock bricht zusammen. In der folgenden Einstellung sieht man Rolf und Inge, die sich in den Armen halten, dann den toten Mamlock am Boden – Ende.

Abbildung 10

Die Schlußansprache soll offenbar die politische Botschaft des Films bündig zusammenfassen. Es wird das liebenswerte Deutschland der Dichter und Denker heraufbeschworen, dessen Zukunft nun in den Händen (oder in den verschlungenen Armen) von Rolf und Inge liegen soll. Kein Wort mehr über die Juden, die in Deutschland und überall dort, wo die Deutschen in den kommenden Jahren ihre völkische Ordnung zu verwirklichen suchen, keinen Platz haben. Daß Mamlock selbst sich kurz zuvor noch das Leben nehmen wollte, weil die Deutschen nicht duldeten, daß er als Jude ihre Klinik führe, scheint ihn nun nicht mehr zu bekümmern. Die viel näherliegende Schlußfolgerung, daß sie nämlich wünschten, einer wie er möge überhaupt nicht existieren, getraute man sich im Jahr 1937, noch vor der ‚Reichskristallnacht', offenbar nicht in Betracht zu ziehen.

1961

„Friedrich Wolf schrieb 1933 ein Drama. Damals waren die Todeslager noch nicht errichtet, – die Gaskammern noch nicht erfunden –, sechs Millionen Juden noch nicht ermordet [...]. Damals war dies alles noch nicht geschehen." So liest sich der Vorspann des Films *Professor Mamlock*, den Konrad Wolf 1961 in der DDR vorstellte.[34] Es handelte sich dabei nicht um ein Remake des Films von Rappaport und Minkin, sondern um eine Neuverfilmung des Stücks, das sein Vater geschrieben hatte, als „dies alles noch nicht geschehen" war. Als Konrad Wolf die Arbeit an seinem Werk aufnahm, wußte er, was geschehen war. Und offenbar wußte er auch, daß man, um ein Stück, das von der antisemitischen Diskriminierung eines Menschen im Jahr 1933 handelt, bald dreißig Jahre später filmisch zu bearbeiten, auf Distanz gehen muß, Raum lassen muß für die Reflexion auf den Abgrund, der die Welt vor Auschwitz von der Welt nach Auschwitz trennt. Inwieweit ihm das im einzelnen gelungen ist, mag dahingestellt bleiben. Paradoxerweise hat er jedoch, um den notwendigen Abstand zu gewinnen, sich zunächst einmal möglichst genau an die dramatische Vorlage gehalten. Die Titelfigur, die in diesem Film auch die Hauptfigur ist, deren Bedeutung die des Sohnes Rolf bei

Abbildung 11

[34] *Professor Mamlock*, DDR 1961. Produktion: DEFA (Gruppe „Heinrich Greif"). Regie: Konrad Wolf. Drehbuch: Karl Georg Egel, Konrad Wolf. Darsteller: Wolfgang Heinz (Mamlock), Ursula Burg (Frau Mamlock), Hilmar Thate (Rolf), Lissy Tempelhof (Inge), Harald Halgardt (Hellpach). Erstaufführung: 17.5.1961 im Kino der DDR.

weitem überstrahlt, ist weniger autoritär und aggressiv als in der Leningrader Verfilmung und eher nachdenklich gestaltet (Abb. 11). Zudem hat Konrad Wolf die Szenen wiederaufgenommen, die dort der Werbung für die Volksfront weichen mußten: etwa die antisemitische Demütigung von Mamlocks Tochter Ruth, die weinend aus der Schule heimkommt, was hier sehr ausführlich gezeigt wird, oder das Streitgespräch im Operationssaal, das Dr. Hellpach zum Anlaß nimmt, die Überlegenheit seiner Rasse zu erläutern. Szenen wie diese haben indes im Film 1961 eine ganz andere Bedeutung, als sie ihnen dazumal vielleicht auf einer Schweizer Theaterbühne zukam.

Abbildung 12

Daß die Bildersprache Konrad Wolfs die des sowjetischen *Mamlock*-Films weit überragt, wird kein Zuschauer bestreiten. Besondere Erwähnung verdient in diesem Zusammenhang zumindest die Einstellung, in der Hellpach sich mit Mundschutz und Handschuhen bewehrt und die Hände gleichsam nach neuem Lebensraum ausstreckt (Abb. 12). Die Filmzuschauer der Gegenwart erkennen in ihm bereits den „Todesengel", als welchen seine Opfer in Auschwitz Dr. Joseph Mengele bezeichneten.

1941

Was nach dem Überfall der Wehrmacht auf die Sowjetunion geschah, war schlechthin unvorhersehbar. Und es bleibt unvorstellbar. Die Deutschen übertrafen mit der ihnen zu Recht nachgesagten Gründlichkeit alles, was die Menschen in der Sowjetunion selbst an Repression und Terror hatten erfahren müssen. Wobei der Terror des NKWD sich keineswegs gegen die Juden im besonderen richtete. Friedländer macht darauf aufmerksam, daß damals die sowjetischen Juden „auf allen Ebenen des Systems in allererster Linie Sowjetbürger waren"; erst die in jedes Dorf einmarschierenden deutschen Truppen und ihre Helfer haben „viele dieser ‚nichtjüdischen Juden' (so die bekannte Formulierung Isaac Deutschers) in sowjetische Juden"[35] zurückverwandelt. Daß aber der von Wehrmacht, SS und sogenannten Hilfsvölkern geführte Vernichtungskrieg in erster Linie den als Juden identifizierten Bürgern der Sowjetunion galt, durfte in diesem Land späterhin nicht laut ausgesprochen werden. Im Jahr 1941 noch war der Weltöffentlichkeit, und zwar in russischer, englischer und jiddischer Sprache, der Film *An Appeal to the Jews of the World* präsentiert worden, in dem jüdische Künstler der Sowjetunion, darunter Sergej Eisenstein und der Schauspieler Solomon Michoels (der 1948 vom NKWD ermordet wurde), zur Unterstützung ihres Landes im Kampf gegen den Faschismus aufriefen. Das in den folgenden Jahren entstandene *Schwarzbuch*, in dem Ilja Ehrenburg und Wassili Grossman die Vernichtung der sowjetischen Juden in der Sowjetunion selbst publik machen wollten, durfte dort nie erscheinen.[36] Daß die Nazis ausgerechnet sie ermordet hatten, sollte ein Geheimnis bleiben, das der sonst allwissende Marxismus-Leninismus nicht lüften mochte. Eigens erwähnt wurden auch die Überlebenden als Juden nur dann, wenn es galt, sie als ‚Zionisten' oder ‚jüdische Nationalisten' aufs neue anzuklagen. In den als Antizionismus drapierten Kampagnen, die im Zuge der 1948 einsetzenden Repressionswelle in der Sowjetunion (und in den von ihr kontrollierten Staaten Osteuropas) losgetreten wurden – drei Jahre nach dem Holocaust –, zeigte die von Lustiger so genannte janusköpfige Befreiung der Juden ein nunmehr eindeutiges Gesicht.[37] Die

[35] Friedländer, Das Dritte Reich und die Juden. Zweiter Band: Die Jahre der Vernichtung 1939–1945, München 2006, S. 277.

[36] Eine vollständige deutsche Fassung wurde von Arno Lustiger bei Rowohlt herausgegeben (Reinbek 1994). Vgl. dazu auch Lustiger, Rotbuch, S. 192-196.

[37] Vgl. ergänzend zu Rapoport und Lustiger auch Thomas Haury, Antisemitismus von links. Kommunistische Ideologie, Nationalismus und Antizionismus in der frühen DDR, Hamburg 2002, darin v.a. die theoretisch genau informierte Darstellung der „Grundstrukturen des antisemitischen Weltbildes" (S. 25-159) und des manichäischen Weltbildes der Sowjetideologie („Anti-antisemitischer Lenin – ‚strukturell antisemitischer' Leninismus?", S. 210-252); sehr differenziert setzt sich Haury auch mit dem vielfach fehlinterpretierten Beitrag „Zur Judenfrage" von Marx auseinander (S. 160-182).

Mächte des alten Rußland hatten die Sowjetrepubliken eingeholt, maskiert als Sachwalter eines Fortschritts, den angeblich die Juden sabotierten. „Die Sowjetunion", schloß daraus Hans Mayer, „hat die Gedanken der bürgerlichen Menschenrechte nicht, etwa auf einer gesellschaftlich höheren Stufe, zur Praxis gemacht. An den Außenseitern hat man es zu erkennen."[38] Bemerkenswert ist, was Julius Hay diesbezüglich über den in der Partei hochangesehenen jüdischen Außenseiter Friedrich Wolf gesagt hat: „Er hatte Vertrauen zu sich selbst, weil er der Partei folgte, und er hing an der Partei, weil diese ihm vertraute. Sein gegen Ende der Weimarer Republik entstandenes Stück ‚Paragraph 218', mit leidenschaftlicher Stellungnahme gegen das Abtreibungsverbot in Deutschland, schien ihm auch dann keine Kopfschmerzen bereitet zu haben, als [...] plötzlich auch in der Sowjetunion die Abtreibung unter strengsten Androhungen verboten wurde. Was die Partei jeweils sagte, war für Wolf richtig und wahr. Für Inkonsequenzen und Widersprüche, mögen sie noch so auffallend gewesen sein, war er taub. [Absatz] Dennoch glaube ich, daß selbst für ihn der blinde Parteiglaube eine Grenze hatte: den Autor des Dramas ‚Professor Mamlock' [...] hätte wohl kein Zickzack in der Parteipolitik zu einem Antisemiten machen können."[39]

Daß der Massenmord an den europäischen Juden den Fortschrittsglauben und die notorische Siegesgewißheit der kommunistischen Parteien nicht im geringsten tangiert hat, sie sogar nicht davon abgehalten hat, nun ihrerseits jüdische Genossen als ‚zionistische Agenten' und ‚Kosmopoliten' vor Gericht zu stellen und als ‚Volksfeinde' hinzurichten, sei hier lediglich erwähnt. Daß die Kommunisten auch zuvor in den dreißiger Jahren von der besonderen Bedrohung der Juden nicht viel Aufhebens gemacht haben, sollte allerdings nicht zu der Annahme verführen, daß die anderen Antifaschisten es damals genauer gesehen und gesagt hätten. Auch kritische Marxisten, die dem autoritären „Hurra-Optimismus"[40] der Arbeiterpartei-

38 Hans Mayer, Außenseiter, Frankfurt a.M. 2007, S. 463.

39 Hay, Geboren 1900, S. 271 f.

40 „Für den Verfall der Arbeiterbewegung spricht der offizielle Optimismus ihrer Anhänger." (Theodor W. Adorno, Minima Moralia. Reflexionen aus dem beschädigten Leben, Frankfurt

en die Gefolgschaft versagten, haben die Bedeutung des Antisemitismus, von dessen Konsequenzen gar nicht zu reden, lange Zeit unterschätzt.[41] In einem Brief an Max Horkheimer vom 5. August 1940 bekannte Adorno: „Oftmals kommt es mir vor, als wäre all das, was wir unterm Aspekt des Proletariats zu sehen gewohnt waren, heute in furchtbarer Konzentration auf die Juden übergegangen."[42] Obgleich Hitler aus seinen Plänen nie ein Geheimnis gemacht hatte, traf dieser Schlag seine Opfer wie ein stets gefürchteter, doch nie erwarteter Blitz. „Erst in den Jahren 1941, 1942 und 1943 erkannte die jüdische Führung, daß der moderne, maschinenmäßige Vernichtungsprozeß, anders als die Pogrome vergangener Jahrhunderte, das europäische Judentum verschlingen würde."[43]

Unter Marxisten wurde der Antisemitismus gemeinhin als Überbleibsel einer finsteren Vergangenheit aufgefaßt, die der gesellschaftliche Fortschritt alsbald verscheuchen werde. Daß er aber gegen Ende des 19. Jahrhunderts in Europa noch (oder vielmehr wieder) gefährlich weit verbreitet war, diese Tatsache veranlaßte Friedrich Engels, dem darüber besorgten Wiener Bankangestellten Isidor Ehrenfreund 1890 zu erklären: „Der Antisemitismus ist das Merkzeichen einer zurückgebliebenen Kultur und findet sich deshalb auch nur in Preußen und Österreich resp. Rußland."[44] Er sei „nichts anderes als eine Reaktion mittelalterlicher, untergehender Gesellschaftsschichten gegen die moderne Gesellschaft […]. Ist er in einem Lande möglich, so ist das ein Beweis, daß dort noch nicht genug Kapital existiert."[45] Daß er einer zurückgebliebenen, das heißt vorkapi-

a.M. 1994, S. 146).

41 Bei den Mitarbeitern des 1933 über die Schweiz und Frankreich in die USA exilierten Frankfurter Instituts für Sozialforschung erscheint das um so erstaunlicher, als die Untersuchung des Antisemitismus eine der ersten Aufgaben war, die der Gründer Felix Weil seinem Institut mit auf den Weg gegeben hatte. Vgl. Martin Jay, Dialektische Phantasie. Die Geschichte der Frankfurter Schule und des Instituts für Sozialforschung 1923–1950, Frankfurt a.M. 1976, S. 51.

42 Theodor W. Adorno/Max Horkheimer, Briefwechsel, Bd. II: 1938–1944, Frankfurt a.M. 2004, S. 84. Erst im amerikanischen Exil in den vierziger Jahren unternahm Horkheimers Institut ein Forschungsprojekt zum Antisemitismus.

43 Raul Hilberg, Die Vernichtung der europäischen Juden, Bd. 3, Frankfurt a.M. 1990, S. 1110.

44 Friedrich Engels, Über den Antisemitismus, in: Marx/Engels, Werke, Bd. 22, Berlin 1972, S. 49.

45 Ebd., S. 50.

talistischen Kultur zugehöre, war in bezug auf den zumal im mittleren und östlichen Europa traditionell heimischen Judenhaß sicherlich richtig. Wie auch Marx ging Engels selbstverständlich davon aus, daß dieses Phänomen mit der fortschreitenden Entwicklung und Ausdehnung der kapitalistischen Produktionsweise verschwinden werde. Die antisemitische Hochstimmung, die der Prozeß gegen Alfred Dreyfus im Frankreich des ausgehenden 19. und beginnenden 20. Jahrhunderts entfachte, mußte diese Erwartung bald enttäuschen. Nicht nur schien damit die Speerspitze der Aufklärung, als die Frankreich im Gegensatz zu Preußen, Österreich oder Rußland die vorangegangenen beiden Jahrhunderte hindurch idealisiert worden war, zerbrochen. „Wichtig an der Dreyfus-Affäre", meinte Hannah Arendt, war vielmehr, daß „zu einer Zeit, als die *Protokolle der Weisen von Zion* noch nicht vorlagen, ein ganzes Volk sich über die Frage, ob das ‚geheime Rom' oder das ‚geheime Juda' die Fäden der Welt in der Hand halte, die Köpfe zerbrach und einschlug."[46] Es zeigte sich, daß – für Marx und Engels noch undenkbar – die Wahnvorstellung einer internationalen jüdischen Verschwörung, also ein nunmehr nationalistisch bzw. völkisch-rassistisch artikulierter Antisemitismus auch und gerade dort aufblühte, wo die kapitalistische Produktion längst das gesellschaftliche Leben der Nation bestimmte und wo nun die Juden als deren geheime Nutznießer und Drahtzieher imaginiert wurden. Diese Gefahr haben allerdings nicht nur Sozialisten und Kommunisten, gelinde gesagt, verkannt.

Aufschluß über die in den kommunistischen Parteien geläufige Auffassung des Antisemitismus als Ablenkungsmanöver gibt eine Erklärung Stalins vom Januar 1931. Auf eine Anfrage der Jüdischen Telegrafenagentur aus Amerika antwortete er: „Der National- und Rassenchauvinismus ist ein Überrest der menschenfeindlichen Sitten aus der Periode des Kannibalismus. Der Antisemitismus als extreme Form des Rassenchauvinismus ist der gefährlichste Überrest des Kannibalismus. [Absatz] Der Antisemitismus dient den Ausbeutern als Blitzableiter, der die Schläge der Werktä-

[46] Hannah Arendt, Elemente und Ursprünge totaler Herrschaft. Antisemitismus, Imperialismus, totale Herrschaft, München 2001, S. 222.

tigen vom Kapitalismus ablenken soll. Der Antisemitismus ist eine Gefahr für die Werktätigen, denn er ist ein Irrweg, der sie vom rechten Wege abbringt und sie in den Dschungel führt. Darum sind die Kommunisten als konsequente Internationalisten unversöhnliche und geschworene Feinde des Antisemitismus. [Absatz] In der UdSSR wird der Antisemitismus als eine der Sowjetordnung zutiefst feindliche Erscheinung vom Gesetz aufs strengste verfolgt. Aktive Antisemiten werden nach den Gesetzen der UdSSR mit dem Tode bestraft."[47] So der vollständige Wortlaut. Über die skurrile Behauptung, der Antisemitismus sei ein Überrest des Kannibalismus, mußte Stalin selbst womöglich schmunzeln; sein Faible für derbe Späße war weithin berüchtigt. Daß aber der Antisemitismus den Ausbeutern als Blitzableiter diene und also eine Gefahr vor allem für die Werktätigen – nicht für die Juden – darstelle, diese mindestens ebenso aberwitzige Einschätzung war in den kommunistischen Parteien längst verbreitet, als Stalin sie mit diesem Diktum zur Lehrmeinung erhob.

1938

Vor diesem Hintergrund darf allerdings der Film *Professor Mamlock* als ein – aller Widerrede zum Trotz – sehr beachtliches Dokument gelten. Daß die Zuschauer darin nur wenig über den Antisemitismus erfuhren, daß die Bedeutung der Volksfront die des aus dem Volk ausgestoßenen Juden Mamlock tief in den Schatten stellte, daß schließlich der Film die Handlung des Stücks beträchtlich ausweitete, ohne indessen auf die aktuellen Zustände in Deutschland zu reflektieren, all diese zumindest im Rückblick unübersehbaren Defizite machen aber nicht die Tatsache zunichte, daß in der Sowjetunion im Jahr 1938 ein Film veröffentlicht wurde, der von einem Juden in Deutschland erzählt. Die geschichtliche Bedeutung des Films belegt nicht zuletzt auch seine internationale Rezeption. Kurioserweise soll seine Vorführung nach dem Zweiten Weltkrieg, das heißt

47 Stalin, Über den Antisemitismus. Antwort auf eine Anfrage der Jüdischen Telegrafenagentur aus Amerika, in: ders., Werke, Bd. 13, Berlin 1955, S. 26. (Der Text, heißt es dort, sei zuvor bereits am 30. November 1930 in der *Prawda* erschienen.)

zu Beginn des Kalten Krieges, in den USA sogar mancherorts untersagt worden sein mit dem Hinweis, es handle sich um ein Werk antideutscher Propaganda.

In Moskau (bzw. Leningrad) wurden unmittelbar nach der Machtübernahme der Nazis bereits antifaschistische Filme deutscher Emigranten produziert, wohingegen die Studios in Hollywood Antinazifilme in großem Umfang erst in ihr Programm aufnahmen, als die sowjetische Exilfilmproduktion ihrerseits den Ermittlungen des NKWD erlag. Filme, die die Lage der Juden in Deutschland thematisierten oder darauf zumindest anspielten, waren in den dreißiger Jahren weltweit sehr rar. Ausnahmen bilden etwa *The Eternal Jew* und *The Wandering Jew* (beide von George Roland, USA 1933), *Jew Süss* (Lothar Mendes, USA 1934) und *Le Golem* (Julien Duvivier, Frankreich 1936). Und eine Ausnahme in eben dieser Hinsicht bildet auch *Professor Mamlock*, ebenso der ein Jahr später veröffentlichte Film *Familie Oppenheim*[48], der in diesem Zusammenhang zumindest erwähnt werden muß.

Abbildung 13

Ob ihres ästhetischen und politischen Designs wird diese Filme heute kaum jemand mehr lieben; die Direktiven des ‚sozialistischen Realismus' galten schließlich auch für solche Produktionen, die statt der Errungenschaften im eigenen Land den Kampf gegen die verächtlichen Zustände in einem anderen ruhmreich bebildern sollten. Einsicht in die Zustände in Deutschland, und hier insbesondere in den Antisemitismus, gewäh-

48 *Sem'ja Oppengejm*, UdSSR 1939. Produktion: Mosfilm. Regie: Grigori Roschal. Drehbuch: Serafima Roschal, Lilo Dammert (nach dem Roman *Die Geschwister Oppenheim*, späterer Titel: *Die Geschwister Oppermann*, von Lion Feuchtwanger). Erstaufführung: 5.1.1939, Moskau. Vgl. dazu Bulgakowa (Hrsg.), Die Abenteuer des Dr. Mabuse…, S. 232 f.

ren die im sowjetischen Exil produzierten antifaschistischen Filme aber am wenigsten dort, wo sie mitreißende politische Botschaften plakatieren wie in der Schlußszene des *Professor Mamlock*. Es sind nicht die positiven Helden, sondern mitunter ausgerechnet die schäbigen Feindfiguren, die die Unwahrheit des Antisemitismus beiläufig ausplaudern. In Gustav von Wangenheims *Kämpfer* (UdSSR 1936) ist es der von Heinrich Greif dargestellte Nazi Eickhoff, der hinter dem verzögerten Neubau einer Fabrik „volksfeindlichen Krämergeist" vermutet; in *Professor Mamlock* der Nazi Krause, der auf die Frage, wann er denn sein Logis bezahlen wolle, mit der rhetorischen Frage antwortet: „Bin ich vielleicht raffendes Kapital?" In solchen Augenblicken wird ein helleres Licht auf die Wirklichkeit geworfen als etwa dort, wo Mamlock versichert, Menschen wie Dimitroff würden immer siegen. Die Wahrheit spricht eine Einstellung ohne Worte (Abb. 13): Mamlocks Gesichtsausdruck, nachdem seine Kollegen ihn im Stich gelassen haben.

Hermann Haarmann

Abschied von Europa

„Ein bedeutendes Kunstwerk…“ Erwin Piscators Spielfilm: *Der Aufstand der Fischer*

Der über Berlin hinaus in der gesamten Weimarer Republik bekannte Theaterregisseur Erwin Piscator gehört zu den privilegierten ausländischen Fachkräften, die in die Sowjetunion eingeladen werden, um die dortige Filmindustrie zu unterstützen, die sich mit der Entwicklung des Tonfilms vor einige Schwierigkeiten gestellt sieht. Auf Einladung der Meshrabpom-Film (ein Zusammenschluß des ehemaligen Studios Rus mit der Internationalen Arbeiterhilfe [IAH]) reist Piscator im November 1930 zu ersten Verhandlungen nach Moskau. Der Erfolg seiner Berliner Inszenierung von Theodor Pliviers *Des Kaisers Kulis* soll den Ausschlag gegeben haben, ihn mit einem Projekt zu beauftragen, dem dann das Theaterstück auch als Filmplot dienen soll. Die sowjetische Regierung befürchtet allerdings diplomatische Verwerfungen zwischen Deutschland und der Sowjetunion. Piscator muß sich umorientieren; er wählt statt dessen die mit dem renommierten Kleistpreis ausgezeichnete Novelle *Der Aufstand der Fischer von St. Barbara* von Anna Seghers als Vorwurf für seinen ersten und einzigen Spielfilm.

Geplant sind eine deutsch-sowjetische Koproduktion und eine deutsch-russische Simultanfassung. Nicht nur der Drehbuchautor – im Gespräch sind u. a. Ernst Toller und Julius Hay –, sondern auch der Komponist der

Filmmusik (Hanns Eisler) sollen aus Piscators Künstler- und Freundeskreis rekrutiert werden. Piscator will bekannte Berliner Schauspieler für wichtige Rollen engagieren: Lotte Lenya, Paul Wegener, Lotte Loebinger und Heinrich Greif sind unter denen, die er in Betracht zieht. Er verhandelt hart und holt ansehnliche, in der Sowjetunion kaum übliche Honorare heraus. Die finanziellen Aufwendungen für Gagen und für Ausstattung (Requisiten, Kulissendorf am Schwarzen Meer) und für Filmaufnahmen unter freiem Himmel werden Meshrabpom-Film an den Rand des Ruins führen. Immer wieder versucht die sowjetische Filmgesellschaft, Piscator loszuwerden, immer wieder macht sie einen Rückzieher.[1] Als der fertige Film dann endlich am 5. Oktober 1934 in die Moskauer Kinos kommt, ist es zu spät. Viel zu spät, weil Piscator ihn auch für einen Einsatz in Deutschland geplant hat, um vor dem deutschen Faschismus zu warnen: „Hitler war schneller – Film verlor seine Berechtigung“, so Piscators lapidarer Tagebucheintrag.[2]

Erwin Piscator (Mitte, ganz in weiß) empfängt Paul Wegener (2 v. l.) auf dem Moskauer Bahnhof, 1931

Die Verzögerungen beim Drehbeginn und während der Dreharbeiten haben viele Gründe. Die sowjetische Bürokratie, Engpässe bei der Materialbeschaffung, Unwetter, die das am Schwarzen Meer speziell aufgebaute Fischerdorf zerstören, der Ausfall der geblimpten Kamera. Die deutschen Schauspieler reisen unverrichteter Dinge wieder ab. Piscator kann nur noch die russische Fassung realisieren. Daß er erhebliche Schwierigkeiten

[1] Vgl. dazu Oksana Bulgakowa, Der Fall Meshrabpom, in: dies. (Hrsg.), Die ungewöhnlichen Abenteuer des Dr. Mabuse im Lande der Bolschewiki, Berlin 1995, S. 186f.

[2] Erwin Piscator, Tagebuch Nr. 22, Erwin Piscator Center, Archiv der Akademie der Künste Berlin, S. 120.

hat, liegt nicht nur an der sprachlichen Barriere – Asja Lacis, eine lettische Theaterregisseurin und Bekannte mit Berlin-Erfahrung aus den zwanziger Jahren, hilft als Dolmetscherin aus. Besonders erschwerend für eine gedeihliche Zusammenarbeit fällt ins Gewicht, daß die zur Verfügung gestellten sowjetischen Schauspieler unterschiedliche Theaterschulen durchlaufen haben. Die Temperamente und die Ausbildung stoßen und reiben sich aneinander. Mittendrin Piscator, der die Meute zu bändigen hat. Damit nicht genug: Filmische Experimente stoßen auf den Widerstand des Filmteams; der Kameramann weigert sich, die Kamera zu bewegen. Ein Hilfeersuchen an Sergej Eisenstein fruchtet nichts, denn auf Piscators Frage, ob die Kamera sich bewege, erhält er die knappe Antwort: „Sie bewegt sich nicht!“ Wieso das? Eisenstein, der große Bilder-Erfinder und -Sucher, verschließt sich diesem stilistischen Mittel?! Des Rätsels Lösung dürfte sein, daß Vera Janukowa, die Piscator in seinem Filmprojekt als Dorfhure mit einer Hauptrolle bedacht hat, inzwischen seine Geliebte ist. Janukowa war zuvor mit Eisenstein liiert gewesen. Also eine kleine Rache des großen Stummfilmregisseurs. Gleichviel: Piscator bewegt die Kamera doch. Er plaziert sie auf dem Bug der Fischerboote, montiert sie auf ein sich drehendes Karussell, auf Schiffsschaukeln, die gleichsam in die Zuschauer hinein und über deren Köpfe hin- und herschwingen. So sorgen die ungewöhnlichen Kamerafahrten und rasanten Schwenks für neue, gewöhnungsbedürftige Bildsequenzen, die angesichts der noch unterentwickelten Kameratechnik heute unscharf, verwackelt erscheinen. Das Neue der Bilder und Perspektiven hat sich historisch längst verschliffen.

Erwin Piscator an der geblimten Kamera

Natürlich läßt auch die Tonqualität zu wünschen übrig, zumal Piscator die Filmmusik nicht nur mit großem Orchester einspielen läßt, sondern chorische Kommentare – ganz im Sinne der Brechtschen Episierung – einsetzt. Apropos Episierung! Hinweise in Kritiken, die zur Uraufführung erschienen, lassen darauf schließen, daß Erwin Piscator selbst in der Originalfassung, die bis heute als verschollen gelten muß, die Schauspieler und damit die personae dramatis dem Zuschauer kurz vorstellt, bevor die eigentliche Handlung beginnt. In der Exportfassung von 1935[3] fehlt diese Einführung. Piscator erzählt die Geschichte eines Streiks: Als auf einem Fischtrawler der vierte Mann, um die Lohnkosten zu senken, aus jedem Team abgezogen wird, muß das Arbeitstempo erhöht werden. Ein Arbeitsunfall eines Fischers läßt den Unmut aller hochkochen, der Streik beginnt. Reeder, Pfarrer und Militär setzen alles daran, die Ausweitung des Streiks auf die Hochseefischer durch Versprechungen und Androhung von Gewalt zu verhindern. Die Fischer von St. Barbara bleiben standhaft, während sie aus dem Nachbardorf ausfahren wollen. Noch versucht der Anführer, eine Einheitsfront zu schmieden und die Streikbrecher zurückzuhalten. Die für St. Barbara angeforderten Soldaten treffen ein, um den Marsch der Streikenden aufzuhalten, dabei erschießen sie den Anführer der Streikbrecher. In der folgenden großen Beerdigungsszene kulminiert die Geschichte in ihren gegenläufigen Erzählsträngen, harte Schnitte und Gegenschnitte sind das entsprechende filmische Mittel. Der Trauerzug schlängelt sich an der Küste entlang zum

Erwin Piscator mit dem Dokumentarfilmer Hans Richter

[3] Verf. entdeckte vor Jahren in einem New Yorker Videoladen durch Zufall diese Fassung; die von Neue Visionen-Filmverleih, Berlin, in den Verleih gegebene ist ein Torso.

Friedhof. Maria, die Hure, wird währenddessen von der Soldateska vergewaltigt und ermordet. Der Pfarrer salbadert derweil am offenen Grab über die gerechte Strafe Gottes. Die Streikbrecher fahren aus. Unter ihnen allerdings Andreas aus St. Barbara, der einen Sabotageakt plant und ausführt. Er jagt mit eingeschmuggeltem Dynamit das Schiff in die Luft und gibt damit das Signal zum Aufstand. Zwar kann er sich schwimmend ans Ufer retten, dort jedoch wird auch er Opfer des Militärs. Die Trauergemeinde formiert sich daraufhin zu einer gewaltigen, gewaltbereiten Kampffront, die die Reaktion letztendlich niederringt.

Furios, weil stark expressionistisch, läßt Piscator seine Filmbilder auf den Zuschauer einstürmen. Kameraführung, Ton und ganz besonders der Einsatz der so unterschiedlich ausgebildeten Schauspieler signalisieren auf den ersten Blick das Besondere an dieser Produktion. Allen voran Vera Janukowa, die mit ungeheurer Präsenz die Hure gibt, die über alle Register einer expressiven Gestaltung verfügt und den Zuschauer in ihren Bann zieht. Und das nicht nur im Film. Als Bernhard Reich, der Lebensgefährte der Lacis, zusammen mit Friedrich Wolf Piscator in Moskau einen Besuch abstattet, erinnert er eine kleine, aber bezeichnende Episode: „Das Piscatorsche Appartement bestand eigentlich nur aus einem geräumigen Zimmer, das durch einen Plüschvorhang in einen Arbeits- und ein Schlafkabinett unterteilt war. Wie wir so sprachen, ertönte vom Schlafkabinett hinter dem Vorhang bedrohlich brummende Laute. Zuerst konnte man es für eine Sinnestäuschung halten; später konnte man mit Bestimmtheit sagen, Vera liegt im Bett und ist mit irgend etwas unzufrieden. Es kam die Zeit zum Mittagessen. Unsere Besprechung war

Erwin Piscator (l.) mit dem Filmteam, Vera Janukowa (r.)

noch nicht zu Ende. Das Knurren wurde lauter. Ein Zimmerkellner nahm die Bestellung entgegen, stellte dann einen Teller Suppe vor Piscator und brachte einen anderen Teller der Gnädigen hinter den Vorhang. Die Suppe schien ihr nicht geschmeckt zu haben; die Laute wurden immer drohender. Als zweiten Gang gab es Kalbskoteletts. Das Gespräch war fast beendet, als durch den Vorhangspalt ein Kalbskotelett durch die Luft flog und auf Piscators Kopf landete. Wolf lächelte verschmitzt, und wir brachen auf. Piscator tat, als ob fliegende Kalbskoteletts zum Ritual des Mittagessens gehörten – nur aus den Augen blickte eine vergnügte Verlegenheit."[4]

Diese vergnügte Verlegenheit kann Piscator bei den Dreharbeiten kaum durchhalten. „Als die Revolution in Phrasen erstarrte, konnten auch die Schauspieler sie nur als Phrasen sprechen (worüber ich mich 1934 schon ärgerte – und das war der Anfang –) und lieber noch flüchteten sie in Shakespeare – aber auch hier blieb es mehr äußere – statt innere Neuentdeckung. Darstellungsmanie!"[5] Ein besonderes Handicap, da Piscator ja gerade einen revolutionären Aufstand zum Thema seines Films gewählt hat. Niemand in der Sowjetunion scheint an Revolution noch interessiert. Es ist im übrigen Josef Stalin höchstpersönlich, der Piscator genau an diesem Punkt abkanzelt, als ihm in einer Privatvorstellung im Kreml der Fischer-Film vorgeführt wird. „Welcher Dummkopf konnte so etwas loben? Nicht nur, daß der Film unerträglich langweilig ist, sondern er singt auch immer das alte Lied nach alten Motiven. Überhaupt muß man aufhören, den Zuschauer mit alten Themen, selbst wenn sie nicht schlecht sind, vollzustopfen [...]."[6] Daß unter dieser Vorgabe dem Film mit seiner Präsentation in Moskau kaum Erfolg beschieden ist, dürfte nicht erstaunen. Nach nur wenigen Wochen muß *Der Aufstand der Fischer* aus den Kinos zurückgezogen werden, parallel zu einer inszenierten Pressekampagne, die durch offiziel-

4 Bernhard Reich, Piscator in Moskau, in: ders., Im Wettlauf mit der Zeit, Erinnerungen aus fünf Jahrzehnten deutscher Theatergeschichte, Berlin/DDR 1970, S. 344.

5 Erwin Piscator, Tagebuch Nr. 17, S. 95.

6 Schumjazkijs Niederschrift (während und nach der Filmvorführung vor Stalin und weiteren Mitgliedern der Parteiführung, 13. Mai, 21.48 Uhr bis 14. Mai 1934, 1.20 Uhr), zit. nach Günter Agde, Stalin meets Piscator, in: Filmblatt, Nr. 13, Sommer 2000, S. 40.

len Druck auf den Literaten, Kritiker und Avantgardisten Ossip Brik von diesem gestartet wird.[7] Da helfen auch positive Gegenstimmen wie die von Ernst Ottwalt wenig. So vermeldet Béla Balázs in seinem *Moscow Letter* im Januar 1935 nach Amerika, durchaus ambivalent in seiner Einschätzung, gleichwohl in Anerkennung der künstlerischen Leistung: „Piscator's first film is not a masterpiece. He shows himself even here the great master, the great director, and indeed a great filmdirector."[8]

Piscator scheint immer noch ahnungslos, was ihm in der Sowjetunion drohen würde. Ist er wirklich so naiv, wie sein Brief an Carola Neher vom 9. Juli 1936, also nur wenige Tage vor ihrer Verhaftung, dokumentiert? Darin erbittet er „eine Autobiografie von Ihnen"[9]. Er will sie ganz offensichtlich als Schauspielerin in Engels haben, wo er ein antifaschistisches, deutschsprachiges Vorbildtheater plant. Mit Unterstützung und im Auftrag der Kommunistischen Internationale reist er 1936 erst einmal nach Paris ab, um dort – ganz in der Nähe zu Spanien und damit zum Spanischen Bürgerkrieg – die Volksfront unter den deutschen Emigranten zu befördern. Paris sollte bis zur Jahreswende 1938/39 Zentrum seiner zahlreichen Aktivitäten bleiben.[10] In Moskau haben derweil die stalinistischen Prozesse begonnen; Verhaftungen, Verleumdungen, fingierte und erfolterte Geständnisse sind an der Tagesordnung. Auch die deutschen Exulanten bleiben nicht verschont. Die Neher, die berühmte Schauspielerin aus Berlin im Umfeld von Bertolt Brecht, ist sicher das bekannteste Opfer aus dem Exilkreis. Sie wird am 25. Juli 1936 „unter dem irrsinnigen Vorwurf verhaftet und zu zehn Jahren Zwangsarbeit verurteilt, da sie ‚als Agentin Erich Wollenbergs [Wollenberg gilt den stalinistischen Verfolgern als Trotzkist – der Ver.] in die Sowjetunion gekommen sei'".[11] 5 Jahre spä-

7 Vgl. dazu Hermann Haarmann (Hrsg.), Erwin Piscator am Schwarzen Meer. Briefe, Erinnerungen, Photos, Berlin 2002 (akte exil, Bd. 7), S. 48ff.

8 Bela Belasz [sic!], Pisctaor's First Film. A Moscow Letter, in: New Theatre, January 1935, p.14.

9 Erwin Piscator, Brief an Carola Neher, 9. Juli 1936, Moskau Russisches Zentrum für die Aufbewahrung und das Studium von Dokumenten der Neuesten Geschichte, F 540/55.

10 Man kann davon ausgehen, daß Piscator auch Friedrich Wolf dort auf dessen Durchreise nach Spanien trifft, zumal Wolf nicht bis nach Spanien durchkommt.

11 Erich Wollenberg, Betr.: Carola Neher und ihr Sohn Georg, zit. nach Reinhard Müller, Menschenfalle Moskau. Exil und stalinistische Verfolgung, Hamburg 2001, S. 187.

ter stirbt sie im Lager Sol-Ilezk an Typhus. Piscator kennt Carola Neher natürlich aus Berlin, auch in Moskau trifft er sie, er will mit ihr arbeiten. In seinen Ende der 1950er, Anfang der 1960er Jahre angelegten Tagebüchern erinnert er Sylvester 1935, an dem er von einem national gesinnten Russen angegriffen wird. „Dass ein Krach war, weiß ich – aber nicht mehr, dass der Mann mich geschlagen hatte. Auch wurde er verhaftet. Zu einer Gerichtsverhandlung wurde ich aber nicht herangezogen. Maria [Osten] – Gertrud [Kahle] – Wera [Janukova] – Carola [Neher] – [Alexander] Granach gab die Feier auf seinem Zimmer. Zum Tanzen gingen wir hinunter ins Lokal. – Was erregte den betrunkenen Russen, der ganz typisch patriotische Ausdrücke und Flüche Gebrauchte, als er uns anrempelte?“[12] Das ist ein Vorspiel nur der stalinistischen Säuberungen, die auch mit Blick auf die Exulanten vorbereitet werden durch ideologische Maßnahmen wie bewußt geschürten Haß auf Ausländer. Stalin und seine Helfershelfer gehen auch gegen die vom Nationalsozialismus Verfolgten vor, indem ihnen generalisierend Spionage, konterrevolutionäre und konspirative Aktivitäten vorgeworfen werden. Damit wendet sich die wohlkalkulierte, politisch funktionalisierte Paranoia Stalins[13] von vermeintlichen Feinden im Inneren auf angeblich von außen eingeschleuste Feinde. Für die deutsche Exilkolonie eine überaus gefährliche, weil lebensbedrohende Situation.

Als sich Piscator im Juli 1936 im Auftrag der Kommunistischen Internationale über Prag nach Paris aufmacht, ist es für ihn fünf vor zwölf. Obwohl nicht ausgemacht ist, ob er von den in den deutschen Exil-Reihen sich vollziehenden Verhaftungen in vollem Umfang weiß, so ist doch davon auszugehen, daß er ahnt, was im Schwange ist. Der Schauspieler Peter Holm, ehemals Mitglied seiner Berliner Volksbühne, ist seit 1931 in der Sowjetunion und arbeitet bei Meshrabpom-Film. Piscator lädt ihn ein, beim Fischer-Film mitzumachen. Im Oktober 1935 wird er verhaftet aufgrund einer Anzeige wegen Homosexualität, die allerdings in den

12 Erwin Piscator, Tagebuch 1922, S. 44.

13 Siehe dazu Orlando Figes, Die Flüsterer. Leben in Stalins Rußland, Berlin (3. Aufl.) 2008.

Verhören sogleich umformuliert wird: wegen Spionage.[14] Ein Martyrium beginnt; Folterungen brechen Holms Willen, keinesfalls ein (erpreßtes) Geständnis abzugeben. Am 1. Juli 1938 wird er erschossen. Piscator ist da schon fast auf dem Weg in die USA, denn Paris wird immer unsicherer. Was Piscator nicht weiß: Als er im Auftrag der Komintern 1936 über Prag in der französischen Metropole eintrifft, hat Wilhelm Pieck, der Vorsitzende der Exil-KPD, die Auslandsabteilung vor Ort längst darüber informiert, daß Piscators Theater-Projekt[15] in Engels nicht mehr aktuell sei und sein ihm in der Sowjetunion angetragenes Amt als Präsident der Internationalen Revolutionären Arbeitertheaterbunds ruhen solle. Die entscheidende, beängstigende Passage aber lautet: „E. [Erwin Piscator] hat aber diese Sache durch sein hiesiges Auftreten und auch durch seine sehr bedenkliche politische Einstellung, die ihn in sehr enge Berührung mit den Trotzkisten bringt und dessen persönliche Verbindungen eine engere Untersuchung [sic!] verdienten, sehr kompromittiert, so daß sogar die völlige Liquidierung dieser Stelle [als Präsident des IRTB] erwogen wird."[16] Würde Piscator in die Sowjetunion zurückkehren, wären diese Worte ein vorweggenommenes Todesurteil! Um so erstaunlicher, daß Piscator auch weiterhin, wohl unwissend, was sich da in Moskau zusammenbraut, plant, in Engels, der Hauptstadt der Wolgarepublik, ein deutsches antifaschistisches Theater aufzubauen und dann auch zurückzukehren. Von Paris aus nämlich wirbt er bei Freunden für dieses Projekt. Es ehrt Pieck, daß er ihn in einem späteren Brief indirekt vor einer Rückkehr warnt und ihm so das Leben rettet.[17] Der Freund Friedrich Wolf, zurückgeblieben in Moskau,

14 Vgl. dazu Müller, Menschenfalle Moskau, S. 218.

15 Vlg. dazu Hermann Haarmann/Dagmar Walach/Lothar Schirmer, Das ‚Engels-Projekt', Worms 1975.

16 Wilhelm Pieck, Brief an „Liebe Freunde!" (KPD-Auslandsabteilung Paris), 7. September 1936, zit. nach Peter Diezel (Hrsg.), „Wenn wir zu spielen - scheinen". Studien und Dokumente zum Internationalen Revolutionären Theaterbund, Bern 1993, S. 42. Vgl. ebd. auch Diezels Ausführung: „Am 16. Januar 1937 verfügte die Komintern die Auflösung des IRTB, ohne daß es inzwischen gelungen war, seine erneuerte Mission anderweitig zu verankern. Kulturpolitischer Dogmatismus, Denunziation und eskalierender Terror des Stalin-Regimes ließen den vorherigen Rückhalt Sowjetunion für eine Fortsetzung der Arbeit illusorisch werden."

17 Neuerdings abgedruckt in: Peter Diezel, Nachträge zum 1. Band, in: P.D. (Hrsg.), Erwin Piscator, Briefe, Bd. 2.3: New York (1945-1951), Berlin: 2009, S. 285ff.

weiß um seine Gefährdung. Seit längerem plant er seine Ausreise, um in Spanien für die Republik und damit auch gegen Hitler zu kämpfen. „Werte Genossen! Ich wiederhole mein Gesuch, das ich vor etwa einem Jahr nach dem Tod von Hans Beimler (und dann nochmals) an Euch richtete. Ich möchte als Truppenarzt in der spanischen Volksarmee arbeiten, entsprechend unsrer Einstellung, das[s] der Hitlerfaschismus jetzt vor allem auch vor Madrid geschlagen werden muss."[18] Angesichts der nicht mehr zu übersehenden Denunziationen, Verfolgungen und Inhaftierungen wird Wolf doch sehr nachdenklich. „Ich warte nicht, bis man mich hier verhaftet, da will ich lieber etwas Nützliches tun."[19] Also bittet er wieder und wieder um Ausreise. Als er dann Ende 1937 endlich reisen kann, gelangt er nur bis Paris.

Piscator erlebt im Dezember 1936 eine erfolgreiche europäische Aufführung seines Films in Paris. Geschlossene Sondervorführungen, organisiert durch die Freunde der Sowjetunion und den Sekretär André Wurmser, im Kino *Pathé Marginan* (auf der Avenue des Champs Elysees mit seinen 1800 Sitzplätzen) lassen *La Révolte des Pêcheurs* zum Gesprächsthema werden. Eine späte Genugtuung für Piscator, markiert doch der Fischer-Film seine letzte künstlerische Arbeit, seit er Berlin verlassen und dann um die Jahreswende 1938/39 Abschied von Europa nehmen muß. Erst 1951 kehrt Piscator, vorher wegen seines Exils in der Sowjetunion durch den McCarthy-Ausschuß in den USA bedrängt, nach Europa zurück, in die inzwischen etablierte Bundesrepublik. Als er 1961 durch einen Brief Bernhard Reichs erste Lebenszeichen von den beiden Mitstreitern aus der Sowjetunion erhält, reagiert er sogleich. In der Antwort berichtet Piscator vom Verbleib alter Freunde und in Kurzform von seinen persönlichen Lebensstationen, seit er nach Paris ging. Inzwischen „[ziehe] ich hier [in der Bundesrepublik] von einem Theater zum anderen".[20] Und in einem nächsten Brief fragt er

[18] Vgl. dazu Reinhard Müller, vorliegender Band, S. 23-51.

[19] Eva Siao, in: Lew Hohmann, Friedrich Wolf. Bilder einer deutschen Biographie, Berlin/DDR 1988, S. 211.

[20] Erwin Piscator, Brief an Asja Lacis und Bernhard Reich, 4. Juli 1961, Erwin Piscator Center, Akademie der Künste Berlin.

dann dezidiert nach dem *Fischer*-Film: „Hier wurde, ich schrieb es Dir wohl, er ein nachträglicher Erfolg, allerdings nicht in öffentlichen Kinos, sondern in besonderen Film-Kunst-Veranstaltungen."[21] Piscator spielt damit auf die Wiederaufführung des Films während der 6. Internationalen Kurzfilmtagen 1960 in Oberhausen an, dort jedoch kann nur ein Torso gezeigt werden. Darüber hinaus „laufen immer nur sehr schlechte Kopien, 16 mm. Ob wohl eine russische Stelle zu veranlassen wäre, mir eine richtige schöne Originalkopie, 32 mm, zur Verfügung zu stellen?" Piscator gibt sogleich die Antwort auf die rhetorische Frage. „Aber damit kann man wohl kaum rechnen." Aber er gibt nicht auf, erbittet vielmehr, „eine schöne Gruppe von großen Photos zu schicken. Ich möchte sie gern im Buch verwenden, das ja eine Fortsetzung des Politischen Theaters sein soll, sozusagen mein zweites Theater-Tagebuch. Dazu brauche ich noch das genaue Personenverzeichnis der Darsteller und übrigen Mitarbeiter." Einmal in Fahrt, fährt Piscator fort: „Und dann brauche ich noch etwas sehr wichtiges: wenn Du mir eine kleine Beschreibung über unser Kaganowitsch-Gespräch schicken könntest, wäre mir sehr geholfen."[22] Er wird dieses zweite Vermächtnisbuch nicht realisieren, obwohl sich im Piscator-Archiv der Akademie der Künste sehr viel Material findet. Die Zeit ist nicht danach, den Spätheimkehrer des politischen Theaters über die Maßen zu ehren. So wie es heute aussieht, war der Abschied von Europa einschneidender, als Piscator selbst geglaubt hatte.

[21] Erwin Piscator, Brief an Asja Lacis und Bernhard Reich, 9. Dezember 1961, Erwin Piscator Center. Diese Briefe finden sich im letzten und 3. Band der Erwin Piscator-Briefe, für die Peter Diezel als Herausgeber verantwortlich zeichnet. Voraussichtlicher Erscheinungstermin: Ende 2010 im B&S Siebenhaar Verlag, Berlin.

[22] Ebd. Reich schildert die Episode in seinen „Erinnerungen aus fünf Jahrzehnten", so der Untertitel zu B.R., Im Wettlauf mit der Zeit, Berlin/DDR 1970, S. 347f. Vgl. dazu ausführlicher Hermann Haarmann, Erwin Piscator am Schwarzen Meer. Briefe, Erinnerungen, Photos, Berlin 2002 (= akte exil, Bd. 7).

Vorbemerkung:
Der österreichische Regisseur Bernhard Reich (1894-1972) ist zunächst in Wien und seit 1920 unter Max Reinhardt am Deutschen Theater in Berlin tätig. 1925 geht er in die Sowjetunion, plant zusammen mit Erwin Piscator ab 1936 den Aufbau eines Exiltheaters in der Autonomen Sowjetrepublik der Wolgadeutschen und ist dann u. a. an der Staatlichen Theater-Universität und beim Internationalen Revolutionären Theaterbund (MORT) in Moskau tätig. 1938 wird er zusammen mit seiner Lebensgefährtin Asja Lacis verhaftet, nach baldiger Freilassung 1943 erneut inhaftiert und in ein Lager deportiert. Seit seiner Entlassung 1951 lebt er in Lettland, arbeitet später auch mit Bertolt Brecht am Berliner Ensemble zusammen.

C.H.

Bernhard Reich

Friedrich Wolf in Moskau

Ich schloß mit Wolf Bekanntschaft, als er schon der berühmte Verfasser der *Matrosen von Cattaro* und des *Professors Mamlock* war. Diese Stücke machten damals auf mich einen überwältigenden Eindruck. Vor einigen Jahren sah ich abermals eine Aufführung der *Matrosen* im Berliner Theater der Freundschaft.[1] Es war eine Jugendvorstellung. Das Stück wirkte lebendig wie ehedem und vermochte auch heute noch Bewunderung für revolutionäre Kampfbereitschaft, Opfermut und Standhaftigkeit zu entzünden. Franz Rasch[2], der Führer des Aufstandes, darf im besten Sinne des Wortes als „positiver Held" gelten (falls man für einen Helden dieses Typs nicht einen konkreteren Terminus findet). Also –

Im Jahre 1934, kurze Zeit nach Wolfs Übersiedlung in die Sowjetunion, lernte ich ihn persönlich kennen. Anna Lazis[3] inszenierte damals Wolfs

1 Text kommentiert von Christoph Hesse. – Das auf Erlaß der Sowjetischen Militäradministration gegründete Theater der Freundschaft an der Parkaue in Berlin bestand von 1950 bis 1991.

2 Hauptfigur in dem Drama *Die Matrosen von Cattaro* (1930). Der Maat Franz Rasch organisiert einen Aufstand auf einem k.u.k. Panzerkreuzer im Hafen von Cattaro. Nicht zuletzt aufgrund seiner mangelnden Entschlossenheit aber scheitert das Vorhaben, die Aufständischen ergeben sich unter der, wie sich herausstellt, falschen Zusicherung von Straffreiheit. Rasch wird zur Erschießung abgeführt und versichert, das sei erst der Anfang.

3 Anna Ernestowna Lazis, geb. Liepina (1891-1979), auch Asja Lacis genannt, lettische Schauspielerin und Regisseurin, Lebensgefährtin Bernhard Reichs, den sie 1922 in Berlin kennenlernte.

antifaschistisches Stück *Bauer Baetz*[4] im Moskauer Lettischen Theater „Skatuve" (Die Szene). Und Wolf kam zu den letzten Proben. Mit seiner sportlich trainierten Gestalt, dem schmalen, hochgetragenen Kopf sah der Fünfundvierzigjährige, der eine aufreibende illegale Tätigkeit und eine beschwerliche Flucht hinter sich hatte, verblüffend jung und zuversichtlich aus.

Mit naiver, unmittelbarer Erregtheit verfolgte er die Vorgänge seines eigenen Stückes. Die Sprache verstand er nicht, doch fand er sich bald zurecht und nickte an den entscheidenden Stellen strahlend der Regisseurin zu. Während der Umbaupausen ging er zu den Schauspielern und spendete ihnen Beifall. Die Freimütigkeit und die Einfachheit des berühmten Autors machten auf das Kollektiv den besten Eindruck. In kürzester Zeit kam ein freundschaftlicher Kontakt zwischen den lettischen Schauspielern und dem deutschen Dramatiker zustande.

Es kam die Szene, wo dem rebellierenden Bauern Baetz eine seine Tobsucht „beruhigende" Injektion verabfolgt wird. Laut Regie-Anweisung wurde dies zwar vorn, doch nahezu verdeckt an der Seite gespielt. Unvermutet erhob sich Wolf von seinem Platz, eilte auf die Bühne hinauf; und da er der lettischen Sprache nicht mächtig war, zerrte er wortlos die Darsteller bis an die Rampe vor, damit man auch den ärztlichen Eingriff als ärztliche Vergewaltigung gut wahrnehmen konnte. Dann kehrte er ein bißchen verlegen an seinen Platz zurück und sah eifrig dem Spiel zu. Das war also Wolf. Mit ihm konnte man leicht Freundschaft schließen.

Die Bürger des Landes, in dem der Emigrant Wolf jetzt lebte, waren damals von zwei Leidenschaften besessen. Die erste: den Bau der sozialistischen Gesellschaft so schnell als möglich und ungeachtet der Entbehrungen und der ungenügenden Technik voranzutreiben; es wurde Tag und Nacht gearbeitet. Die zweite: lesen, lernen, sich Kenntnisse verschaffen,

Gemeinsam gingen sie 1926 in die UdSSR. Lazis wurde 1938 verhaftet und in Arbeitslagern in Kasachstan interniert. Nach ihrer Freilassung 1948 kehrte sie zurück nach Lettland, wo sie ihre Arbeit als Theaterregisseurin wiederaufnahm.

4 Agitprop-Drama von 1932, geschrieben für den von Wolf gegründeten „Spieltrupp Südwest", Stuttgart.

ungeachtet schwächster Vorbildung und stärksten Mangels an Lehrkräften. Ein kulturvoller Lebensstandard war erst im Entstehen. Auch hatten geistige Initiative und schöpferische Fantasie genügend Spielraum. Die jungen Menschen diskutierten auf den Straßen Moskaus hitzig bis in die tiefe Nacht hinein. Die Experimentierlust im Theater trieb noch Blüten. Neben Meyerhold und Tairow wirkte Ochlopkow.[5] Auch das Moskauer Künstlertheater suchte energisch neue Wege.

Nach Moskau kamen immer mehr Flüchtlinge aus Deutschland. Hauptsächlich waren es Schriftsteller und Künstler, die Mitglieder der KPD waren oder ihr nahestanden: Johannes R. Becher, Erich Weinert, Willi Bredel, Fritz Erpenbeck, Hedda Zinner, Hans Rodenberg, Gustav von Wangenheim, Alfred Kurella, Adam Scharrer, Günther, E. Ottwalt, Franz Leschnitzer, Maria Osten und andere.[6] Sie bildeten eine autonome Sektion des sowjetischen Schriftstellerverbandes[7]; ihr schlossen sich Georg Lukács, Julius Hay, Béla Balázs, Hugo Huppert an.[8] Sie erhielten als

5 Wsewolod Emiljewitsch Meyerhold (1874-1940), Schauspieler, Regisseur und avantgardistischer Theatertheoretiker, Begründer der als Biomechanik bezeichneten Schauspieltechnik. Als „Formalist" wurde er von der KPdSU über Jahre hin attackiert, sein Theater schließlich 1938 geschlossen, er selbst ein Jahr darauf verhaftet und erschossen. Alexander Jakowlewitsch Tairow (1885-1950), Regisseur, Gründer des Moskauer Kammertheaters. Nikolai Pawlowitsch Ochlopkow (1900-1967), Schauspieler und Regisseur, in den 20er Jahren am Meyerhold-Theater tätig, 1930-37 Leiter des Moskauer Realistischen Theaters.

6 Johannes R. Becher (1891-1958) kam 1935 aus Paris nach Moskau, ebenso Erich Weinert (1890-1953). Willi Bredel (1901-1964) floh nach KZ-Haft 1934 über Prag nach Moskau. Von Prag kamen 1935 auch Fritz Erpenbeck (1897-1975) und seine Frau Hedda Zinner (1905-1994). Hans Rodenberg (1895-1978) ging bereits 1932 nach Moskau. Gustav von Wangenheim (1895-1975) emigrierte 1933. Alfred Kurella (1895-1975) kam 1935 aus Paris nach Moskau. Adam Scharrer (1889-1948) floh 1934 über Prag nach Moskau. Hans Günther (1899-1938), seit 1932 in Moskau, wurde 1936 verhaftet und wegen „konterrevolutionärer trotzkistischer Tätigkeit" zu fünf Jahren Lagerhaft verurteilt. Ernst Ottwalt (1901-1943), 1934 in Moskau eingetroffen, wurde ebenfalls 1936 verhaftet und nach längerer Untersuchungshaft wegen „Agitation gegen den Staat" zu fünf Jahren Haft verurteilt; er starb in einem Lager bei Archangelsk. Franz Leschnitzer (1905-1967) ging 1934 über Prag nach Moskau. Maria Osten, eigentl. Greßhörner (1908-1942), kam schon 1932 nach Moskau, hielt sich jedoch zwischenzeitlich u.a. in Frankreich und Spanien auf; nach der Verhaftung ihres Lebensgefährten Michail Kolzow 1938 kehrte sie zurück nach Moskau, wo man unterdessen auch gegen sie ermittelte; 1941 wurde sie verhaftet und ein Jahr darauf erschossen.

7 Gemeint ist die deutsche Sektion des sowjetischen Schriftstellerverbands, der aus der 1932 aufgelösten RAPP, der Russischen Assoziation Proletarischer Schriftsteller, hervorgegangen war.

8 Georg Lukács (1885-1971) lebte seit 1933 wieder in Moskau (1930/31 Mitarbeiter des dortigen Marx-Engels-Instituts, nach seiner Entlassung vorübergehend in Berlin). Julius Hay (1900-

ihr Sprachrohr zwei Zeitschriften, die *IL* (*Internationale Literatur*) und *Das Wort*.[9] Daneben veröffentlichte auch eine allgemeine Tageszeitung, die *Deutsche Zentralzeitung*, in deutscher Sprache literarische Beiträge und Kunstrezensionen.[10] Die emigrierten Schriftsteller leisteten eine gute antifaschistische Arbeit, die meisten von ihnen gingen in dieser Tätigkeit restlos auf; und ohne sich darüber Rechenschaft zu geben, lebten und arbeiteten sie als eine Sondergruppe. Meiner Überzeugung nach beraubte diese Selbstisolierung sie wichtigster Einsichten und Anregungen.

Wolf hingegen überwand leicht alle natürlichen Hemmnisse, die sich durch die Unkenntnis der Sprache, die Verschiedenheit der kulturellen Traditionen ergaben. Er suchte die gemeinsame Arbeit mit sowjetischen Künstlern, wie sie auch Rodenberg, Kurella, Huppert gefunden hatten. So entstand sehr bald eine schöpferische Freundschaft zwischen Wolf und Wsewolod Wischnewski[11], der einige dramatische Werke Wolfs ins Russische übertrug. Moskauer, Leningrader und andere Sowjet-Theater zeigten reges Interesse. Wolfs *Professor Mamlock*, *Das Trojanische Pferd*, *Floridsdorf* und *Bauer Baetz* wurden sehr bald erfolgreich aufgeführt. Sowjetische Filmorganisationen verpflichteten Wolf als Drehbuchautor. Es wurden die Filme *Professor Mamlock12* und *Der Kampf geht weiter* (*Das Trojanische Pferd*)[13] hergestellt. Verlage druckten die Übersetzungen seiner Stücke.

1975) kam 1935 von Zürich nach Moskau. Béla Balázs (1884-1949) hielt sich seit 1932 dort auf. Hugo Huppert (1902-1982) emigrierte bereits 1927 in die UdSSR.

9 Die *Internationale Literatur* erschien von 1931 bis 1945 in Moskau; Herausgeber war zunächst der Internationale Verband Revolutionärer Schriftsteller (russ. MORP), ab 1936 die deutsche Sektion des sowjetischen Schriftstellerverbands. Die auf Initiative Bechers gegründete Moskauer Exilzeitschrift *Das Wort* erschien von Juli 1936 bis März 1939 in Moskau, zunächst im Jourgaz-Verlag, ab Juli 1938 bei Meshdunarodnaja Kniga; Herausgeber waren Bertolt Brecht, Lion Feuchtwanger und Willi Bredel.

10 Die *Deutsche Zentral-Zeitung*, das Organ der deutschen Sektion der Kommunistischen Internationale, erschien von 1927 bis 1939 in Moskau.

11 Wsewolod Witaljewitsch Wischnewski (1900-1951), Schriftsteller und Dramaturg.

12 *Professor Mamlock (Professor Mamlok)* UdSSR 1938, Produktion: Lenfilm; Regie: Herbert Rappaport, Adolf Minkin; Drehbuch: Herbert Rappaport, Adolf Minkin, Friedrich Wolf (nach dessen gleichnamigem Drama)

13 *Der Kampf geht weiter (Borba prodolžaetsja)* UdSSR 1939, Produktion: Sojusdetfilm (vormals Meshrabpomfilm); Regie: Wassili Shurawljow; Drehbuch: Alexander Rasumny, Friedrich Wolf (nach dessen Theaterstück *Das trojanische Pferd*).

Zeitschriften und Zeitungen bestellten bei ihm publizistische Beiträge. Er hatte also in der Sowjetunion ein großes Betätigungsfeld. Aber er blieb der deutsche Schriftsteller.

Jedes Jahr besuchte Wolf die von deutschen Kolonisten bewohnte Gegend an der Wolga. Er kam dorthin nicht als der berühmte Gast aus der Hauptstadt, sondern als jemand, der etwas lernen will. In Engels[14] wirkte damals ein deutsches Theater, das Staatliche Akademische Theater. Die Schauspieler waren arbeitsfreudig, aber größtenteils sehr jung; sie brauchten Stücke, die sie darstellerisch bewältigen konnten. Wolf versprach, ihnen zu helfen, und schuf eine für dieses Kollektiv spielbare Bearbeitung des mächtigen Volksdramas *Fuente Ovejuna* (*Die Schafsquelle*) von Lope de Vega.[15] Er betitelte dieses Stück nach der weiblichen Hauptrolle Laurencia.[16] Diese lebhafte, vielseitige, nützliche und aufgeschlossene Tätigkeit bildete die Grundhaltung in diesen Moskauer Jahren.

Trotzdem kam es bei der gemeinsamen Arbeit mit russischen Freunden durchaus zu Meinungsverschiedenheiten, Unstimmigkeiten und Verärgerungen. Wischnewski variierte in seinen Übersetzungen hervorragend den Grundton des Wolfschen Dramas *Die Matrosen von Cattaro* und gab den Vorgängen Plastizität und skulpturhafte Kraft. Friedrich erkannte dies dankbar an; er bedauerte jedoch, daß in der russischen Fassung die nationale Vielstimmigkeit, welche für das Heer der alten K.u.K.-Monarchie charakteristisch war, nicht recht zum Ausdruck kam. Wischnewski kürzte unbarmherzig lange Perioden; das tat Wolf weh. Gegen die Kürzungen protestierte nicht der in seinen Text verliebte Dichter, sondern der deutsche

Dramatiker: Für uns ist das reichliche dramatische Sichaussprechen eine Tradition, während der russische Dramatiker im Dialog den Wechsel kurzer Repliken bevorzugt. (Charakteristisch dafür ist, daß zum Beispiel

[14] Reich selbst arbeitete mit Erwin Piscator u.a. in den dreißiger Jahren am Aufbau eines deutschsprachigen Exiltheaters in der Stadt Engels (vormals Pokrowsk) in der Wolgadeutschen Republik. Vgl. Hermann Haarmann/Lothar Schirmer/Dagmar Walach, Das „Engels"-Projekt. Ein antifaschistisches Theater deutscher Emigranten in der UdSSR (1936–1941), Worms 1975.

[15] *Fuente Ovejuna* (ca. 1614), Drama von Lope de Vega (1562-1635). Das Stück stellt einen Bauernaufstand in dem gleichnamigen Ort bei Córdoba in Andalusien aus dem Jahr 1476 dar.

[16] *Laurencia oder Die Schafsquelle* (1934).

jede längere Rede, sowohl Selbstgespräch als auch Antwort oder Anrede, „Monolog" genannt wird.) Die russischen Theater inszenierten mit viel Liebe und Verständnis die Stücke des deutschen Dramatikers. Doch Naturalismen störten Wolf auch im russischen Theater. Er zog die straffe, dynamische und lakonische Leningrader Aufführung des *Professor Mamlock* unter der Regie des Meyerhold-Schülers P. Zetnerowitsch der sehr detaillierten und umständlichen Aufführung im Moskauer Theater der Gewerkschaften vor, obwohl ihm der Moskauer Darsteller des Mamlock, E. O. Ljubimow-Lanskoj[17], gefiel.

Überaus wechselvoll verlief die Arbeit am Drehbuch *Das Trojanische Pferd*, an dem auch ich mitwirkte. Die erste Fassung wurde von unserem Mitautor und künftigen Regisseur W. Rasumni[18] streng, aber verständnisvoll kritisiert. Er machte uns klar, daß ein Drehbuch eine ernstzunehmende literarische Gattung sei; es verlange mehr noch als das Drama eine schlagende, konzentrierte und zugleich tiefenpsychologische Charakterisierung. Wir fingen wieder von vorn an und arbeiteten unverdrossen. Das Drehbuch führte das Thema des Stückes historisch weiter. Der konspirative Kampf gegen die Staatsmaschinerie Hitlers ging in einen offenen Kampf über: Deutsche Jungen, darunter auch der Held des Dramas, gingen nach Spanien und verteidigten die Freiheit des spanischen Volkes gegen die faschistischen deutschen Hilfstruppen des konterrevolutionären Generals Franco. Die Charaktere der jungen Helden wurden durch besondere Situationen reicher und lebendiger. Wolf meinte (und ich teilte seine Meinung), daß das Drehbuch interessanter war als die originale Bühnenfassung.

Der Direktor des Filmunternehmens gab uns jedoch das Manuskript mit dem Bemerken zurück, es wäre im ganzen noch unreif, die Haupt-

17 Jewsej Ossipowitsch Ljubimow-Lanskoj (1883-1943), Schauspieler und Regisseur. Zur Leningrader Inszenierung des *Professor Mamlock* vgl. den Beitrag von Oksana Bulgakowa im vorliegenden Band, S. 67-92.

18 Vermutlich der Filmregisseur Alexander Jefimowitsch Rasumny (1891-1972). Offiziell war er an dem Film *Der Kampf geht weiter* jedoch nicht als Regisseur, sondern als Mitautor des Drehbuchs beteiligt.

personen wären zu wenig individuell gestaltet usw. Das war eine unangenehme Überraschung. Die Direktion empfahl uns, einen erfahrenen Drehbuchautor zur Mitarbeit heranzuziehen. Aber die Einfälle des neuen, dritten Mitautors[19] leuchteten uns nicht so recht ein. Wolf schlug dennoch vor, der Neue sollte doch seine Variante näher ausführen, damit wir seine Vorschläge objektiv beurteilen könnten. Nach der Lektüre des „verbesserten" Entwurfs wurde uns jedoch klar, daß hier eine „Vermenschlichung" um jeden Preis betrieben wurde und de facto die aggressive politische Haltung abgeschwächt und die Vorgänge verniedlicht wurden. Der neue „Mitautor" wurde wieder ausgeschifft, und wir unterzogen das Drehbuch einer nochmaligen Kontrolle. Wir änderten, einige richtige kritische Bemerkungen berücksichtigend, an einigen Stellen das Manuskript und reichten es wieder ein. Zu unserer Überraschung wurde das vom früheren nur unwesentlich abweichende Drehbuch sofort und vorbehaltlos gebilligt. Wie war dieser rasche Wechsel in der Beurteilung zu erklären? Verschmitzt lächelnd meinte Wolf, die Direktion habe gar nicht ihre Meinung geändert, sondern nur von ihrem vertraglichen Recht Gebrauch machen wollen, eine Umarbeitung des Manuskripts unentgeltlich fordern zu dürfen. Wahrscheinlich hatte Wolf recht.

Es folgten einige weitere Überraschungen: Die Direktion zahlte uns nach dem reibungslosen Durchgang über den Instanzenweg ein höheres Honorar aus, als vertraglich vereinbart war – eine Prämie für die gute Qualität des Drehbuchs. Doch die größte Überraschung erlebten wir, als wir den fertigen Film sahen. Rasumni, der vorher als Mitautor hartnäckig auf eine weitgehende Individualisierung der handelnden Personen bestanden hatte, „reinigte" als Regisseur den Film von ebensolchen markanten und einprägsamen Details und ersetzte sie durch schablonenhafte Züge. Es war die Allmacht der Routine, der unser Regisseur erlegen war.

In der Sektion der deutschen Schriftsteller machten sich Ansätze zur Bildung literarischer Gruppierungen bemerkbar. Wolf goutierte das nicht. Er zeigte sich immer seltener in der Redaktion der *IL*.

19 Nicht ermittelt.

Von Zeit zu Zeit überfiel ihn eine innere Unruhe. In Deutschland mußte er sozusagen vor den „Gewehren der Ausbeuter" die sozialistische Idee verteidigen. Dort sah sich der Dramatiker einem gespaltenen Publikum gegenüber: Ein Teil sagte stürmisch ja, der andere, faschistisch infizierte Teil wollte durch sein wüstes Toben die Wahrheit mundtot machen. Das Theater stellte eine Arena dar, in der sich Meinungskämpfe offen abspielten. Wenn gelegentlich vom deutschen Theater die Rede war, so blitzten Wolfs Augen: das waren Aufführungen! Das waren Schlachten! Die Schauspieler spielten toll! Aber hier schien er irgendwie unzufrieden zu sein, daß man hier seinen *Mamlock* einmütig beklatschte. Natürlich begriff er, daß es in diesen Jahren auch Unzufriedene oder Gegner geben mußte – sie waren aber gezwungen, ihre feindselige Stimmung sorgfältig zu maskieren. Wolf aber sehnte sich nach offenen Kämpfen.

Zur Teilnahme am ersten amerikanischen Schriftstellerkongreß 1935 nach Amerika eingeladen, hielt er vor Arbeitern und Studenten Vorträge über das deutsche revolutionäre Theater und über das Kultur- und Theaterleben in der Sowjetunion. Er berichtete, bewies, polemisierte, kämpfte … Und erfrischt kam er von der anstrengenden Reise quer durch Amerika zurück. Er hatte dort kämpfen können.

Friedrich Wolf hatte in der Sowjetunion einen fruchtbaren geistigen Kontakt; er brauchte nicht um den Erfolg zu ringen; seine Leistungen wurden freundschaftlich anerkannt. Doch dieses heitertätige Leben wurde von dem riesigen Unheil überschattet, das Hitlerfaschismus hieß. Von den alarmierenden Tagen an, an denen im Sommer 1936 die Truppen Hitlers und Mussolinis in Spanien einfielen, hatte er keine ruhige Minute mehr. Wolf verstand sehr gut, daß Hitlers Krieg gegen die Welt begonnen hatte und wie wichtig es gerade jetzt war, in der ersten Schlacht des faschistischen Krieges den Feind vernichtend zu schlagen. Wie viele seiner Schriftstellerkollegen wollte auch Wolf in Spanien kämpfen. Die Ausreiseerlaubnis kam aber zu spät, zu einem Zeitpunkt, als die Niederlage der spanischen Republik schon unvermeidlich war. In Paris gab es jedoch genügend Arbeit für ihn, nämlich, mit dem westlichen Zentrum der aus Deutschland emigrierten antifaschistischen Schriftsteller Kontakt aufzunehmen.

Dem blutigen Prolog des spanischen Bürgerkrieges folgte das Drama des zweiten Weltkrieges. Es ist bekannt, daß die französische Reaktion den Spanienkrieg dazu benutzte, um sich unliebsamer progressiver Künstler und Literaten, die in Frankreich wirkten, zu entledigen. Wolf wurde verhaftet und in das berüchtigte Konzentrationslager in den Pyrenäen, Le Vernet, gebracht. Wolf nahm die sowjetische Staatsbürgerschaft an. Dadurch wurde der Sowjetregierung juristisch die Möglichkeit gegeben, die Befreiung Wolfs aus dem Lager und seine Ausreise nach Moskau zu erwirken. Dies rettete ihm das Leben. Nach seiner Rückkehr kränkelte er noch monatelang und erholte sich nur langsam.

Da kam der 22. Juni 1941. Die letzte entscheidende Etappe im Kampf gegen den Hitlerfaschismus hatte begonnen. Der Kraftlose gewann an Kraft und konnte Übermenschliches leisten, da übermenschliche Leistungen nötig wurden. Tags studierte er die Korrespondenz der deutschen Kriegsgefangenen und die Protokolle ihrer Verhöre, verfaßte Flugblätter, schrieb polemische Aufsätze. Und an den Abenden sprach er im illegalen Sender zu den Deutschen. In stockdunklen, von Bombenexplosionen und Fliegerschlachten durchhallten Nächten tappte er nach Hause und schrieb noch an neuen antifaschistischen Stücken. Nach einer solchen Oktobernacht der ersten Kriegsjahre wurden wir in verschiedene Städte evakuiert und sahen uns nicht mehr.

Vorbemerkung:
Hermann Greid (1892 – 1975), Schauspieler und Regisseur, emigriert 1933 nach Schweden (seine Ehefrau Bertha ist Schwedin und warnt ihn rechtzeitig. Greid spielt noch bis Anfang März 1933 am Deutschen Theater in Berlin), geht 1935 mit einer Einladung zur Film- und Theaterarbeit für 1 Jahr in die Sowjetunion, kann – glücklicherweise – nach Schweden zurückkehren, ist 1940 in Finnland, dann ab 1941 wieder in Schweden, wo er auch stirbt. Greid, der die Anfänge des proletarischen (Laien-)Theaters (in Düsseldorf und dann) im Berlin der zwanziger/dreißiger Jahre mitgestaltet, entscheidet sich nach den Erfahrungen vor Ort und durch die miterlebten Schicksale sozialistischer bzw. kommunistischer Freunde und künstlerischer Mitstreiter im sowjetischen Exil bewußt für die Heilslehre Christi.

H.H.

Hermann Greid

Als Fremder drei Jahre – 1933–1936 in Schweden und in der Sowjetunion

[...][1]

In jenen Tagen [Februar/März 1933] reiste Bertha [Greid] nach Stockholm, um im Kreise der Familie den Geburtstag ihres Vaters zu feiern. Einige Tage später beschloss auch ich „aufzubrechen", als Bertha mich mitten in der Nacht von Stockholm anrief und mir erklärte, dass „Bertha schwer erkrankt sei und ich sofort kommen müsste". Am Abend nach meinem letzten Auftreten an der Volksbühne[2], wo ich jeden Abend spielte, holte mich

[1] Auszüge aus einem unveröffentlichten Typoskript mit handschriftlichen Anmerkungen des Verfassers, Sammlung Theater im Exil im Archiv der Akademie der Künste, Berlin, bearbeitet und kommentiert von Hermann Haarmann

[2] Greid spielt am Deutschen Theater in der Hilpert-Inszenierung von Zuckmayers „Katharina Knie".

Felix [Halle[3]] ab, um Abschied zu nehmen und seine Lage gemeinsam mit mir durchzudenken. Wir wanderten viele Stunden durch die nachtstillen Strassen, nachdem uns der stechend neugierige Blick eines offenkundigen Nazispitzel von unserem Platz in einer Ecke des dichtbesetzten Kafés und aus seiner von Rauchschwaden durchzogenen Wärme wieder hinausgetrieben hatte. Noch immer war Ruth [Halle] dabei zu untersuchen, was man „unbedingt mithaben musste". Dabei war es für jeden, der dem Entwicklungsprozess der nazistischen Herrschaft folgte, unzweideutig klar, dass der Befehl zur absoluten Grenzsperre in welcher Stunde immer erteilt werden konnte. Er lag sozusagen bereits in der Luft. Wir beschlossen daher in diesen Nachtstunden, dass Felix ohne jede Verzögerung mit dem nächsten Zug die tschechische Grenze forcieren sollte. Ruth als Nichtjüdin hatte in diesen Tagen noch keine Schwierigkeiten zu erwarten, wenn sie zurück blieb und alles andere und Notwendige zu einem passenden Ende führte. Felix, der feige Jude, konnte sie ja in Nacht und Nebel verlassen haben. Und so geschah es. Und es geschah in der allerletzten Stunde. Nicht viele Stunden nach meiner Ankunft in Stockholm, erhielten wir von Prag den Bericht, in dem Felix uns die Einzelheiten seiner mehr als spannenden Ausreise kurz vor der endgültigen Grenzsperre mitteilte. Die Grenze war bereits sehr streng bewacht und ein Paar, das mit ihm gekommen war, wurde kategorisch zurückbehalten. Als jedoch die Reihe der Kontrolle an ihn kam, half seine bewusst angenommen preussisch straffe Haltung und sein im ordnungsgemäss ausgestellten Pass (den man vergessen hatte ihm abzunehmen!) angegebener Titel „Professor und Mitglied des obersten Gerichtshofes" über die Gefahr seiner feinen jüdischen Züge hinweg. Mit strammen Zusammenklappen der Stiefelabsätze und einem schallenden „Danke, Herr Professor, heil, Hitler!" – wurde ihm von den Trabanten Hitlers das Tor in die Freiheit geöffnet. Sie war danach. Diese Freiheit des

[3] Felix Halle (1884-1938), Rechtsanwalt, KPD-Funktionär, Sexualstrafrechtsreformer. Seit 1918 Professor an der juristischen Fakultät der Berliner Universität. 1922 wird er Mitglied der KPD, 1928 von der KPD als Mitglied des Staatsgerichtshofs benannt. Er wird 1933 verhaftet und emigriert über Frankreich 1937 nach Moskau, 1938 zu Tode verurteilt und erschossen. Seine Frau Ruth begeht 1938 in Moskau Selbstmord.

hin- und hergestossenen – und dirigierten „älteren“ und wertlosen Emigranten, einer nur komischen und lästigen Figur, in die des Herr Professor, das Mitglied des obersten Gerichtshofes ganz plötzlich wie unter der Berührung einer Zauberrute verwandelt war. Nicht viele Monate später gab er sie auch hin, tauschte er sie um – diese Freiheit, von niemanden dazu gezwungen, oder dazu veranlasst, ja, auch nur dazu gerufen – als durch die sogenannte Freiheit seines eigenen Willens, hinter dem sich allerdings die graue Furcht vor der täglich wachsenden Aussichtslosigkeit gleich einem gespenstigen Moloch erhob und ihm in drückenden Tag- und Nachtträumen die Lebensluft aus der Kehle würgte. Er tauschte also die gewiss sehr leicht wiegende Freiheit des alternden und aussichtsarmen Emigranten in die so viel versprechende des Sovjetmenschen und -funktionärs um. Man kann nicht sagen, dass er diesen Tausch mit leichtem und frohem Herzen vornahm. Ich sehe noch seinen mir damals nicht sehr sympat[h]ischen Blick, den er mit seiner Ruth wechselte, als wir ihnen zum letzten Mal in der kleinen Kajüte des finnischen Dampfers am Stockholmer Kai „alles Gute“ wünschten, und Felix mit sehr schwerem Seufzer wiederholte: „Ja, alles Gute!“ Er kannte aber die Freiheit des Sovjetmenschen besser als wir damals. Er wusste, dass sie eine eifersüchtige und argwöhnische Herrin ist, die von den ihrigen kategorisch fordert, dass sie sich ihr hingaben mit ihrer ganzen Haut und allen ihren Haaren. Wehe dem, der das nicht tut, nur in seinem verborgensten Inneren nicht tut oder tun kann. Sie kommt schliesslich dahinter. Und dann muss er unfreiwillig der Forderung nachkommen, der er nicht Genüge getan hat oder tun konnte: eben mit seiner ganzen Haut und allen seinen Haaren. Nein, unser herzlicher und aufrichtiger Wunsch ging unseren Freunden nicht in Erfüllung. Der Dampfer führte sie von Stockholm weg nicht hinein in „alles Gute“, er führte sie zwei kurzen aufreibend schweren Jahren zu und schliesslich einem traurig bitteren Ende. Aber ob nun dieses „Ende“ mehr oder weniger traurig-bitter ist – auf wen wartet es nicht – schlieslich?! – Daran erinnern die Verkünder der kristlichen Lehre und auch die Heilige Schrift selbst immer wieder und ermahnen die Ungläubigen und Glaubensträgen sich recht zeitig auf die einzig rechte Weise zu sichern, um in der Stunde dieses nicht zu umgehenden Endes die rechte Brücke zu finden und die rechte Stütze zu erleben. Ich muss gestehen, dass dieses Ende bisher noch nie mein Interesse richtig einzufangen vermochte. War es vielleicht deswegen, weil mein ganzes und totales Interesse bisher stets nur auf den WEG eingestellt war? (– Nun, ich bin mir sehr bewusst dessen, dass auch diese Einstellung GNADE und GESCHENK DES VATERS ist. Und in keinem Teilchen mein Verdienst.) Aber darum vermag ich persönlich auch niemals von diesem „Ende" zu sprechen. Oder es gar als Drohung anzuwenden. Das ist mir also einfach nicht gegeben. Sehr im Gegensatz zu anderen wirklich guten Kristen. In diesem Zusammenhang drängt sich in meine Vorstellung die mächtige Gestalt des so erfolgreichen Gerichtspredikanten Booth[4], des Gründers der Heilsarmee. Ich vermag nur und allein vom WEG zu zeugen, einem Weg, der bereits in diesem Leben beginnt und kein Ende hat.

Den Anlass zu unserem ersten Zusammentreffen bot eine Tournée der „Truppe im Westen", der ich als Leiter vorstand. Die kommunistische Partei hatte von uns eine Anzahl Aufführungen des „§ 218" (Abtreibungsparagraph) von Friedrich Wolfabgekauft und den bekannten Professor Felix Halle aus Berlin engagiert, um vor jeder Aufführung das Problem des Stücks mit einer Kritik des deutschen Rechtsstandpunktes in dieser brennend aktuellen Frage zu beleuchten. Nun, Felix Halle war kein begnadeter Redner und ganz bestimmt kein Volkstribun. Zwischen diesem ausgesprochen intellektuellen und bürgerlichen Menschen und den angesprochenen kommunistischen Zuhörern, zumeist sehr klassenbewusste Proletarier, fehlte jeder Kontakt. Unter solchen Umständen muss auch ein sehr begabter Redner versagen. Und Felix war, wie gesagt, kein begnadeter Redner. Er verlor den roten Faden – wenigstens in diesem Zusammenhang – und wurde leicht weitläufig abschweifend und ermüdend. Aber er war ein Name, ja, die juristische Kapazität der kommunistischen Zentrale; deshalb hatte man ihn herangeholt. Da die kommunistischen Funktionäre ebenso wenig mit ihm, als er mit diesen anzufangen wusste und ausserdem seine „bürgerlichen" Gewohnheiten und Bedürfnisse bekannt waren, hatte

4 William Booth (1829-1912).

man ihn wohlweislich bei uns einquartiert. Er berichtete gerne und oft die kleine Episode, die unsere Bekanntschaft einleitete. Unser erstes Zusammentreffen fand nämlich auf der Bühne statt, wo ich ihm in der Maske und im Habitus eines revolutionären Arbeiters entgegentrat. Als er nun hörte, dass er im Heim dieses Mannes untergebracht war, ergriff den verwöhnten Felix ein nicht gelindes Entsetzen, das nicht gerade abgeschwächt wurde durch die Notwendigkeit, gute Miene zum elendigen Spiel zu machen. Denn was bleib ihm anderes übrig, als zu akzeptieren, und noch obendrein mit sehr freundlichem Dank. Im unbewachten Augenblick schüttelte er aber resigniert sein schönes Gelehrtenhaupt und gedachte seufzend und in sein Schicksal ergeben aller der Opfer die diese Partei von ihm forderte und ihm auferlegte. Er sah sich schon im ungelüfteten, von allen nur erdenklichen Düften eines reich belegten Zimmers einer engen Arbeiterwohnung untergebracht, wahrscheinlich mit der ganzen Familie im gleichen Raum schlafend. Vielleicht wollte der Familienvater in seiner „Freundlichkeit" sogar soweit gehen, dass er ihm sein eigens Bett überliess, wobei es keine Rolle spielte, dass die abgearbeitete Gattin im Bett daneben zur Ruhe gegangen war. Oder aber hatte man ein provisorisches Lager in der engen Küche für ihn aufgeschlagen. Und so würde er natürlich mit den Mahlzeiten der freundlichen Gastgeber vorlieb nehmen müssen. Er konnte doch unmöglich den guten Genossen und die Partei mit diesem durch eine Absage vor den Kopf stossen. Ach, ach! – Er identifizierte mich also vollständig mit meiner Rolle. Seine Verbindung mit uns wurde deshalb durch einen Auftakt recht emotioneller Art eingeleitet, der zur Hauptsache bestimmt wurde von seiner freudigen Überraschung, als er bald darauf unser von Berthas Sorgfalt bestimmtes Heim mit ihr selbst und ihrer durch Pariser Erfahrungen gewürzten Küche kennen lernte.

Zwischen Felix und mir entwickelte sich fast unmittelbar ein sehr herzliches Brüderverhältnis. Ganz ähnlich diesem war die Verbundenheit zwischen Bertha und ihm, während die liebe Ruth, trotz aller gegenseitigen Freundschaft, ausserhalb dieses Triangels stand, ohne dass sich dies jedoch hätte störend geltend machen können. Denn unsere Bruderschaft beruhte kaum im Geringsten auf Wahlverwandtschaft, sondern, wie mir scheint, ganz auf einer Art von Zusammengehörigkeit, die ich nicht anders zu bezeichnen weiss denn als Blutsverwandtschaft. Trotzdem ich deutlich starke Hemmungen empfinde einen Begriff anzuwenden, der vom Nationalismus so zum Erbrechen missbraucht worden ist. Denn wir beide, Felix und ich – um mich jetzt nur auf uns beide zu konzentrieren – waren in jeder denkbaren Beziehung so verschieden von einander wie zwei Menschen nur gerne sein konnten: sowohl durch unsere natürlichen Anlagen, als auch in allen mehr äusseren Begleitumständen, wie die Atmosphäre des Elternhauses, die Erziehung, Ausbildung, der Umgangskreis und so weiter. Dazu gesellten sich zwei Motive selbstsüchtiger Art. Ich glaubte von seinen politischen und er von unseren ökonomischen Beziehungen Nutzen ziehen zu können. Nun, wie jede selbstsüchtige Spekulation, erwies sich auch diese, trotz gewisser Erfüllungen, als menschlich-allzumenschlich aufgebaute, halt- und wertlose Illusion. Denn wohl konnten wir ihm, in der Stunde der Emigrationsnot ein Unterkommen im „Flüchtlingspalais“ meines Schwagers Olof in Paris vermitteln, und wohl vermittelte er mir und meiner Arbeit das – wenn auch nur vorübergehende – Interesse der ersten intellektuellen Kreise in Moskau und im Marx-Engels-Lenin-Institut dort, aber was bedeuteten diese Erfüllungen unserer selbstsüchtigen Vorstellungen mehr als einen Tropfen auf dem glühenden Stein unseres Lebensverlaufes, der kaum einen sichtbaren, jedenfalls aber keinen wesentlichen Einfluss auf diesen zurückliess. Und dennoch! Gleichzeitig drängt sich mir doch auch die Sicht auf eine andere Seite dieser unserer egoistischen Hoffnung auf Hilfe von einander auf. Denn wohl baut der wirklich Gläubige seine Hoffnungen ganz auf Gott auf, weil er weiss, weil er durch konkrete Erfahrungen belehrt wurde und gelernt hat, dass nur die Hoffnungen auf Hilfe auf festen Grund gebaut sind, die auf das Vertrauen, das volle Vertrauen, in IHM gebaut werden; denn wenn auch DER VATER sich oft unserer Mitmenschen bedient, um uns SEINE Hilfe zu vermitteln, so weiss ich doch, dass der Grad der Hilfe und des Helfen-könnens ganz und gar abhängig ist von dem höheren Einsatz der Quelle aller wirklichen Hilfe hinter den Möglichkeiten derer, die die Bestimmung haben, uns zu helfen; einerlei, ob sie in ihrer Bereitschaft zu helfen, oder ob sie ohne eine solche Bereitschaft (was auch oft genug geschieht, wie jeder in seinem Leben erfahren hat, sei es als Helfender oder sei es als Geholfener), von IHM, der Hilfe aller Hilfen dazu, verwendet werden. Was aber bleibt dem stets hilfebedürftigen und darum stets auf Hilfe von irgend einer Seite hoffenden Menschen, der nicht in einem solchen Glaubensverhältnis zu Gott und einem solchen Wissen lebt, anderes übrig als auf menschliche Hilfe zu hoffen? – Und in einem solchen Zustand befanden wir beide uns zur Zeit unserer Freundschaft. Nun, wir boten einander die Dienste, die wir von einander erhofften und glaubten erhoffen zu dürfen, gern, wie dies in einer verlässlichen Freundschaft der Fall zu sein pflegt. Dabei muss ich hinzufügen, dass sein Einsatz für mich, ja, für uns, viel mehr von ihm verlangte, als der unsrige für ihn von uns. Denn sein Einsatz für uns entbehrte nicht einer recht bedenklichen Seite. Er kam uns nämlich mit unverhüllter Wärme und Dienstbereitschaft entgegen, als wir später schliesslich in Moskau eintrafen und vermittelte mir dann nicht nur, wie erwähnt, die Verbindung mit den intellektuellen Spitzenfunktionären, sondern nahm uns auch in seine neue grosse Wohnung im streng bewachten Hause der höheren Funktionäre auf. Gewiss, in diese Wohnung war er nicht nur seiner eigenen Verdienste wegen, sondern auch darum hineingesetzt worden, um repräsentieren zu können, wenn es so passte, und das heisst: wenn dies einer Absicht höheren Orts entsprach. Sein Einsatz für und seine Verbindung mit uns ging dagegen keineswegs von irgend einer „Absicht höheren Orts“ aus, diese erwuchsen, sehr im Gegenteil, aus seinen eigenen, höchst persönlichen Intentionen. Intentionen solcher Art schätzte man jedoch keineswegs innerhalb der bolschewistischen Aufsichtsbehörden; ganz besonders dann nicht, wenn diese von kommunistischen Funktionären ausgingen und ausländische Bekanntschaften betrafen. Dabei ist es gut denkbar, dass Felix bei der Abgabe seines Rapportes und der Einholung der notwendigen Erlaubnis, uns in seiner Wohnung aufzunehmen (dieses Haus konnte man nur mit Ausweis betreten) der übergeordneten Behörde mit listigem Augenzwinkern begreiflich zu machen versuchte, dass es nicht taktisch richtig wäre, uns, die wir wieder ins Ausland zurückfuhren, unfreundlich zu behandeln, dass, im Gegenteil, eine freundliche Behandlung uns noch geneigter machen würde, uns als guter Kontakt nach aussen anwenden zu lassen. Aber diese Genossen in den Überwachungsbehörden waren selbst sehr listig und vor allem aus Prinzip und Überzeugung äusserst misstrauisch, besonders, wenn es sich um importierte ausländische Genossen handelte, und Felix rechnete doch zu diesen. Dazu kam, dass ich für sie von Beginn eine etwas suspekte Figur war und als solche weiter angesehen wurde, trotz meiner recht guten künstlerischen Erfolge und beruflichen Bewährung im Lande. Denn war ich nicht schliesslich Inhaber eines Auslandskorrespondenten-Ausweise der sozialdemokratischen Hauptzeitung in Stockholm? War ich nicht aufs Deutlichste auch mit den bürgerlichen Kreisen dort liiert? Hatte ich nicht konsequent die Haltung eines Schwerhörigen eingenommen, wenn man mir im Verlauf meines Aufenthaltes in der Sovjetunion mit deutlichen und freundlichen Winken zu verstehen gab, dass man es gerne sehen würde, wenn ich mich um die russische Mitbürgerschaft bewerben und so ganz einer der Söhne des bolschewistischen Vaterlandes werden wollte? – Nein, Felix Freundlichkeit und gegenüber duldete man wohl, aber, aber –! Sie ergab bestimmt kein Pluszeichen in der heimlichen Aufführungsliste, in der über ihn Buch geführt wurde, ja, vielleicht – ich fürchte es – wurde sie in den Tagen der Anklage gegen ihn, zu einem Nägelchen zu einem Sarg; obgleich natürlich nicht der geringste wirkliche Grund dazu hätte ausfindig gemacht werden können. Denn viele Jahre noch nach unserem Besuch in der Sovjetunion war ich stets bestrebt, das Gute und Anerkennenswerte im Aufbau dort anderen zu vermitteln. Während aber Felix mit stillem Takt das Kreuz trug, das die praktische Konsequenz seiner Freundschaft zu uns, ihm auferlegte, liess die überempfindliche, ja hysterisch gewordene Nervosität seiner lieben Frau Ruth allerlei ahnen.

Wie berechtigt auch die schlimmsten Befürchtungen ihrer vor Angst fiebernden Phantasie sich erweisen sollten, konnte freilich in jenen Tagen des Juni 1936 noch niemand – ich bin geneigt anzunehmen: auch keiner ihrer künftigen Ankläger, Verfolger und Richter – ahnen. Denn einige Monate später – im August des gleichen Sommers – tauchte Felix völlig unerwartet bei uns in Årsta Havsbad auf. Er befand sich auf der Durchreise und hatte einen äusserst geheimnisvollen Auftrag zu erledigen. Dass es sich um eine für ihn äusserst gefährliche Aktion handelte, war unschwer zu erkennen. Zu uns trat ein von Verfolgungsängsten aller Art völlig verstörter Mensch, der sich immer wieder mit scheuen Blicken nach allen Richtungen umsah, ehe er in kaum verständlichen Flüsterton sich zu äussern wagte, obgleich Årsta Havsbad in jenen vorgeschrittenen Augusttagen völlig menschenleer war. Mit entsetzter Gebärde unterbrach er uns, als wir ich in unserer Überraschung mit natürlicher Herzlichkeit begrüssen wollten: – Um Gotteswillen, still! – Allmählich beruhigte er sich jedoch einigermassen und sah ein, dass er ebenso gut sofort Selbstmord begehen konnte, als sich in dieser Verfassung in Gefahren irgend welcher Art hineinzugeben. Aus „Sicherung gegen sich selbst", wie er sagte, unterliess er es, uns auch nur im Geringsten über sein Vorhaben und in seine Aufträge einzuweihen. Wir drangen auch keineswegs in ihm. Es war wirklich angenehmer von Zusammenhängen der gegeben Art so wenig als möglich zu wissen. Soviel verstanden wir jedoch, dass er wieder – nun zum drittenmal während seines Emigrantenlebens – gezwungen war, die gehasste und gefürchtete Grenze nach Deutschland zu überschreiten. Was seiner in Deutschland harrte, wenn er dort erkannt wurde, war unschwer auszudenken und beschäftigte ihn wohl Tag und Nacht. Der feine Bürgersohn und Jurist Felix Halle war keineswegs für kühne Wagestücke dieser Art ausgerüstet. Zum Lohn hatte er die Erlaubnis erhalten, die Reste seiner bei Freunden in Frankreich, in der Schweiz und auch bei uns deponierten Geldmittel in Möbel und Kleidungsstücke umzusetzen und diese sodann nach Moskau zu dirigieren.

Nun, er kam schliesslich auch diesesmal wieder glücklich zurück aus der Hölle des Ungeheuers und führte dann mit äusserster Genauigkeit und viel Mühe alle die Aufträge aus, die seine liebe, arme Ruth ihm auf endlosen Listen notiert hatte. Als er bei seiner Rückreise nach der Sovjetunion wieder bei uns auftauchte, um uns nur kurz zu begrüssen und Abschied zu nehmen – es war für dieses Leben – und wir diese Liste lasen und von allen Aufkäufen hörten, konnten wir nur die Köpfe schütteln und – seufzen. Diese beiden Menschenkinder staken so vollständig in ihrer alten Haut, dass sie, trotz ihres Schreckens und mancher ahnungsvollen Sorge, es nicht unterlassen konnten, eine ganze Waggonladung geschmackvollst ausgesuchter Pariser Erzeugnisse in ein Land sich nachsenden zu lassen, in dem die menschlich-allzumenschlichen Regungen des Neides, noch dazu unterstützt durch einen doch auf vielen Gebieten herrschenden grossen Mangel an Waren und Anschaffungsmöglichkeit, gewiss nicht schwerer auszulösen waren, als ausserhalb der Grenzen desselben. Als wir ihm vorsichtig unsere Bedenken andeuteten, meinte er mit resigniertem Achselzucken: – Ruth will es so haben. Er versuchte allerdings uns und sich selbst mit der Erwägung zu beruhigen, dass der Sovjetstaat ein Interesse daran hatte, Felix' Wohnung, die auch Repräsentationszwecken dienen sollte, auf dieses Weise gratis ausgestattet zu bekommen. Ich weiss nicht, ob es Ruth gegönnt war, wenn auch nur ganz flüchtig, diese schönen und von ihr so sehr geliebten Dinge des westlichen Kapitalismus aufgepackt und eingeordnet geniessen zu dürfen. Kurze Zeit nach unserem letzten Zusammensein, wir befanden uns noch immer auf dem Lande, erreichte uns eine sehr fröhliche Karte aus der Krim, in der uns Felix anzeigte, dass man ihn und Ruth sofort nach dem schönen Süden der Union auf einen langen Erholungsurlaub beordert hatte. Diese Geste seiner vorgesetzten Behörde konnte nur als Zeichen dafür angesehen werden, dass man ihm höherem Orts gewogen war und seine Dienste sehr anerkannt wurden. Kurze Zeit später brachen jedoch jene Prozesse aus, jene „Generalreinigung" des Jahres 1936, die keinen verschonte (von sehr vereinzelten Ausnahmen abgesehen), der auch nur im Geringsten mit dem Ausland in Verbindung gestanden hatte. Entweder mussten Menschen mit solchen „Belastungen" das Land verlassen, oder wurden sie in eines der überbevölkerten Gefängnisse geworfen, um früher oder später (wieder von ganz seltenen Ausnahmen abgesehen) verurteilt zu werden. Kurz nach dem Beginn der offiziellen Jagd nach Verrätern des Landes, wurde Felix zusammen mit seinem obersten Vorgesetzten, dem ehemaligen ersten Staatsanwalt der Union, verhaftet. Eine uns bekannte Kommunistin und durch nichts zu erschütternde Sovjetanhängerin, der es auf abenteuerliche Weise gelungen war über die schwedische Grenze schliesslich nach Stockholm zu kommen, berichtete uns, dass ihr Mann, ein junger, völlig harmloser Mensch, trotzdem aber verdächtigt und gefangengenommen, ihr anlässlich ihres letzten Besuches im Gefängnis erzählt habe, dass Felix in dergleichen grossen aber überbelegten Zelle untergebracht sei. Er sass stets völlig verwahrlost mit struppigem Haar auf dem Boden in einer Ecke und sah stumpf vor sich hin. Dann und wann schüttelte er immer wieder den Kopf. Er sprach mit niemandem. Und er antwortete auf keine Anrede. Alle Bekannten und Freunde soweit sie sich noch ihrer Freiheit sozusagen erfreuen konnten wichen in jenen Tagen den Frauen der Verhafteten wie von der Pest Gezeichneten aus. Ruth musste natürlich sofort nach der Verhaftung ihres Mannes die grosse, schöne Wohnung räumen, das heisst: verlassen, und stand nun völlig hilflos und vereinsamt Verhältnissen gegenüber, denen sie nach den Jahren der inneren Aufreibung nicht mehr die Kraft besass zu begegnen. Einige Tage nach der Verhaftung ihres Mannes fischte man ihren Leichnam aus der Moskwa auf. Arme, kleine, tapfere Ruth! Was bedeutete Dir der Bolschewismus und überhaupt die ganze Arbeiterbewegung! Du folgtest Deinem Felix und hättest es viel lieber gesehen und passender gefunden, wenn er den Weg anderswohin eingeschlagen hätte. Gegen den Angriff des Nazismus vermochtest Du ihn noch zu verteidigen, gegenüber seinen Parteifreunden fühltest Du Dich machtlos. Da gabst Du den Kampf auf.

Der Prozess und die Generalreinigung des Jahres 1936 wurde von der bolschewistischen Leitung keineswegs leichtfertig vom Zaun gebrochen. Sie wurden ihr in einem Existenzkampf, der um ihr Sein und Nichtsein, um Leben und Tod für sie ging, durch schwerwiegende Ursachen aufgezwungen. Diese bestanden kurz zusammengefasst fürs erste in der nazistischen Infiltration von Deutschland her und zum andern in der leidenschaftlichen und unerbittlichen kommunistischen Opposition innerhalb der eigenen Reihen, des eigenen Landes.

Persönlich hatte ich keine Gelegenheit, diese Infiltration und Opposition innerhalb der russischen Partei während meines Aufenthaltes in der Sovjetunion – 1935/36 – zu beobachten. Denn die Parteimenschen, denen ich dort begegnete, dachten wirklich nicht daran, mir gegenüber Symptome verdächtiger Art zu entblössen. Im Gegenteil, man nahm sich gründlich in acht vor diesem „Ausländer“, der, ohne der kommunistischen Partei anzugehören, sich so deutlich als ein begeisterter Anhänger des Stalin-Regimes zu erkennen gab. Desto leichter fiel es uns aber – Bertha und mir – diese Infiltration und Opposition innerhalb der Massen der Parteilosen, der überwiegenden Majorität des russischen Volkes, zu erfahren. Hier bot sich uns wahrlich reichlichst Gelegenheit zu der uns zunächst höchst überraschenden, ja frappierenden Feststellung, dass es dem leitenden Regime und Stalin persönlich bis dahin nicht gelungen war, Wurzeln in den Herzen dieser Menschen zu schlagen. Gewiss, mancher dieser Kritiker gehörte nicht zu den besten Kindern Gottes und dieses Landes. Ich denke da an unsere kleine Führerin durch Moskau (sehr im Gegensatz zu unserer späteren offiziell von der VOX[5] uns zur Seite gegebenen), einem schlampigen, arbeitsscheuen, aber auch nicht ganz gesunden Geschöpf von ungefähr 25 Jahren, ich denke an den Kraftkerl, der tonnenschwere Eisenbalken vom Platz heben konnte und darum mit reichlichem Lohn, freier Zeit und vielen der Auszeichnungen und Vorteilen bedacht wurde, die das Regime für die am besten Ausgestatteten und Tüchtigsten in den Betrieben bereit hielt, um die anderen anzuspornen. Dieser starke Herr wollte aber ins „Ausland“ fahren und dort durch die Schaustellung seiner Kräfte Reichtümer sammeln, wozu ihm jedoch die Erlaubnis kategorisch versagt wurde, kaum zum Schaden dieses „Auslandes“. Im Gegensatz zu diesen und ähnlichen Typen, sehe ich aber auch jene vielen, vielen von mir, die unbedingt zum besten Durchschnitt der Bevölkerung des Landes gezählt werden mussten (wenn auch nicht vom Parteistandpunkt der Bolschewiken) und damals jedenfalls noch unversöhnlich Abstand nahmen vom Regime und dessen Führer Stalin persönlich, den diese Menschen sehr kritisch in eine Gegensatzstellung zu Lenin brachten, dessen, soviel ich beobachten konnte, im Allgemeinen mit grosser Verehrung gedacht wurde. Ich sehe da den stillen, freundlichen Arzt vor mir, damals – 1935/36 – noch eine sehr schlecht entlohnte Berufskategorie in Sovjetrussland, der, neben seiner umfassenden Lehrertätigkeit, eine ausgebreitete Privatpraxis betreiben musste, um sich und seine Familie über Wasser zu erhalten und niemals

[5] Eigentlich WOKS, Gesellschaft für kulturelle Verbindung der Sowjetunion mit dem Ausland.

eine freie Stunde gewinnen konnte, um die notwendige Fachliteratur zu studieren, denn jede freie Zeit musste er der unbezahlten „Gesellschaftsarbeit“ widmen, die freiwillig und gewiss nicht ohne Bedeutung war, da sie besonders wissbegierigen oder der Nachhilfe bedürftigen Studenten zugute kam, zu der aber dem erschöpften Mann oft genug die Kräfte fehlten. Wer aber seine „freiwillige“ Gesellschaftsarbeit vernachlässigte, bekam dies bald und deutlich genug zu fühlen. Er „bewies“ doch damit ganz öffentlich, dass er ein Kulturrevolutionär und Feind des sozialistischen Lebens, wie dessen Verantwortung für die Jugend war. Ich sehe deutlich den jungen begabten Ingenieur vor mir, der 1936 noch immer keine Unterkunft für sich, seine Frau und zwei kleinen Kinder hatte erhalten können und trotz der erlebten und noch zu erwartenden Schwierigkeiten mit weichen Gesten und leidendem Gesichtsausdruck aber dennoch unerschütterlich den immer bestimmter werdenden Andeutungen auswich, nun endlich um Aufnahme in die Partei anzusuchen, wonach vieles sich ändern würde. Ich denke an das ordentliche, reinliche und sehr tüchtige Arbeiterehepaar, bei dem wir eingemietet waren, Menschen, die im Jahre 1920 begeistert ihre gut bezahlte Arbeit in den USA aufgegeben hatten, um so rasch als möglich in das Vaterland der nun siegreichen Arbeiterrevolution zurückzukehren und nun bis zur Ungerechtigkeit unversöhnlich kritisierende Antagonisten des Regimes waren. Und ich denke an die vielen, die uns auf dem markt beim Einkauf, oder in den Parkanlagen ansprachen, um uns, die leicht als Ausländer erkannt wurden, über die Welt da draussen, besonders aber über Deutschland auszuholen. Sie glaubten einfach nichts, was ihre Zeitungen vermittelten. Propaganda! Propaganda! sagten sie mit wegwerfenden Gebärden und wollten von uns Gegenteiliges hören. Als wir ihnen bestimmt versicherten, dass sich die Verhältnisse in Deutschland unter dem Nazismus total verändert hätten und dass die Willkür und Grausamkeit dieses Regimes von keiner gegnerischen Propaganda überboten werden könnte, schüttelten sie nur mit hartnäckiger Ungläubigkeit die Köpfe und schwiegen. Auch unsere beinahe verzweifelten Versuche, sie durch konkrete Beispiele aufzuklären glitten an ihnen völlig wirkungslos ab. Die ganz allgemein herrschende geradezu groteske Unkenntnis über alle Wirklichkeit ausserhalb der Grenzen der Sovjetunion – sie nahm auf der Bühne oft recht ungewollt komische Formen an, wenn man dort dieses Ausland darstellte – wendete sich also hier gegen das eigene Regime, das diese Unkenntnis zum eigenen Schutz mit aufzubauen geholfen hatte. Ich kann mir aber sehr gut vorstellen, dass die meisten dieser Gegner im eigenen Lande heute eine vollständig veränderte Haltung gegenüber dem Sovjet-Regime einnehmen. Denn als fünf Jahre später der nazifizierte deutsche Militarismus sich ganz plötzlich über das russische Volk stürzte und dabei nur und allein den volksfeindlichen Vandalen entblösste, der alle die für ihn ausgezeichneten Resultate seiner maulwurfsartig vorarbeitenden jahrelangen Infiltrationstätigkeit missachtete, ja satanisch dumm mit seinem Herrenstiefel zerstampfte, da belehrte er mit Mord, Tod und Verderben die einst Ungläubigen viel erfolgreicher als wir es vorher konnten, was das russische Volk von einem „Ausland" dieser Art zu erwarten hatte, das Sovjet-Regime bekam Recht und wurde – zum bejubelten Erretter. Stalin umgibt heute eine Gloriole, die ihm zur Zeit vor den besprochenen Prozessen 1936 völlig fehlte. Sein Wort hat nun sicher mächtig an Gewicht gewonnen und seine sehr bewusste und höchst populäre Friedenspropaganda im Verein mit der nicht minder bewussten Propaganda des kalten Krieges bereitet eine Zusammenschweissung des russischen Volkes um das Sovjetsystem vor die sich im Falle eines neuen Weltkrieges furchtbar zu erkennen geben dürfte. Westliche Vorstellungen von einer Zersplitterung des russischen Volkes, müssen sich eines Tages, das ist meine Überzeugung, als eine für den Westen äusserst verhängnisvolle Fehlberechnung erweisen, wenn auf eine solche Vorstellung eine Aktion aufgebaut werden sollte. Denn heute dürfte die Beurteilung aller gegenwärtigen Verhältnisse im Lande mit den dort herrschend gewesenen Verhältnisse während und nach der deutschen Invasion verglichen werden und nicht mehr mit irgend welchen berechtigten oder unberechtigten Erinnerungen an irgend eine gute alte Zeit. So verhielt es sich jedoch nicht zur Zeit vor den Prozessen 1936. Frappierend wirkte auch auf uns wie unbekümmert offen sich diese Opposition des einfachen Mannes auf der Strasse äusserte. Als ob die berüchtigte NKWD, das gefährlich wachsame Ohr des Regimes tot und begraben gewesen wäre. Wir, Bertha und ich sprachen oft über diese Beobachtung und hatten dabei das peinlich unheimliche Gefühl einer heimlich lauernden und heranschleichenden Katastrophe, als ob der Tiger zum Sprung ausholte und nur darauf wartete, dass die Schafe sich noch etwas weiter herauswagten. Denn keinen Augenblick war es mir möglich an die damals ganz weit verbreitete Legende zu glauben, dass der Tiger als, dass Stalin – der damals kaum Sechzigjährige – im Geheimen bereits kalt gestellt worden sei. Man sprach in diesem Zusammenhang von der unaufhaltsam steigenden Macht der militärischen Leitung, der Name Woroschilow[6], aber auch der geniale General T. (Tuchatschewski?[7]), ein ehemaliger Adeliger, der aber vom ersten Augenblick des Revolution sich zu dieser bekannt hatte, wurden immer häufiger und offener als die eigentlichen und auch bald offiziell erscheinenden Herren des Regimes genannt. Natürlich wurden mit dieser erwarteten Veränderung auch die Hoffnungen auf Veränderungen anderer Art verbunden. Nun, man weiss heute, dass das Stalin'sche Regime damals durch Gefahren schwerster Art zu seiner Aktion gedrängt wurde. Ein so unverdächtiger Zeuge wie Churchill[8] schrieb nach dem zweiten Weltkrieg, dass die berüchtigte NKWD eine sehr dankenswerte Arbeit geleistet hätte, um eine äusserst gefährliche Infiltration des Landes durch die Maulwurfsarbeit des deutschen Nazismus schadlos zu machen. Auch der Schuss jenes jungen Fanatikers im Dezember 1934, der dem Leben Kirows[9], dieses Lieblingsjüngers Stalins, ein jähes Ende bereitete, nachdem er, der unbekannte junge Mensch, ohne jede Schwierigkeit den Zutritt zu dem ersten Mann Leningrads offen fand, trug entscheidend dazu bei, gründlichste die Stellung zur Opposition, und überhaupt zu allem nicht total Stalinistischem im Lande zu „revidieren". Die erwähnte groteske und recht allgemein herrschende Unkenntnis der Wirklichkeit

6 Kliment J. Woroschilow (1881-1969), Marschall der Sowjetunion, von 1926 bis 1957 Mitglied des Politbüros.

7 Michail Tuchatschewski (1893-1937), Marschall in der Roten Armee, 1937 in einem Geheimprozeß während der stalinistischen Säuberungen zum Tode verurteilt und erschossen.

8 Winston Churchill (1874-1965), britischer Premierminister.

9 Sergei M. Kirow (1886-1934, ermordet). Es wird vermutet, daß Kirow auf Befehl Stalins ermordet wurde.

ausserhalb des Sovjetgrenzen machte sich aber während dieser Prozesse und ihrer Vorarbeit bei den tausenden von Richtern und Untersuchungsrichtern oft tragisch genug für ihre Opfer, die Angeklagten, geltend. So konnte der erwähnte harmlose, junge Arbeiter, der Mann jener nach Stockholm eingewanderten Kommunistin, in wochenlangen Verhören gepeinigt werden zuzugestehen, dass er das russische Vaterland an die Nazisten hatte verkaufen wollen, weil einige Briefe von seiner kranken völlig verarmten Mutter in Deutschland, einer treuen Parteikommunistin, vorlagen, in denen einige vollkommen belanglose, aber vielleicht für das Argusauge des Untersuchenden nicht völlig verständliche Sätze standen. So verschwand für immer der völlig unpolitische, jüdische Musiker und Dirigent, D. der nicht viele Monate vor dem Ausbruch der Prozesse, trotz meines bestimmten Abratens, (er passte in keiner Weise dahin) in die Union gekommen war und sich dort seinen Aufenthalt beinahe erkämpft hatte. Schliesslich fand er doch Arbeit und guten Verdienst um bald darauf, mit dem Verlauf der Prozesse, zu verschwinden. Wahrscheinlich – niemand konnte Bestimmtes über sein Ergehen erfahren – um, wenn nicht zum Tode, so doch zu langjähriger Strafe verurteilt, zu Grunde zu gehen, da sein durch den I. Weltkrieg sehr übel mitgenommener Körper den Schwierigkeiten des Gefangenenlebens und seiner Arbeitsforderungen nicht gewachsen war. Und Felix Halles Schicksal? – Ich weiss nichts über die Anklage, die gegen ihn erhoben wurde und kann mich darum nicht über diese äussern. Eine eventuelle Anklage gegen ihn auf Verrat der Sovjetunion an das nazistische Deutschland musste schon durch ihre groteske Sinnlosigkeit ad absurdum geführt werden können, wenn es allein aufs Recht ankommt. Denn der bekannte Jude, Jurist und Kommunist hatte von einem Sieg des Nazismus nur das Allerschlimmste zu erwarten. Ausserdem, ich weiss es, hasste er die nazistischen Herren, die er auch persönlich recht gut kannte, mit der Gründlichkeit, mit der dieser dem Äusseren nach so milde Mann hassen konnte. Ebenso scheint es mir, der ihn so gut kannte wie nicht viele andere, dass eine wirklich gerecht suchende Anklage unmöglich in ihm eine Opposition zum Regime hätte entblössen können. Denn das Merkwürdige an diesem scheinbar so verweichlichten Bürgersohn lag darin, dass er zu diesem Regime ganz ausgezeichnet passte. Er fürchtete es, aber er stand nicht in Opposition zum Sovjet-Regime. Er war kein allzu glänzender Marxistischer Theoretiker, aber ein anerkannt hervorragender Jurist und als solcher ein steinharter und eiskalter Dogmatiker, der seine Kenntnisse mit voller (innerlich äusserst beschränkter) Überzeugung, und damit DAS RECHT, auf die relativisierende [sic!] Basis der kommunistischen Partei stellte und nur von da aus Recht und Unrecht bestimmt haben wollte. Hätte das Sovjet-Regime diesen Mann nur voll und ganz an sich heranziehen wollen, er hätte hemmungslos als dessen völlig ergebenes Werkzeug funktioniert. Was ihm im Weg stand, war wohl die allzugrosse Fremdheit seiner Herkunft in dem neuen Miljö. Friede Deiner Asche, armer, lieber Felix! Das Tragischste in Deinem an sich doch recht tragischen Leben scheint mit zu sein, dass Du ein Mohr warst, den seine gestrengen Herren aus einem Irrtum so grausam abgehen liessen. Du hättest ihnen noch viele Dienste tun können und tun wollen.

Nun, hätte sein Weg in einer von ihm gewünschten Weise fortgesetzt, so wären wir beide schliesslich doch, und zwar zufolge meiner späteren Entwicklung, für einander gestorben. Heute aber, lieber Felix, lebst Du in meinem Herzen weiter, wie eben ein trotz aller Verschiedenheit geliebter Bruder, im Herzen des andern weiterlebt.

Obgleich ich mir im Verlaufe unserer Freundschaft allmählich dessen bewusst wurde, dass Felix viel mehr als Partei-Jurist denn als Marxistischer Theoretiker in kommunistischen Kreisen geschätzt wurde, war für mich, den jungen Apologeten, seine bewundernde Anerkennung sehr ermunternd. Vor allem aber unterstützte und nährte die Aussicht durch ihn meine, wie ich meinte, marxistische Standardarbeit über den nicht zu überbietenden moralisch-ethischen Gehalt der marxistischen Lehre, an die marxistische Akademie in Moskau vermittelt zu bekommen, die still gehegte (völlig sinnlos phantastische) Hoffnung, dort und damit den Übergang zu einer völlig neuen Arbeitsbahn, der des marxistischen Theoretikers, zu finden.

In Wirklichkeit war es aber wieder meine organische Verbundenheit mit dem Theater, die mir einen Weg in die Sovjetunion wies und schliesslich öffnete.

Ehe es jedoch dazu kommen konnte, sollten aber erst noch einige Jahre meines Lebens in Schweden die Grundlage schaffen, auf die ich später, und dann durch die Erfahrungen im Lande des verwirklichten Marxismus reicher, wieder zurückfallen sollte können, um – weiter zu gehen.

Denke ich aber an diese zweiundeinhalb Jahre vor unserer Reise in die Sovjetunion zurück, so öffnet sich vor mir eine Periode gähnender Leere. Wir pflegten keinerlei Umgang und meine tagelange Beschäftigung mit Studien und Entwürfen zu meiner „marxistischen" Arbeit wurde nur von Wanderungen unterbrochen, die mich mit der Seen- und Waldreichen schwedischen Landschaft vertraut machten, die sich unweit unserer Behausung in der Villa eines Vorortes von Stockholm erstreckte. Der Abend fand mich zumeist in irgend einem Bio, wie den Trinker an irgend einem Ausschank vor seinem unentbehrlich gewordenen Schnapsglas. Merkwürdigerweise hatte ich Gelegenheit so oft ich wollte und konnte, Artikel im „Socialdemokraten", dem Hauptblatt der schwedischen Partei, unterzubringen. Und meine Artikel, zumeist marxistisch-epigonenhaftes Geschwätz, das sich mit den durch die nationalsozialistische Machtherrschaft entstandenen Problemen auseinanderzusetzen versuchte, wurden mit dem besten Gagensatz der Zeitung bezahlt. Diese so bereitwillige Aufnahme und Wertschätzung hatte ich Frederik Ström zu danken, der zu jener Zeit Chefredaktör des Hauptorgans der Sozialdemokraten war, und einige Jahre später den Thron der Stadtväter (Vorsitzender der Stadtverordneten) bestieg, auf dem er sodann durch Jahre erfolgreich-repräsentierend und beliebt das Szepter schwang. Mein Schwager, Olof, der Finanzmann, hatte uns kurz nach meiner Ankunft in Schweden, zusammengeführt, wahrscheinlich in der praktischen Erwägung, dass mir diese Verbindung von Nutzen sein könnte. Sie war es auch. Frederik Ström gehörte zu den seltenen Naturen, deren ausgeprägte Liebenswürdigkeit, Herzensgüte und Hilfsbereitschaft, trotz ihres stets leicht begeisterten Kampfeinsatzes im Dienst irgend eines Problems verletzter Humanität, niemals ernsthaft

Feindschaft und Hass auslösen. Er war der wahre Freund aller Emigranten. Seine Vorliebe zu diesen zunächst wenigstens entwurzelten Menschen vielerlei Begabung, verstärkte sich im Verhältnis zu mir zu einem ganz ungewöhnlich gläubigen Vertrauen. Von meiner marxistisch humanistischen Arbeit, aus der ich ihm und seiner Gattin oft genug vorgelesen habe, erwartete er eine geradezu epochale Auswirkung. Und als wir einmal, gelegentlich der Aufführung eines Dramas seiner Frau – sie schrieb unter einem männlichen Pseudonym – Fragen der Regie und Führung der Schauspieler besprachen, rief er emphatisch aus: Wenn ich etwas auf diesem Gebiet zu sagen bekomme, müssen Sie zum Intendanten des Dramaten (die schwedische Nationalbühne) gewählt werden. Nun, einige Jahre später hatte er auch auf diesem Gebiet das eine und andere zu „sagen", aber da hatte er – vernünftigerweise! – an anderes zu denken, als an den Impuls jener begeisternden Stunde. Leider verlor ich die Freundschaft dieses so freundlichen Mannes und Helfers in den letzten Jahren seines Lebens. Die deutliche Veränderung seines Verhaltens zu mir glaubte ich zu einem wesentlichen Teil auf den Einfluss seiner lieben, aber äusserst nervös reagierenden Gattin zurückführen zu dürfen. Frau Tage Stam (ihr Pseudonym) war deutlichst und gründlichst misstrauisch gegenüber meinem Übergang zu Kristus. Die marxistisch materialistischen Aussagen des fanatisch „überzeugten" At[h]eisten H[ermann].G[reid]. klangen noch allzustark in ihren Ohren, um seine neue Einstellung ohne Weiteres als echt aufnehmen zu können. Ich kann ihr diese ehrliche Haltung nicht verdenken.

Unter dem ersten Ansturm des die Macht ergreifenden Hitlerismus fielen die menschlichen Überzeugungen zur Rechten und zur Linken zu Boden wie schwache Binsengewächse. Man hätte in jenen Tagen das deutsche Land bepflastern können mit armselig zu Boden gefallenen Lebens- und Weltanschauungen, religiösen und politischen Glaubensbekenntnissen. Und diese geistigen und seelischen Niederlagen wurden von den Betroffenen gewöhnlich mit der einen oder der anderen Art von Accompagnement versehen, um das eigene liebe, ach, so wenig standhafte Selbst zu beruhigen und einzulullen. Die traurige Begleitmelodie der einen sang: Ach, was können wir ausrichten. – Der die Macht erringen kann, der hat auch recht.

– Wenn alle diese Kampforganisationen, die Rot-Front Formationen der Kommunisten, das Schwarzrotgold der Sozialdemokraten, der Stahlhelm der Deutschnationalen widerstandslos das Feld räumen musste, was bedeutet die Einstellung eines Einzelnen, meine Einstellung. Man muss schon mit den Wölfen heulen. Ich bau meinen Kohl und überlasse alles, was Politik heißt, den anderen. Mein bisheriger Beitrag hat ja doch nichts bedeutet. Nach mir die Sinflut. Vielleicht schafft dieser Hitler was die anderen jedenfalls nicht erreichen konnten: geordnete Verhältnisse. Ordnung, ja, vor allem Ordnung. So endete diese Melodie gewöhnlich in einem resignierenden Seufzer: ja, wenn es nach mir gehen würde. Aber das geschieht ja nicht. Heule mit den Wölfen, in dein Innerstes brauchst du ja niemanden hineinsehen zu lassen. Von ganz anderer Art war die Begleitmelodie der anderen Sorte dieser Niederlagen, und diese war kaum die sympathischere. Sie bestand in einer ganz plötzlichen über Nacht aufflammenden Begeisterung für den Hitlerismus und seine „schicksalhafte Bedeutung" für das deutsche Volk, ja, die ganze Welt. Jeder Emigrant dieser Zeit kann wohl an Freunde, Kameraden, Bekannte zurückdenken, die in diese beiden Kategorien eingereiht werden können: auch ich. Besonders zwei Fälle drängen sich in den Vordergrund meiner Erinnerung. Gustl W. eine unruhig suchende Seele, langjährige Freundin meiner Frau, die sie innerhalb der deutschen Quäkergruppe kennen gelernt hatte. Kurz nach unserer Ankunft nach Schweden traf ein Brief von ihr ein, der Bertha die Freundschaft aufsagte, da die grosse Entwicklung in Deutschland, die Bertha auf Grund ihrer Herkunft unverständlich und verschlossen bleiben müsse, ihr endlich die ersehnte Klarheit gegeben habe, nun wisse sie, wo ihr und ihres Sohnes rechter Platz sei. Einige Jahre später [be]endete sie ihr Leben durch Selbstmord. Und Nikolaus E.[10]! – Der radikal katholische Jugendführer in Westdeutschland, Freund der Arbeiter, erklärter Gegner Hitlers und seines Anhangs, Studienrat, der niemals anders gekleidet ging als mit kurzen Hosen, die seine Knie frei liessen, Vater von neun bedenkenlos in die Welt gesetzten Sprösslingen, Gatte einer prächtigen Frau, kurz ein Mensch, der

10 Nikolaus Ehlen (1886-1965).

stets versucht hatte zu leben wie er predigte und von der Jugend und den Arbeitern aller Schattierungen geachtet und anerkannt wurde als ehrlicher Kämpfer für den menschlichen Fortschritt, für Frieden und Freiheit und für eine konkrete Nachfolgerschaft in Kristus. Trotzdem ich ihn in einer Periode meiner Entwicklung kennen lernte, wo ich mich bereits immer entschiedener dem atheistischen Marxismus zuwandte, wurden wir gute Freunde. Er gehörte zu den Allerersten, die seine Lokalhitleristen hinter Schloss und Riegel setzten. Sie hatten ihm stets damit gedroht, dass wenn sie eines Tages an die Macht gelangen würden und die Zeit der „langen Messer" hereingebrochen wäre, dann, ja, dann – ! Und nun war diese Zeit gekommen. Als unmittelbare Folge wurde natürlich seine monatlich erscheinende kleine Zeitschrift eingezogen. Wir fragten uns sehr besorgt, was nun aus ihm, seinen Kindern, von denen das älteste zwölf oder dreizehn Jahre alt war, und seiner prächtigen Frau werden sollte. Da lag eines Morgens, zu neuem Leben erstanden, seine kleine Zeitschrift in unserem Briefladen an der Tür der Villa, in der wir ausserhalb der Peripherie Stockholms wohnten. Während seiner Verhaftung hatten wir an seine Frau geschrieben und ihr unsere schwedische Adresse mitgeteilt. Wir konnten uns nicht genug beeilen, um dieses Heftchen aufzuschlagen. Denn welche Veränderung der Verhältnisse lag dieser erneuten Herausgabe der jüngst hoch verbotenen Monatsschrift zugrunde? Da musste etwas ganz Besonderes geschehen sein. Was? – Nun, die erste Seite der Schrift gab uns vollen Aufschluss. Am Ostermorgen, als die Glocken draussen vom Wunder der Auferstehung kündeten und das unbesiegbare Sonnenlicht auch ihm durch das winzige Zellenfenster einen schmalen Gruss zuführte von der Quelle allen Lichtes, da brach in ihm, gleichsam als Osterbotschaft dieses Licht- und Glockengrusses von Draussen, nein, von Oben, die Erkenntnis auf und füllte ihn mit Visionen des Heiligen Geistes und offenbarte für ihm, dass Hitler der Gesandte dieses Lichtes der Welt sei. Als geradezu leuchtender Verkünder der die Welt beglückenden Mission des Mannes Hitler wurde er natürlich sofort wieder entlassen, seiner lieben Familie in Triumph zugeführt und in Amt und Würden eingesetzt. Von diesem Augenblick an durfte auch seine Zeitschrift wieder erscheinen. Zum Dank roch sie nunmehr nach Schwefel und Halleluja, durch ihre Seiten stampfte ein Kristus mit dem kleinen Narrenschnurrbärtchen des Mannes mit der stets schreienden Stimme, den sich überstürzenden Worten und der Verlogenheit in jedem Ton, in jeder Silbe. Ich kann mir nicht helfen, dass mir in eigentümlichen Zusammenhang mit diesem traurigen Osternerleben des Nikolaus E. das so kunstvoll vermittelte Osternerlebnis des Goethe-Faust vor den Rückblick tritt: – der weltberühmte Faust, der schon den Giftbecher an den Mund führt, wird durch das Auerstehungslicht und den Glockenjubel der Stunde zum Leben zurückgeführt und er schliesst mit den Worten: „Die Erde hat mich wieder!“ Ja, als eine lebenslange Beute des Satans, der bereits vor seiner Tür wartet und bald eintreten wird. – Was schliesslich aus Nikolaus E. und seiner Wandlung geworden ist, weiss ich nicht. Ich war in jenen Tagen Marxist und Jude und konnte mich nur mit Ekel von ihm abwenden. Seinen Brief an mich beantwortete ich an seine Frau.Nun, viele dieser unter dem ersten Ansturm des Hitlerismus platt zur Erde gesunkenen Überzeugungen richteten sich allmählich wieder auf unter dem Druck des Gewissenszwanges und der Besinnung. Und nicht so selten haben diese neu zu Ehren erhobenen alten Überzeugungen ihre zumeist ganz und gar nicht heldenhaft eingestellten Träger in Stunden harter Prüfung hineingeführt, die diese dann zum Erstaunen vieler nicht nur bestanden, sondern auch mit einer gebrochenen Gesundheit, ja, oft genug, mit einem qualvollen Lebensende zu bezahlen die Kraft aufbrachten.

Ja, die Grossartigkeit der menschlichen Natur, die über den menschlichen Tag und seine Grenzen hinausweist in ein höheres Sein und Dasein und die zu allen Zeiten unter dem Ansturm besonders schwerer Verhältnisse ihre menschlichallzumenschlichen Hüllen, Verschalungen und Ketten durchstiess, um zu herrlicher, wenn auch nur kurzlebiger Blüte aufzubrechen, sie schuf sich auch in jenen Tagen menschlicher Schreckensherrschaft unvergängliche Erinnerungssteine im Boden der menschlichen Geschichte; unvergänglich jedenfalls, solange der Mensch und seine Geschichte existieren werden. Und auch das sogenannte „Theatervölkchen“, die im Allgemeinen so gar nichts auf Heldentum im Leben ausserhalb der Welt der Bühne eingestellten Schauspieler, erhielten ihren unvergesslichen

Helden und Heiligen dieser Tage gleich ihren Vorfahren zu Zeiten des Mimus und der Kristenverfolgungen unter dem Regime der grössenwahnsinnigen Cäsaren Roms. Gleich den Namen eines St. Genesius (Rom), eines St. Ardaleon (Adrianopel), eines St. Porphyr (Alexandria) und der Sta. Pelagia (Antiochia) ist nun auch der Name Hans Otto[11] eingeschrieben im Erinnerungsstein der Märtyrer, die beispielgebend ihr Leben hingegeben haben im Protest gegen die Vergewaltigung und Erniedrigung des Menschen durch den Menschen; obgleich es kaum wahrscheinlich ist, dass Hans Otto gleich seinen Vorgängern im antikristlichen Rom mit dem Namen des Heiland auf den Lippen aus seinem jungen Leben schied. Aber wer kann es wissen. –

Denn Hans Otto begann den bewussten Teil seines Lebensweges als – Theologiestudent. Beginnende Zweifel und der Trieb zum Theater veranlassten ihn aber schliesslich, seine Studien abzubrechen und sich der Laufbahn des Schauspielers zu zuwenden. Mit raschen Schritten, scheinbar mühelos und ohne Schwierigkeiten zu begegnen, durcheilte er diese nahezu romantisch begleitet von Erfolgen und Anerkennungen aller Art, umschon nach wenigen Jahren, also sehr jung, in die Mitgliedschaft der Staatstheater in Berlin aufgenommen zu werden. Als erster jugendlicher Held, dem auf Grund seiner schönen, offenen und merkwürdig autoritativen Männlichkeit sogar der Egmont Goethes anvertraut wurde, stand er damit auf der weithin sichtbaren Zinne einer allerersten Position seines Faches innerhalb des deutschen Theaterlebens und konnte sich nun, bei guten Einkünften, einer gesellschaftlich anerkannten Stellung und dem Vertrauen, dass man ihm überall, auch innerhalb der Großstadtpresse, entgegenbrachte, darauf einstellen, sich ganz seinen künstlerischen Interessen und seiner Entwicklung in voller Ruhe hinzugeben. Hierzu muss allerdings gesagt werden, dass man sich eine besondere Entwicklung Hans Ottos als Schauspieler nicht recht vorstellen konnte. Seine Art der künstlerischen Darbietung war auf ihre Weise abgerundet, klar und fertig. Seine aufrechte, schöne Erscheinung überzeugte, ja charmierte auf der Bühne

11 Hans Otto (1900-1933), Schauspieler, von den Nationalsozialisten ermordet.

durch die Echtheit, den durchstrahlenden Ernst und die Würde seines stets sehr beherrschten Ausdrucks. Aber diese vortrefflichen Eigenschaften hatten seine Darstellung nahezu vom ersten Beginn seines Auftretens auf der Szene gekennzeichnet. Er gehörte zu den früh Fertigen. Deshalb erreichte er auch so ungewöhnlich rasch die Spitzenposition seines Faches. Was sollte, was konnte er darüber hinausgehend noch von sich erwarten? – Ich weiss nicht, ob dieser sehr kluge und bewusste Mensch eine solche Frage an sich stellte. Warum auch sollte er nicht zufriedengestellt und andere zufriedenstellend weiter wirken in der erreichten, sehr schönen und von vielen beneideten Position? Gleich vielen vor und neben ihm im wohlbestallten Amt eines pensionsberechtigten Mitglieds der Staatsbühnen, Berlin? – Nun, sein Leben wollte es anders. Der Theologiestudent hatte nie aufgehört zu fragen und zu suchen, das Theater und seine Forderungen absorbierten den auf diesem Gebiet früh Fertigen und Erfolgreichen nie ganz, und die Starken Strömungen seiner Zeit und Umgebung liessen ihn nicht unberührt. Sehr im Gegenteil. Zum bewundernden Gefolgsmann des plump-suggestiven Schreiers Hitler fehlte den intellektuell begabten, beherrscht beobachtenden und abwägenden Menschen jede Voraussetzung. Die nazistische Bewegung bot ihm keine Versuchung. Er lehnte sie kühl, bestimmt, ja mit Schärfe ab. Der Marxismus dagegen mit seiner glühenden Gläubigkeit an die messianische Bedeutung der radikalen Arbeiterbewegung und der, wenn auch einseitigen, so doch intellektuell bestrickenden und einfangenden Gründlichkeit der Beweisführung zog ihn mehr und mehr und schliesslich ganz an sich. Er wurde Mitglied der kommunistischen Partei und fast unmittelbar auch zum natürlichen Mittelpunkt der jüngeren Generation der radikalen Intellektuellen in Berlin, dem unruhvollen Zentrum des Reiches. Die gleichen Eigenschaften, die ihn so rasch, ja, mühelos an die Position eines Heldendarstellers am Staatstheater heran geführt hatten, sein wacher Intellekt, sein stets beherrschtes und massvolles Auftreten, seine ernste, sachliche, von guter Beobachtung, aber auch von echter Wärme und unbestechlicher Ehrlichkeit zeugende Darstellung, vermittelten ihm ebenso rasch und selbstverständlich die Position eines jungen politischen Führers mit grossen, allerdings höchst unberechenbaren, ja fragwürdigen Aussichten. Dazu kam, dass man hier einem Menschen begegnete, der ohne jedes Aufheben eine von so vielen ersehnte, und von so wenigen erreichbare Stellung im Arbeitsleben opferte, um selbstlos dem politisch-ethischen Einsatz zu dienen, denn als solchen fasste dieser ernste junge Mann seinen Dienst im kommunistischen Lager auf. Es stand ausserhalb allen Zweifels, dass sein Vertrag mit dem Staatstheater, einmal abgelaufen, nicht mehr erneuert werden würde, wenn die Entwicklung in der gleichen Richtung wie bisher (1932) weiterlaufen würde. Der Widerstand seiner nazistischen Gegner am Staatstheater, denen er ein immer schmerzhafterer Dorn im Auge geworden war, wurde mit jeder Woche heftiger und leidenschaftlicher, ausserdem bot er seinen Angreifern Gelegenheit, ihre Unterminierungsarbeit auch mit beruflichem Anstrich zu verstärken, da es unmöglich war zu übersehen, dass für ihn selbst seine berufliche Tätigkeit als Schauspieler im Verhältnis zu seiner politischen zu einer solchen höchst untergeordneten Ranges herabgesunken war. Im Herbst 1932, als wir, vor der hitlerischen Machtergreifung und unserem Verlassen Deutschlands, nach Berlin übersiedelt waren, traf ich Hans Otto verschiedene Male in seiner kleinen Zweizimmerwohnung, in welcher sein Arbeitsraum an den eines fleissigen Gelehrten gemahnte und in keiner Weise etwas mit dem Beruf eines Schauspielers zu tun haben schien. Die stille Art und die ganze Erscheinung des mir Entgegentretenden vervollständigte nur diesen Eindruck. Der hochgewachsene junge Mann im grauen höchst anspruchslosen Sportkostum mit dem ohne jede Indiskretion forschenden Blick hinter den starken Augengläsern und der etwas bleichen Gesichtsfarbe erinnerte mich am ehesten an einen Theologiestudierenden in vorgeschrittenen Stadium. Als Hitler und die Seinen durch die Herren Papen, Hindenburg und Hugenberg das Amt des obersten Leiters und Richters in die Hände gelegt bekamen und mit ihren Verfolgungen missliebiger Menschen in Deutschland begannen, wurde Hans Otto eines ihrer allerersten Opfer. In einem unbewachten Augenblick stürzte er sich vom vierten Stockwerk der Folteranstalt, in der er „verhört“ wurde, auf die Strasse, wahrscheinlich, als er fühlte, dass seine geistige Widerstandskraft unter dem Druck der unmenschlichen Tortur niederzubrechen drohte.

Der ebenfalls verhaftete und auf sein „Verhör" wartende Schauspieler H., der sich in jener Stunde im Raum nebenan befunden haben soll, vermittelte mir diese Mutmassung.

Wie so viele andere Organisationen und Zusammenschlüsse der Arbeiterbewegung wurde auch das in sich schon nur noch recht lose zusammenhängende Kollektiv kommunistischer Schauspieler, „Die Mausefalle"[12] in Berlin, durch den nazistischen ersten Ansturm zerschlagen und dessen Mitglieder in alle Winde gesprengt. Ein Teil, der grössere, verblieb im Lande und schloss sich der Masse der Resignierenden an, die anderen, darunter die beiden Leiter dieses Kollektivs und einer der Hauptdarsteller, flüchteten mit ihren Familien ins Ausland.

Das Diskussionsthema „Proletarische Kunst", das in den Jahren vor der hitlerischen Machtergreifung die Gemüter marxistisch orientierter Intellektueller und Künstler aller Kategorien recht lebhaft in Bewegung setzen konnte, kann heute wohl als abgeschlossen angesehen werden. In jenen Tagen dagegen waren oft und zumeist die Jüngeren der nicht nur temperamentvollst Diskutierenden, sondern auch Kunst-Ausübenden der Meinung, man müsse unmittelbar damit beginnen, eine proletarische Kunstform anzustreben, zu suchen und zu finden. Alles sollte ja so proletarisch als möglich sein, wobei der Begriff „proletarisch" notwendigerweise sehr ungeklärt war und verblieb. Die Älteren und mehr Besonnenen verfochten dagegen den Standpunkt, dass erst die proletarische Revolution und ihre Entwicklung eine proletarische Kunst hervorzubringen imstande sei, da erst dann das revolutionäre Proletariat Gelegenheit finden würde, seine ihm innewohnenden künstlerischen Möglichkeiten und Ambitionen zur Geltung zu bringen.

Nun, für die gesellschaftliche Umwälzung unter bolschewistischer Leitung ist die Sovjetunion historisch ausschlag- und aufschlussgebend geworden. Die in ihrem Geleise treu folgenden Volksdemokratien mit der

12 Greid verwechselt in den Erinnerungen das von Gustav von Wangenheim mitgegründete und geleitete Theaterkollektiv „Truppe 1931" und die sehr erfolgreiche erste Produktion des Stücks *Die Mausefalle.*

in kulturellen Belangen an ihrer Spitze marschierenden Tschechoslovakei bestätigen nur diese Feststellung. Und die Entwicklung in der Sovjetunion hat deutlichst gezeigt, dass die „proletarische Kunst“ der internationellen nichts neues hinzuzufügen hatte und hat. Der „neue Realismus“, von dem dort mit vielen dogmatisch geformten Redewendungen gesprochen wurde und wird, ist im Grunde und ohne Schwierigkeit als der alte Naturalismus zu erkennen, aufgeputzt durch den unersättlichen Propagandahunger der Partei, dessen strengen Forderungen jede Kunstform kategorisch veranlasst wird, zu entsprechend. Wahrscheinlich aber ist es auch nicht mehr möglich, den menschlichen Kunstformen noch irgend etwas wirklich Neues hinzuzufügen, das sich als bleibende Bereicherung und nicht nur als bedeutungslose und kurzlebige Künstelei erweist. Im seelischen und im moralischen Ausdruck und Verlangen hat der Mensch seine Grenzen erreicht, im Technischen schreitet er noch vorwärts, im Geistigen weist Kristus den Weg in die Unendlichkeiten. Das scheint mir jedenfalls die Geschichte der Vergangenheit und Gegenwart auszusagen. Und die Ausdrucksformen der Kunst hängen deutlich zusammen mit dem Seelischen und Moralischen des Menschen und dessen natürlicher Begrenzung innerhalb seiner natürlichen Entwicklung auf diesen seinen Gebieten. Die seelischen, moralischen und künstlerischen Ausdrucksformen innerhalb der natürlichen Entwicklung des Menschen stehen nunmehr fest, sind fertig entwickelt. Auf diesen Gebieten kann der natürliche Mensch sich allem Anschein nach nur noch wiederholen. Die erzielten Unterschiede kommen dann zustande durch die Farbe des historisch bedingten Inhaltes und durch die rein persönlich bedingte Ausdruckskraft der Produzierenden.

Zwei deutlich zeugende Beispiele – man könnte sie ergänzen durch beliebig viele andere – scheinen mir für die Richtigkeit dieser Auffassung zu sprechen. Ich denke an den Entwicklungsgang der dramatischen Kunst in der Sovjetunion und an den der Malerei und Bildhauerkunst in Mexiko. Kunstformen, die besonders repräsentativ die künstlerischen Ausdrucksmöglichkeiten dieser beiden grossen und von einander so verschiedenen Länder vermitteln.

Nach einer kurzen Periode – sie war 1936 abgeschlossen – jugendlich begeisterten Suchens und Versuchens im expressiv Experimentierenden fiel die dramatische Kunst innerhalb der Sovjetunion auf die breite im zaristischen Russland organisch emporgewachsene Basis zurück, die verbunden ist und verbleibt mit den Namen Stanislavski, Gogol, Ostrovski, Tschechov, Maxim Gorki. Der neue Gigantismus dagegen, der im Schlepptau dieses „neuen Realismus" in gegebenen Fällen über die Sovjetbühne braust, um die Nerven des Theaterbesuchers durch eine möglichst realistische Darbietung von Naturkatastrophen, Schlachten u.s.w. aufs Äusserste zu spannen, gemahnt ungesucht an den noch gewaltigeren und unbedenklicheren Gigantismus der römischen Kaiserzeit, die in ihrem „Realismus" der Dar- und Schaustellung selbst von dem massenhaften Opfer von Menschenleben nicht zurückscheute. Man erinnert sich in diesem Zusammenhang auch an den auf seine Weise nicht minder bedenkenlosen Gigantismus der entarteten Mysterienspiele gegen Ende ihrer grossen Zeit im Ausgang des Mittelalters. Man muss auch daran denken, dass diese Formen des künstlerisch-technischen Gigantismus der Bühne stets deutlichst den Keim ihres Endes mit sich geführt haben. Denn es liegt in der Natur der Sache, dass die gewaltigen, aber äusseren Effekte, mit denen diese Darstellungsform die Zuschauer fesseln und mitreissen will, unausgesetzt nach Variation und Steigerung suchen muss, um die allmählich abgestumpften und nach stärkeren Dosen verlangenden Aufnahmeorgane ihres Publikums zu befriedigen. Bis der Gigantismus an seine in jeder Beziehung – im Menschlichen und im Technischen – historisch gegebenen Grenzen angelangt ist und – zerplatzt in Nichts.

Was mich veranlasst hat, gerade die Kunst Mexikos als Beispiel für die weiter oben ausgesprochene Feststellung („die künstlerischen Ausdrucksformen der natürlichen Entwicklung des Menschen stehen nunmehr fest, sind fertig entwickelt") anzuführen, ist die überall, auch hier in Stockholm, mit grossem Erfolg gezeigte Wanderausstellung[13] mexikanischer Kunst von den Tagen vor dem Einbruch westländischer Civilisation an bis in unsere Zeit. Diese Ausstellung wollte vermitteln und vermittelte die innige Verwachsenheit der Kunstformen dieses Landes durch die Zeiten. Dabei scheint es mir wenigstens deutlichst hervor zu treten, dass die mächtige Ausdruckskraft der alten Zeit überragend dominiert. Während man die naturgewachsenen gewaltigen Formen der mexikanischen Vergangenheit uns mit der selbstverständlichen Kraft ihrer Sprache überwältigen, vermittelt der moderne Teil der Ausstellung eine gefährliche Anlage, der Krankheit des Gigantismus zum Opfer zu fallen. Der künstlerische Gigantismus ist der im Grunde leere und krankhafte Ausdruck eines allgemeinen tragischen Gegensatzes im Menschlichen: – Die Menschheit ist von dem göttlichen Impuls erfüllt, über die natürlichen menschlichen Grenzen hinauszudringen. In seinem Glauben und Bewusstsein von Gott abgefallen, versuchte und versucht nun der Mensch aus eigener Kraft diesen göttlichen Impuls zu befriedigen. Zu diesem Zweck bläht er sich und seinen Ausdruck auf, um vor sich und anderen seine Möglichkeiten zu beweisen. Ein solcher Zustand ist jedoch, wie schon gesagt, auf die Dauer unhaltbar und führt – zum Zerplatzen. Auf dem gebiet des persönlich Menschlichen haben einige nach dem Untergang Hitlers und Mussolinis vorgeführte Filmstreifen vom Auftreten dieser Männer während ihrer sogenannten Glanzzeit, grauenhaft deutlich das eben gesagte demonstriert. Denkt man in diesem Zusammenhang an Stalin, so wird es heute kaum noch Widerstand begegnen, wenn man feststellt, dass an ihm (seinem persönlichen Lebensstil) keine wie immer geartete Anlage zum Gigantismus zu entdecken ist. Noch weniger begegnet man Tendenzen solcher Art im Lebensstil und Auftreten Lenins. Und das Lebensziel der Lehre Marx', einerlei wie man sich zur Einseitigkeit ihrer Untersuchungsmethode und ihrer Prophe-

[13] Gemeint ist die große Wanderausstellung mexikanischer Kunst, die 1952 in Stockholm, Paris und London gezeigt wird. Mit diesem Hinweis und dem auf den 60. Geburtstag des Autors läßt sich die Entstehungszeit des vorliegenden Texts auf dieses und die folgenden fünfziger Jahre des vorigen Jahrhunderts eingrenzen.

tie stellt, – ist weit davon entfernt, in ihrer Zielsetzung, „Jeder nach seinem Vermögen, jedem nach seinem Bedürfnis" dem Gigantismus das Wort zu reden. Und dennoch zeigt die von diesen beiden erstgenannten Männern scheinbar so streng bewachte (in Wirklichkeit ihnen aber wahrscheinlich (?) über den eigenen Kopf gewachsene Entwicklung der Lebensform des Bolschewismus, dieser konkreten Verwirklichung der marxistischen Lehre, eine so deutliche Hinneigung zum Gigantismus; und nicht nur innerhalb der angedeuteten Entwicklung der dramatischen Ausdrucksformen der Bühne. Hier treffen eben im tiefsten Grunde der führenden Lehre und ihrer Verwirklicher in besonders starkem Mass, der hohe Impuls, die Begrenzung der Menschlichkeit durch die Sünde der Selbstsucht zu durchbrechen und die Hohe Sehnsucht nach dem „Neuen Menschen" und seiner Gemeinschaft zusammen mit dem ohnmächtigen Streben und Versuchen des von Gott abgewandten Menschen, diese Ziele allein mit eigener Kraft zu erreichen. Ich werde später noch eingehender auf diesen tragischen Gegensatz und Konflikt im Menschlichen zurückkommen.

Im Zusammenhang mit der weiter oben angedeuteten Diskussion innerhalb radikal links orientierter Kreise Intellektueller und Künstler wurden verschiedene interessante Versuche unternommen, um mit der proletarischen Kunstform unmittelbar zu beginnen, sozusagen, Grundlagen zu dieser zu schaffen. Alle diese Versuche begannen interessant und intensiv genug, erwiesen sich aber samt und sonders als kurzlebige Produkte jugendlichen Schwunges einer modernen Sturm- und Drangperiode. Diese Periode fiel in Deutschland organisch zusammen mit den revolutionären Tendenzen nach 1918 und den begeisterten und begeistert gefärbten Mitteilungen von all dem Neuen in der jungen Räterepublik im Osten.

An der Spitze dieser Bestrebungen stand die Piskatorbühne mit ihrem gleichnamigen Leiter, einem interessanten, kühlen Menschen, ein kluger Mauskopf auf einem fast zierlich gewachsenen Körper, trotzdem ein auf seine Weise besessener Theatermensch, dessen ausgeprägte Anlage sich allein dem Theoretischen und Technischen zuwandte; ein Meister der Bühnentechnik und ein ausgezeichneter Debattör, dem Menschen und Wort auf der Bühne im Grunde nichts anderes waren als Bestandteile des technischen Bühnenapparates, mit dem er auf seine spezielle Weise die Lehre Marx vom Klassenkampf und dem Klassenfeind kühl, sehr kühl dozierte. Es besteht kein Zweifel für mich, dass dabei der rein technische Apparat der Bühne und dessen Entfaltung ihm viel näher stand als das menschliche Material, die Schauspieler. Er hatte diesen sehr wenig zu sagen und zu bieten. Er arrangierte sie und damit basta. Sie waren ihm Teile des Bühnenapparates und theoretische Begriffe marxistischen Kolorits. Menschen? Nein. Sein Aufstieg aus den Vorortsälen Berlins zum eigenen Theater am Nollendorfplatz war kometengleich. In der kurzen Glanzzeit seiner Berliner Zeit wurde er trotz seines marxistischen Glaubensbekenntnisses zur Sensation der Hauptstadt, ein marxistischer Oberammergau, ein behaglich Schauer schaffendes Anziehungsobjekt für das weltbereisende und teure Parkettplätze bezahlende Ausland. Das Dichtwerk der Bühne interessierte diesen wie schon erwähnt kühlen Techniker ebenso wenig wie der darstellende Mensch, er bedurfte nur des Wortes, das sich seinen technisch-theoretischen Bedürfnissen anzupassen die Eignung besass. Darum wurde alles, was er spielte, durch ein dramatisches Konsortium innerhalb seiner Bühne be-, um- und ausgearbeitet bis es passte. Gigantismus war auch der Ausdruck dieses marxistischen Bühnenmannes von Rang und – sein Ende. Es fehlten bald die notwendigen Einkünfte und Gaben um die Mammutausgaben zu decken. Dieser Mann des bühnentechnischen Apparates und der ökonomischen Theorie war durchaus kein Meister der ökonomischen Leitung. Die Piskatorbühne verschwand fast ebenso hastig, wie sie aufgetaucht war, aus dem Interesse und der Sicht des allgemeinen Berliner Theaterlebens, um in den Gefilden eines rein proletarischen Publikums und seiner Vorortsäle noch eine Weile ein Dasein zu fristen, dessen Lebensflämmchen deutlich seinem Ende entgegenflackerte. Man begrüsste es daher in seinem Freundeskreis, und vielleicht auch darüber hinaus, als es schliesslich gelang, dem schwer enttäuschten und recht mitgenommenen Mann eine vieles versprechende Einladung in die Sovjetunion zu vermitteln. Nun würde der durch die Klassengesellschaft in seiner Auswirkung und Entfaltung behinderte grosse Theatermann – noch immer ein sehr junger Mann – sicherlich der Welt und seinen Freunden beweisen, was noch alles in ihm steckte. Die Erfüllung dieser Erwartung blieb jedoch aus. Es wurde ihm in der Union die Durchführung von ein oder zwei grossen Filmen[14] anvertraut. Als jedoch seine sehr kostspielige Regie weder künstlerisch noch ökonomisch zu befriedigenden Ergebnissen führte, sah man davon ab, noch weiter mit ihm zu experimentieren. Es lief zur Zeit meines Aufenthaltes in der Sovjetunion eine lustige Geschichte von Mann zu Mann, derzufolge Stalin sich geäussert haben sollte, dass wenn man Piskator noch lange Filme regissieren lassen wollte, so würde es bald kein Geld für die Staatsregie gaben.[15] Man liess ihn jedoch nicht ganz fallen, sondern stellte ein Büro[16] unter seine Leitung, das als eine Art Sammel- und Vertrauensstelle der Sovjetbehörde fungierte. Dort trafen sich alle in die Sovjetunion geflüchteten Künstler und Intellektuellen nach der Machtergreifung Hitlers und dort wurden Pläne geschmiedet, diskutiert und verworfen – ins Unendliche. Einem dieser Pläne verdankte ich schliesslich meine Einladung in die Sovjetunion. Es gehörte dabei kaum zur Sache, dass ich mit Piskator zu Beginn seiner und meiner Theaterlaufbahn zusammengetroffen war und auch – eine kurze Zeit – mit ihm zusammengearbeitet hatte. Denn meine Einladung war zur Hauptsache auf andere Faktoren zurückzuführen. Vor allem auf meine Verbindung mit der „Mausefalle" und ihrer Leitung.

Die „Mausefalle" (Berlin 1931) war ein Kollektiv kommunistisch orientierter und zur Hauptsache beschäftigungsloser Schauspieler unter der Leitung des begabten, sehr ehrgeizigen und nicht minder geschmeidig diplomatischen Gustav von Wangenheim[17]. Er gehörte zu den ganz wenigen

14 Piscator realisierte nur einen Spielfilm. *Der Aufstand der Fischer* (1935) nach der Novelle von Anna Seghers.

15 Vgl. dazu Hermann Haarmann (Hrsg.), Erwin Piscator am Schwarzen Meer. Briefe, Erinnerungen, Photos, Berlin 2002 (= akte exil, Bd. 7).

16 Piscator war Präsident des Internationalen Revolutionären Theaterbundes, Moskau.

17 Gustav von Wangenheim (1895-1975), Schauspieler, Regisseur und Theaterleiter, emigriert 1933 nach Paris, dann Moskau, dort Leiter des „Deutschen Theaters Kolonne Links", kurzzeitig ver-

deutschen Intellektuellen, die ohne Schaden zu nehmen und ohne hinausgeworfen zu werden, das berüchtigte Prozess- und Reinigungsjahr 1936 in Moskau überleben konnten. Als die Russen sich dann 1945 in Berlins östlichem Teil etablierten, wurde er – das Ziel seiner Träume – zum Chef des „Deutschen Theaters" ernannt, konnte sich aber in dieser in jeder Beziehung sehr ausgesetzten Position nicht lange erhalten und verschwand schliesslich und endgültig in der Schaar [sic!]der schreibenden Apologeten des deutsch-östlichen Regimes. G[ustav]. v[on]. W[angenheim]. behielt sein kleines stolzes Adelsprädikat „von" im Zentrum seiner Namen. Ob er damit nur mit stolzer Demut demonstrieren wollte, dass die proletarische Revolution nun auch in Deutschland begonnen hatte, die letzten Reste des alten Feudalismus zu überwinden, oder ob auch heimliche Herreninstinkte mit im Spiel waren, weiss ich nicht. Ich habe mit ihm nie darüber gesprochen. – Das Proletarische dieses Kollektivs war durch die Zusammensetzung seiner Mitglieder gegeben, die de facto, mit Ausnahme ihres Leiters, dem Schauspielerproletariat der Hauptstadt angehörten. Das Revolutionäre des Kollektivs sollte, abgesehen von der Wahl des darzustellenden Stoffs darin zum Ausdruck kommen, dass alles kollektiv geregelt und erarbeitet werden sollte. Auch, und vor allem, die Produktion der aufzuführenden Stücke. Nun, Komplikationen stellten sich bald genug ein, es wollte nirgendwo richtig klappen. Das Menschlich-Allzumenschliche drängte sich in den Vordergrund, zwischen den idealistischen Vorstellungen und Programmerklärungen des schwungvoll begonnenen Anfangs und der allmählich sich einstellenden Wirklichkeit klaffte ein immer grösser werdender Abstand. Die Ausbezahlung der „Gagen" löste schnell genug Differenzen aus, Wangenheims (an sich berechtigte" Ansprüche trotz der „kollektiven" Zusammenarbeit als der eigentliche Autor des gespielten Materials vor der Öffentlichkeit präsentiert zu werden, liessen sich sehr bald durch keine noch so erregten Appelle an sein Klassenbewusstsein und seine Kollektivdisziplin zurückhalten, die Reibungen wurden mit jedem Tage

haftet und in NKWD-Haft, denunziert er Kollegen wie die Brecht-Schauspielerin und -Freundin Carola Neher, nach 1945 Rückkehr nach Ostberlin.

bedenklicher, Klicken für (und mit) W. und gegen ihn wurden gebildet, aufgelöst und wieder gebildet. Diese Komplikationen wurden naturgemäss teils heraufbeschworen, teils unterstützt durch die fatale Tatsache, dass der ganz ausserordentliche Erfolg des ersten Auftretens des Kollektivs und des ersten Stücks, *Die Mausefalle*, sich nicht nur nicht wiederholen wollten, sondern einer auch ökonomisch sich immer katastrophaler auswirkenden Kühle, ja, Gleichgültigkeit bei Publikum und Presse wich. Dabei konnten selbst die Freunde sich nur schwer der Einsicht verschliessen, dass diese Wendung zu einem nicht geringen Teil darauf zurückzuführen war, dass sowohl das Kollektiv wie sein Verfasser mit dem ersten Auftreten ihr bestes Pulver anscheinend verschossen hatten. Das Lebensflämmchen auch dieses proletarisch künstlerischen Experimentes war somit beim allerletzten Stümpfchen seiner materiellen Unterlage angelangt, als die braunbehandschuhte Faust des zur Macht gelangten Hitlerismus ihm den Rest gab. Die Führenden der Truppe flohen mit ihren Familien und einigen ihrer Kameraden über die deutsche Grenze und landeten schliesslich in Paris, der zentralen Sammelstelle der meisten der Flüchtlinge aus Nazideutschland, während der Rest der Truppe sich von Göbbels in seine neugebildete Fachorganisation der von ihm akzeptierten deutschen Schauspieler einreihen liess. Mehr oder weniger resigniert. Aus Paris erreichte mich schliesslich ein sehr ausführliches Schreiben von Dr. L.[18], der den sorgenreichen Posten eines ökonomischen Direktors der Truppe bekleidet hatte. Seinem ökonomischen Einsatz hatte die Truppe nicht wenig zu danken; besonders als es galt zu starten. Ich hatte mit der Truppe, und besonders mit ihrer Leitung, schnell guten Kontakt gefunden, als sie kurz nach ihrem Berliner Erfolg im Düsseldorfer Schauspielhaus, meiner ehemaligen Arbeitsstätte, gastierte. Zwischen Dr. L. und mir entspann sich aber fast unmittelbar ein herzliches und vertrauensvolles Freundesverhältnis, das mich in nicht geringem Mass an die brüderliche Verbindung zwischen Felix Halle und mir erinnerte. Dr. L., er war Jude, erinnerte mit seinem feinen, kultivierten, wenn auch recht lebhaften Auftreten, dem hübschen Gesicht mit dem

[18] Den Posten hatte Dr. Arnold Szempin inne (für den Hinweis danke ich Peter Diezel).

leicht gelichteten dunklen Scheitel und der Brille vor den immer ernsten Augen an alles eher, als an einen Theatermenschen. Und doch hatte er nach Abschluss seiner akademischen Studien, einer alten Liebe folgend, zum Theater hinübergewechselt. Leider ohne dort finden zu können, was er dort zu finden erhofft hatte. Dabei konnte er sich nicht darüber beklagen, dass seine Chance ausgeblieben wäre. Er war nämlich einer der beiden Spitzenmänner, die, nach dem deutschen Zusammenbruch 1918, der Periode des ganz allgemeinen Revoltierens in Deutschland, die Revolte des linken Flügels der unzufriedenen Schauspieler anführte. Auch ihm blieb nichts anderes übrig, als sich bald genug zu beruhigen. Während aber seinem Kollegen an der Spitze verführerisch ein Platz im Präsidium der Bühnengenossenschaft geöffnet wurde, um seine Brotsorgen zu beseitigen und ihm eine seiner Begabung gemässe Beschäftigung zu bieten, wurde Dr. L. die Möglichkeit einer Berliner Bühnenkarriere erschlossen. Leider – wie gesagt – vergebens. Dieser typisch Intellektuelle fand nicht den rechten Anschluss. Das Theater war und verblieb seine unglückliche Liebe. Resigniert wandte er sich schliesslich dem Kunsthandel zu und fand dort eine ökonomisch recht lohnende, sonst aber ihn sehr unbefriedigende, ja oft abstossende Tätigkeit. Es ist darum begreiflich, dass sein grosser Einsatz für den Start der Truppe „Die Mausefalle“ mit einer guten Portion persönlichster Hoffnungen für das eigene Konto vereinigt war. Es blieb ihm aber nach einer allzukurzen Periode nur wieder übrig bitter festzustellen, dass seine alte Liebe, das Theater, auch diesesmal sich kühl abweisend seinem leidenschaftlichen Zugreifen entzog.

In dem erwähnten Brief teilte er mir nun eingehend mit, dass und warum er – der gejagte Jude – zu dem festen Entschluss gekommen sei, für den Rest seines Lebens seine Zelte in – Jerusalem aufzuschlagen. Nur dort, meinte er, schiene es ihm noch möglich, sei es im Guten auch im Schlimmen, die dem Juden homogene, natürlich und historisch gegebene Gemeinschaft zu finden. Und Gemeinschaft, wirkliche Gemeinschaft, suchte und brauchte dieser oft enttäuschte und müde gelaufene Mann. Wie weit sich seine Hoffnungen erfüllten, habe ich leider nie zu hören bekommen, obgleich er mir in diesem Schreiben so bestimmt, Berichte aus dem gelobten Land versprach. Nun, seine zu bitterer Kritik neigende Lebensauffassung wird wohl auch dort aus der perspektivlosen Nähe des Alltagskampfes das Menschlich-Allzumenschliche dieser wie jeder anderen Menschengemeinschaft festzustellen gezwungen worden sein. In diesem gleichen Schreiben berichtete er mir aber weiter, dass G. v. W. von Moskau aus eingeladen worden sei, mit einer Schaar [sic!]deutscher links eingestellter Schauspieler in die Sovjetunion zu kommen, um dort eine deutsche Bühne ins Leben zu rufen. Diese sollte sodann später, nach der endgültigen Niederlage des Hitlerismus – mit einer solchen rechnete man also dort im Jahre 1933/34 ganz fest – als ein klassenbewusster Kern eines neu aufzubauenden deutschen Theaters nach Deutschland verpflanzt werden. G. v. W. frug nun durch Dr. L. bei mir an, wie ich mich zu einem solchen Plan verhalte, da er mich gern mit dabei haben wollte. Ich sagte sofort freudig zu. Dabei dachte ich aber weniger an das kommende deutsche Theater, das in Moskau aufgebaut werden sollte, als an meine persönlichen Pläne mit meiner ideologischen Arbeit, die ich auf diese Weise die gesuchte Gelegenheit hatte, den rechten Stellen zu vermitteln.

Es ist in diesem Zusammenhang interessant festzustellen, wie dem hitler'schen Terror – im Kleinen wie im Grossen – die Aufgabe innewohnte, die Probleme Moskau und Jerusalem zu aktualisieren.

Viele Monate sind vergangen, seit ich diese letzten Zeilen niederschrieb. Die freie Zeit, die ich dazu hätte anwenden können, diese Arbeit fortzusetzen, ist draufgegangen, den ersten Teil, der mit meiner Übersiedlung, richtiger gesagt, mit meiner Flucht nach Schweden endete, einigermassen für Verlagszwecke fertigzustellen. Diese Arbeit nahm viel mehr Zeit in Anspruch, als ich vorausgesehen hatte. Zum Teil war das vorliegende Manuskript daran Schuld, zum Teil, und gewiss nicht zum geringsten, der Abschreiber. Der Impuls zu dem ganzen Intermezzo kam von Bertha, die sich gedrängt fühlte zu meinem 60zigsten Geburtstag eine Anzahl Exemplare von dem vorliegenden Teil der Arbeit anfertigen zu lassen und dazu einen ganz besonderen „Abschreiber" ausersah. Ich bin völlig überzeugt davon, dass alle diese Zusammenhänge Sinn und Bedeutung haben, denn sie entsprangen der Liebe und dem Dienstwillen Berthas und waren bestimmt von Gott gewollt. Obgleich ich zugebe, dass ich persönlich sie nicht zu überblicken vermag und keinen Augenblick daran glaubte, dass sie unmittelbar zu ihrem mehr äusserlichen Ziel, einen für die Verbreitung interessierten Verlag, führen werden. Obgleich, unter anderen, auch Martin Niemöller in Deutschland und Bertil Malmberg hier in Schweden sich vorgenommen haben, die Arbeit daraufhin durchzunehmen und Gösta Herthelius, der Studienrektor des Diakonisty elsen, es auf sich genommen hat, eine schwedische Übersetzung herzustellen.

Aber dessen ungeachtet setze ich die Arbeit nun mit Freude und Dankbarkeit fort. Denn nun ist mir wieder die Gelegenheit dazu geboten von DEM, der ganz über meine Zeit verfügt und ihre Anwendung. Diese Arbeit ist für mich im eigentlichen Sinne des Wortes keine Arbeit, obgleich sie in gewissen Augenblicken auch Mühe bereiten kann und immer von mir eine äusserste, eine heilige Konzentration verlangt. Denn im Grunde ist sie ein Gespräch. Mein Gespräch mit GOTT. Das Gespräch eines sehr unvollkommenen Dieners mit seinem HERRN, das Gespräch eines seiner Schwäche sehr bewussten Kindes mit seinem allmächtigen VATER. Und mein herz ist bis an seinen Rand gefüllt mit Dankbarkeit, dass ich dazu berufen wurde, dass mir dazu Zeit, Kraft und Gehör gegeben wird. Zum Gespräch mit GOTT. Dem HERRN und GESTALTER der Welt, meinem VATER, der sich um jeden meiner Schritte kümmert, DEM keiner dieser geringfügigen Schritte eines sehr Geringen unwichtig ist, Dessen Hand über jeden dieser Schritte waltet. Dieses zu wissen, zu wissen, auf Grund zahlloser Erfahrungen bietet ein Glück und einen Frieden, die durch nichts ersetzt werden können. Dieses Verhältnis, das Glück, den frieden, die Aufgabe, die es in sich birgt, anderen zu vermitteln ist mein Lebensziel. Ein anderes kenne ich nicht. Es scheint mir auch alles, was gutes menschliches Streben verfolgt und verfolgen kann, in sich zu bergen, denn es birgt in sich die Mitarbeit an der Gestaltung des NEUEN MENSCHEN und seiner Welt. Kann es ein höheres menschliches Ziel geben? Gleichzeitig verhindert es gründlichst jeden Fall und Verfall in die Selbstgenügsamkeit, in eine menschlich-allzumenschliche Selbsteinschätzung, denn die Grösse des Ziels und die durchleuchtete Vollkommenheit des vorgesetzten Meisters in menschlich-göttlicher Gestalt, ich meine die stete Gegenwart von Kristus Jesus vor dem inneren Auge lässt in keinem Augenblick das völlig unzureichende der eigenen Kräfte und ihres Einsatzes vergessen – ohne aber im Geringsten zu bedrücken. Diese Erkenntnis im und durch das Verhältnis zum VATER und SEINEM SOHN ist nur befreiend, erhebend und Ruhe bietend. Sie ist ein liebevolles Licht, eine aufbauende Wahrheit.

Es handelt sich hier, in dieser Arbeit, also darum – ich möchte es wieder einmal vor mir selbst aussprechen – das Wirken Gottes, das minitiös aufbauende Wirken Gottes in einem höchst unvollkommenen Menschenleben, dem meinen, weil ich es kenne, nachzugehen, dieses zu schildern, ein Zeugnis von diesem Wirken Gottes abzulegen. Ich bin mir dabei schmerzhaft meiner Mängel als Feder bewusst. Ich stelle eben einen der Teile oder Teilchen des höchst unvollkommenen, durch die Sünde und den Widersacher verderbten Menschenmaterials dar, das der Weltgestalter beschlossen hat, zu einer hohen, IHM nahen Form, der Kristus gleichen, auferstehen zu lassen. Wann und auf welche Weise ist Sein Geheimnis. Ich weiss aber, dass ER mit Seinem Werk an und in mir begonnen hat. Denn Er hat meinen Gehorsam an Sich herangezogen und das heisst: ER hat meinen Gehorsam geheiligt, zu heiligen für gut befunden. Nichts daran, an diesem Prozess, empfinde ich als mein Verdienst, alles empfinde ich daran als SEIN Werk, als unbegreifliche Gnade, als unverdientes Geschenk. Ich weiss, ich bin mir dessen sehr bewusst, dass ich ohne Sein gnadenvolles Eingreifen mit meinem Gehorsam auf bestem Weg war, dem Widersacher und seinem Einfluss zu verfallen wie nur irgendwer. Die Heiligung unseres Gehorsams in uns ist aber der unentbehrliche erste Beginn unseres Aufstiegs zur bewussten Gotteskindschaft, zum NEUEN MENSCHEN.

Auf seiner Übersiedlungsreise von Paris nach Moskau berührte G. v. Wangenheim Stockholm, wo wir Einzelheiten unserer vorausgesehenen künftigen Zusammenarbeit besprachen; ich sollte ihm sehr bald folgen.

Es vergingen aber erst noch zwei volle Jahre ehe wir uns im Menschengewirr des Moskauer Filmateliers treffen konnten. Zwei Jahre der intensiven Vorbereitungen und des immer wieder notwendigen Aufschubs, der immer wieder ganz plötzlich hereingeschneiten Einladungen, nun aber ohne Verschub die Abreise vorzubereiten, immer wieder verfolgt von knapp dahinter folgenden resignierten Stopp-Telegrammen: Leider wieder eine Behinderung aufgetaucht. Bis schliesslich das noch im allerletzten Augenblick der Abreise mögliche Stopp-Telegramm ausblieb, unsere recht ansehnliche Bagage von vierzehn Koli im Bauch des finnischen Dampfers verstaut war und wir uns aufatmend in die bequehmen [sic!] Stühle des oberen Decks sinken liessen. Wir winkten dem in der schönen Augustsonne sich prachtvoll darbietenden Stockholm mit dem Freund an dem verschwindenden Kai ein wenig nachdenklich Adieu. Wann würden wir es wiedersehen? Ich hatte mich nur für ein einziges Jahr verpflichtet. Aber was wussten wir, was in dem Lande der vielen tausend Fragezeichen geschehen konnte, geschehen würde: Und noch hatten wir nicht die Grenze überschritten, hinter der sich das viel gelobte und noch mehr geschmähte Land der bolschewistischen Revolution und Welterneuerung ausbreitete. An den Toren dieser Grenze hatte sich schon für manchen unerwartete und unübersteigbare Hindernisse erhoben. Wie würde es uns ergehen? Und unserer umfangreichen Bagage? Es sei bereits hier vermerkt, dass wir keinen russischen Menschen trafen, der Neid ahnen liess, wenn er unsere zahlreichen Koffer sah und auch in deren Inhalt Einblick bekam. Die meisten freuten sich, dass es „so etwas“ noch gab. Am liebsten hätten sie uns immer in feinen Kostumen und Toiletten herumstolzieren gesehen. Die marxistische Propaganda erzieht schliesslich keineswegs prinzipiell zur Askese oder auch nur Einschränkung. Im Gegenteil werden im materialistischen Himmel des Kommunismus womöglich goldene Klaviere versprochen, also materiell noch nie Dagewesenes, und was sich ein Menschenkind nur auszudenken und zu wünschen vermag.

Die ersten zwei Tage und eine Nacht im Gebiet der Sovjetunion. Eindrücke, die sich durch die Spannung, mit der man diesen entgegen sah, besonders lebhaft enthalten haben. An der Grenze zunächst die eisige Zurückhaltung der militärisch eleganten Kontrollmannschaft. Das plötzliche Umschlagen ihrer Haltung in kindlich offene Herzlichkeit mit kräftig warmen Schlägen auf die Achseln und zwischen die Schulterblätter, die man natürlich nicht minder kraftvoll und strahlend erwiderte, als es sich herausstellte, dass je fünfhundert Rubel von Professor Halle und einer Kunstinstitution, der Erwin Piskator[19], der bekannte Theatermann vorstand, für mich am Postamt der Grenze deponiert worden waren. Damit war der Beweis für meine Loyalität erbracht und alles in bester Ordnung. Wir konnten mit guten Wünschen und herzlichem Abschiedswinken weiterfahren. Leningrad. Vor dem Bahnhof unserer Ankunft. Wir haben Aufsehen erregt. Ein Kutscher und ein Gepäckträger sind bemüht unsere Bagage in der recht klapprigen alten Kalesche zu verstauen. Gleichzeitig bewachen uns beiden als wären wir zwei verloren gegangene Kinder vom Lande und sehr darauf bedacht Neugierige, besonders aber die wieselschnellen kleinen, zerlumpten Kerlchen von uns fern zu halten. Und – von unserem Gepäck. Diese schmutzigen Kerlchen mit ihrem sicheren, frechen herausfordernden Auftreten sind Repräsentanten der noch zu Tausenden zählenden Schaar [sic!] der nach Krieg und Bürgerkrieg elternlos gewordenen Kinder. Sie waren eine zeitlang eine Plage und eine Gefahr, sind aber noch immer (1935) ein noch lange nicht völlig überwundenen Bakterienherd im russischen Volkskörper. Ich sah ein solches Kerlchen einige Monate später, das sich an uns Erwachsene von uns unbemerkt herangeschlichen hatte, als wir in einem Lebensmittelgeschäft an der Kassa in Kö standen. Plötzlich schrie eine Frau auf: Meine Tasche. Und wie ein Blitz verschwand irgend ein schmutzig schwarzes Bürschchen von nicht mehr als höchstens sieben bis acht Jahren durch den Ausgang. Niemand nahm seine Verfolgung auf. Man resignierte. Man reagierte kaum und die Frau ging leise jammernd ihrer Wege. Was sollte man tun. Man hatte seine eigenen Sorgen und gegenüber dieser Pest der Kleinen fühlte man sich anscheinend machtlos. Nitschewo. Natürlich versuchten gewisse Behörden immer gewissermassen mit periodisch erneuerter Anstrengung die Besten dieser Kerlchen zu erfassen und ins bolschewistische Schulleben einzufü-

19 Erwin Piscator

gen. Nach einer kurzen Fahrt wurden wir mit unserem Gepäck an einem anderen Bahnhof, von wo die Züge nach Moskau ausliefen, abgeladen. Wir hatten natürlich nur unsere Hupébagage mit uns, aber auch diese war reichlich genug und genügte um Aufsehen zu erregen bei den besitzarmen Menschen, die in jenen Tagen die Strassen Leningrads bevölkerten. Hatte uns der erste Gepäckträger und der Kutscher der altertümlichen Kalesche gleich Onkel und Tante einer Kinderkolonie bemuttert, so war der lange, stets lebhaft plaudernde und lachende Gepäckträger, der uns nun entgegennahm, die mütterliche Liebe und Fürsorge selbst. Und der glaubt, dass dafür russisch gefärbte Geschäftsroutine die Quelle war, also die Aussicht auf eine besondere Entlohnung durch die reichen Ausländer, der irrt sich gründlich. Nachdem er uns einen ganzen Tag lang betreut hatte und uns dazwischen während einiger Stunden auch einem anderen überantwortete (wir kamen am Vormittag nach Leningrad und konnten erst am Abend unsere Reise nach Moskau fortsetzen; dazwischen mussten Biljette [sic!] für die Weiterreise besorgt werden, im Russland jener Tage ein sehr beschwerliches Problem, das wir ohne diesen Kameraden unseres Gepäckträgers niemals hätten lösen können) erklärte er, als ich zum Abschied fragte, was ich schuldig wäre, mit einer leichten Handbewegung und mit gutmütigem Lächeln: 1.50, also einen Rubel und fünfzig Kopeken, nur um mit psychologischer Feinfühligkeit meinem Bedenken, einen solchen Tagesdienst gratis anzunehmen, entgegen zu kommen. Ich sagte „zum Abschied", denn er nahm herzlich Abschied von mir, umarmte mich und wünschte uns Glück und alles Gute, während die Insassen der anderen natürlich vollbelegten Abteile lächelnd und freundlich der Szene zusahen. Ein Idyll, das nicht alle Einreisenden erlebt haben? – Kann sein. Jedenfalls eine Wirklichkeit. Aber sowohl die freundlich lebhafte Güte, Wärme und Generosität, die dieser einfache Mann des Volkes vermittelte und ausstrahlte, als seine einfachen, braungewickelten Papyrossas (Cigaretten), die er mir, bevor wir den Zug bestiegen, in die Hand drückte, werden für mich immer sein und waren für mich immer ein lebendig repräsentativer Ausdruck des spielerisch freundlichen, offenherzig warmen brüderlichen Charakters des russischen Volkes. Ich bin diesen Zügen immer wieder und in recht verschiedenen

Milieu begegnet. Allerdings! – Dieser Mann und auch diese anderen fühlten auch Wärme des Herzens von meiner Seite. Und dieser geheimnisvolle Schlüssel öffnet, so spricht meine Erfahrung, alle menschliche von-einander-Abgeschlossenheit. Im Norden und Süden, im Osten wie im Westen. Nebenbei: sie ist auch die Sprachquelle, die sich dem Verständnis aller vermitteln kann, auch ohne die besonders lautenden Worte der verschiedenen Länder. Denn wir beide, mein Freund, der Gepäckträger und ich, verstanden nicht viele Worte von unseren Muttersprachen. Er verstand allerdings das Wort „Theater" und er war ein Russe, der sein Theater liebt. Wie überall in meinem Leben erwies sich auch hier also meine Berufung ins Theater als ein Schlüssel, ein Werkzeug in der Hand DESSEN, der mich in aller meiner Beschränkung und Unvollkommenheit beliebt, mich für Sein Werk der Liebe anzuwenden. Gewiss, es liegt nahe anzunehmen, dass der gottähnliche Organisationseifer der bolschewistischen Partei es nicht dem Zufall überliess, welcher Gepäckträger Ausländer, die eben das Land betraten, entgegennahm. Es ist also möglich (durchaus nicht sicher), dass mein Gepäckträger Parteimitglied war und von der Partei ausersehen und beauftragt war, die Bedienung von Ausländern zu überwachen. Niemand konnte jedoch diesem Mann die gütige Wärme seines Wesens befehlen. Ich habe aber diesen Mann nicht gesehen, wie er reagierte, wenn er sich einem Feinde gegenüber sah, oder, wenn er ein überzeugtes Parteimitglied gewesen sein sollte, gegenüber dem Feinde seiner Partei. Vielleicht konnte er da ein Bild bedenkenloser Härte, ja Grausamkeit bieten. Es ist möglich. Die Gegensätze der menschlichen Natur liegen oft eigenartig unvermischt Seite an Seite in der Natur der russischen Menschen. Ich werde später auf diese Seite meiner Beobachtung zurückkommen.

Jetzt will ich dagegen fortfahren mit der kurzen Zusammenfassung meiner Eindrücke während der ersten zwei Tage und ihrer Nacht in der Sovjetunion. Gerade weil wir so freundschaftlich bejahend eingestellt waren zu den Versuchen auf diesem gewaltigen und damals noch vielfach recht chaotischen Bauplatz, lösten unsere ersten Spaziergänge im Leningrad dieses Jahres mit dem Anblick seines Strassenlebens, seiner, seinen mit schmutzigen Atrappen geschmückten Auslagefenster der Lebensmittelgeschäfte, seines Strassenhandels, seiner Frucht, Gemüse- und der armseligen Blumenverkäufer, der alten, aber übervollen Strassenbahnwagen, der, wie es uns schien, etwas müde-gleichgültigen und doch wieder mit versteckter Armeleuteneugierigkeit uns folgenden Menschen in den Strassen eine schmerzhaft traurige Stimmung ja Beklemmung, in uns aus. Ich möchte hier gleich hinzufügen: - einige Tage später, als mein Leben in Moskau im Zusammenhang mit seinem sehr intensiven Arbeitstag begonnen hatte, verschwand diese Stimmung vollkommen und ich konnte sie später nicht wieder rekonstruieren; auch nicht, als wir nach zehn Monaten von Neuem Leningrad erlebten und dann – im Juni 1936 – eine höchst interessante Stadt mit pulsierendem Strassen-, Bad- und Kunstleben kennen lernten unter der Führung des bekannten Schriftstellers, unseres damaligen Freundes, Plivier[20]. War die Entwicklung so rasch vorgeschritten? – Hatten wir uns inzwischen an das Leben im neuen Russland so gewöhnt, dass unsere alten Ansprüche eine nicht unwesentliche Veränderung erfahren hatten? Ich kann nicht mit Sicherheit auf diese Frage antworten. Wahrscheinlich ist, dass beide Momente zusammenspielten. Ja, und so kommt eines hinzu: das erste Mal kamen wir ins Land, das nun – wer wusste für wie lange?! – unser Aufenthalt sein sollte und vielleicht eines Tages bleiben musste, das andremal war Leningrad die letzte Etappe dieses Aufenthaltes in des Sovjetunion, eines und gewiss sehr freundlich begegnenden, aber doch auch sehr wesensfremden Gast- und Arbeitgebers. Schweden wartete auf uns mit seinen verwöhnenden Annehmlichkeiten, unserem schönen Heim im Vorort Stockholms, unserer geliebten „stuga“ inmitten einer dicht bewachsenen Kiefern-Tannen-und-Birken-Oase am Meere.

Im starken und uns peinlich berührenden Kontrast zu dem geschilderten ersten Eindruck, aber diesen in gewissem Sinne komplettierend, fügten sich die Eindrücke, die uns ein bekanntes Hotel vermittelte, das wir

[20] Theodor Plivier (auch Plievier) (1892-1952), Schriftsteller, emigriert 1933 über Prag, Zürich, Paris und Oslo gelangten sie nach Moskau, nach 1945 zunächst Rückkehr in die Sowjetisch Besetzte Zone. 1948 Abkehr vom Kommunismus und Übersiedelung in die britische Besatzungszone.

aufsuchten um ein Mahl einzunehmen. Es lag in der Nähe des Bahnhofs und gehörte nicht zu den allerersten Leningrads (ein solches lernten wir anlässlich unseres späteren und letzten Besuches der Stadt kennen), war aber immerhin ein Hotel von Rang. Hier war alles in bester Ordnung und reinlich. Von höchster Ordnung waren aber auch die Preise. Für etwas Suppe und Gemüse bezahlten wir an die dreissig Rubel. Ich muss nunmehr mit Belustigung an die naive Entrüstung denken, mit der ich mich beim Direktor dieses Unternehmens aufs Schärfste beklagte. Ich sei eingeladen worden, als Gast meine Kräfte in den Dienst der sozialistischen Gemeinschaft zu stellen, hätte dieser Einladung mit Freude gefolgt, wünscht aber, dass ich für meine Frau und mich zu mindest das fürs tägliche Leben Notwendige als Gegenleistung erhalte. Meine Entlöhnung sei aber absolut keine solche, dass sie Preise wie die in dem Hotel verlangten, bewältigen könnte. Der Direktor erklärte aber ruhig und freundlich aufklärend, dass er keineswegs höhere Preise verlangte, als die üblichen an Gaststätten dieser Kategorie. Und er sprach die Wahrheit. Und auch an diese Wahrheit gewöhnte ich mich bald. Eigentümlich berührte uns allerdings auch die Klientel des freundlichen lichten Speisesaals in diesem Hotel. Dachte man an den für uns jedenfalls traurigen Eindruck der Menschenmassen auf den Strassen, so konnte man sich unmöglich der Empfindung erwehren, dass hier eine andere Kategorie ass und trank. Und doch gab es hier keinen einzigen Ausländer mit unserer Ausnahme, nur selbstsichere Offiziere mehr oder minder beleibten Umfangs und die eine oder andere wohlgenährte und ein wenig komisch herausgeputzte Funktionärsfamilie, die alle mit einer Art von intimen Respekt behandelt wurden. Auch an diese Zweiteilung gewöhnte man sich rasch. Ja, man gewöhnt sich eben an alles, wenn man gewillt ist, sich zu gewöhnen. Und wir waren und verblieben unsere ganze russische Zeit hindurch doch nur studierende Touristen. Nichts anderes. Allerdings sehr freundlich und positiv eingestellte Besucher.

Zu den mehr lustigen Eindrücken dieser beiden ersten Tage und ihrer Nacht gehörte unsere erste Begegnung mit der russischen Eigenart, ungeniert Männlein und Weiblein in den Schlafwagenabteilungen unterzubringen. Wir waren drei Männer und Bertha. Unsere Mitbenützer waren interessant genug. Der eine, ein schneidig eleganter Offizier mittleren Alters, aber von hohem Rang, er war nichts weniger als der Militärkommandant Leningrads, sprach etwas deutsch. So erfuhren wir von dem freundlich und höflich zurückhaltenden Mann, dass er in seinem vorrevolutionären Leben nicht Offizier, sondern – Schmied gewesen sei. Es war unmöglich, sich diesem schlanken, typisch als Militär wirkenden Herrn anders als in Uniform vorzustellen. Auch der zweite Nachtgenosse war ein Offizier, eine Art Hauptmann. Er war mit dem eigentlichen Inhaber des vierten Platzes in unserem Abteil einem Civilisten einen Tausch eingegangen, um mit uns zusammen sein zu können. Er sprach fliessend deutsch und biederte sich sehr an. Ehe wir nach Moskau kamen, vertraute er mir in Flüsterton an, dass er in der Leitung des Amtes für Wohnungsverteilung in Moskau sass und dass ich mich nur vertrauensvoll an ihn zu wenden hatte, wenn ich Wünsche erfüllt sehen wollte. Nun, ich hatte keine Gelegenheit, die Tragweite dieses Versprechens zu prüfen, da meine Arbeit nach der Ukraine verlegt war und ich nur ganz kurze Zeit, wenn überhaupt, in Moskau tätig sein sollte. Einfahrt Moskau! Am Bahnhof wartete eine stattliche Schaar [sic!]Mützenbekleideter junger Leute. Meine künftigen Mitarbeiter mit dem jungen Leiter M.V. [Maxim Vallentin[21]] (nicht Wangenheim!) an der Spitze, einem fanatischen Theoretiker und Bolschewik, der in Deutschland einer in Berliner Parteikreisen sehr anerkannt gewesenen Agitpropp[22] (Propaganda-Theater aus Laien bestehend) vorstand, Sohn eines leider früh verstorbenen sehr begabten Regissörs und Mitarbeiters[23] von Reinhardt in dessen erster Berliner Zeit, selbst aber ohne Erfahrung auf dem Gebiet des eigentlichen Theaters. Wir werden, begleitet von allen Anwesenden, in einem Auto der Filmgesellschaft, mit der Wangenheim zusammenarbeitet, (eigentlich ein Lastwagen mit Bänken an den Seiten und einer Über-

21 Maxim Vallentin (1904-1987), Schauspieler und Regisseur, emigriert 1933 in die Tschechoslowakei, 1935 dann in die Sowjetunion, dort Leiter des Gebietstheater Dnjepropetrowsk, dann in Vertretung von Erwin Piscator am Staatstheater Engels, 1937 Verhaftung im Zusammenhang mit den stalinistischen Säuberungen, erreicht durch Vorsprechen bei Georgi Dimitroff seine Rehabilitierung. 1945 Rückkehr in die SBZ/DDR. Gründer des Gorkitheaters in Ostberlin.

22 Rotes Sprachrohr Berlin.

23 Richard Vallentin (1874-1908).

dachung) in das Hotel gebracht, wo ein grosses Zimmer für uns bestellt und bezahlt ist. Denn für unsere Behausung ist kontraktmässig die Sorge übernommen. Hier erwartet und – eine wirklich rührende Vorsorge – ein vegetarisches Mahl. Man hat wirklich sein Bestes getan, um uns freundlich zu empfangen. Unterwegs vom Bahnhof wurde ich bereits unterrichtet, dass wir nach dem Essen sofort zu Wangenheim ins Filmatelier fahren sollen, damit ich dort meine erste Aufgabe, eine Rolle in seinem Film „Dimitrov"[24] übernehmen soll. Nach einer knappen Stunde werden wir im Filmatelier von Wangenheim inmitten einer aufgebauten Szene herzlich begrüsst. Er ist mitten in seiner Arbeit und hat naturgemäss keine Zeit zu langen Reden und Erklärungen. Seine Mitarbeiterin übernimmt es, mich über meine Aufgabe in diesem Film aufzuklären. Ich habe den Leiter einer Kommunist8en]zelle in einem nazistischen Konzentrationslager darzustellen und zwar sowohl in deutscher wie auch in – russischer Sprache. Ich kann doch kein Wort russisch. Schon gut, Du schaffst es schon. bestimmt! Welches Vertrauen! Und morgen ½ 10 die erste Aufnahme in deutsch und – russisch! Hahaha! Ich lache! Meine Frau nennt dieses Lachen – grün! Also „nach Hause" und sich mit der Rolle beschäftigen. „Zu Hause" angekommen, öffnet sich die Tür und – mein alter Freund, Felix Halle, der Professor steigt auf seine stille Art freundlich lachend und mit den Augen zwinkernd ein. Nicht lange darauf öffnet sich abermals die Tür – hier wird nicht viel geklopft – und herein tritt Anjuska, meine optisch bekannte, dagegen brieflich längst sehr nahegekommene Moskauer Freundin (eine Briefbekanntschaft, vermittelt durch unseren guten Fischer, einst der Leiter der kommunistischen Partei Westdeutschlands) Anjuska ist lebhaft, ich bin „aufgeregt" durch die Fülle der neuen Eindrücke und Forderungen, meine Frau amüsiert sich über uns. Bald ist gründliche Arbeit in Gang – die Einstudierung der Rolle in russisch. Sie hatte natürlich keine Ahnung von dieser bei mir auf die wartenden Aufgabe und ist nur gekommen, um uns zu begrüssen. Unsere Arbeit endet irgendwann gegen zwei Uhr nachts. Das Russische meiner Rolle war nur notwendig, um eine einigermassen

[24] Gustav von Wangenheims Film von 1935 *Kämpfer*.

richtige Mundstellung im Film sehen zu lassen, denn der Film wurde synkronisiert. Hier schliessen unsere beiden ersten Tage und ihre Nacht in der Sovjetunion. Es ging in einem recht ähnlichen Tempo weiter – für mich. Bertha hingegen trug die Last der stillen Heldin mit sehr guter Miene zum schweren, manchmal für sie recht schweren Spiel. Denn Bertha war nicht im tollen Arbeitsprozess des Landes eingebaut. Dem Ersatz für vieles, das entbehrt werden musste.

Meine Aufgabe am Film W's nahm ungefähr vierzehn Tage in Anspruch. Damit war meine Tätigkeit in Moskau und meine Zusammenarbeit mit W. fürs erste beendet. Nun folgte unsere (ach, so hindernisreiche) Reise nach Dnjepropetrovsk in der Ukraine, wo ich mein eigentliches Engagement und zwar an dem dort stationierenden, neugegründeten „Deutschen Theater"[25] antreten sollte. Auf die Momente, die zu diesem Abschluss der langwierigen Verhandlungen führten, werde ich in einem anderen Zusammenhang zurückkommen. Ausserdem wartete man auf mich, wie mir mitgeteilt wurde, am staatlichen Konservatorium in D., wo man von mir wollte, dass ich Ordnung in die drei Klassen der deutschen Abteilung des dramatischen Unterrichts bringen sollte. Die deutsche Abteilung – das Konservatorium bestand ausserdem aus einer ukrainischen und einer russischen Schauspielschule und seinen Musikabteilungen – war der lebendige Ausdruck für einen Kulturaufbau im Urwald. Die Eleven waren junge Leute die aus deutschsprachigen Dörfern der Ukraine und ihrer harten Arbeit auf den Feldern hierhergekommen waren, um nun auf dem Gebiet des Theaters ihr Glück zu versuchen. Sie waren dazu nicht nur animiert, sondern geradezu aufgeputscht worden durch halbe Seiten lange Annoncen in der Distriktzeitung, in denen das Konservatorium alle jungen und unternehmungslustigen Burschen und Mädels mehr als aufmunternd zu sich rief. Nach einer kurzen formellen Aufnahmeprüfung wurde man ins Kollektiv des Konservatoriums aufgenommen, erhielt einen Schlafplatz in einen der zur Verfügung gestellten grossen Räume und sechzig Rubel mo-

25 Das ist das Deutsche Gebietstheater Dnjepropetrowsk, vgl. dazu Peter Diezel, Exiltheater in der Sowjetunion 1932-1937, Berlin/DDR 1978, S. 100ff.

natlichen Staatsbeitrag, der nach dem Grad der erwiesenen Tüchtigkeit bis auf hundertfünfzig Rubel im Monat erhöht werden konnte. Das Konservatorium hatte den Regierungsauftrag erhalten, einen deutschen Schauspielerstab heranzuzüchten und tat nun verzweifelt das Seine. Es stellte sich aber leider bald heraus, dass es sehr schwer hielt, passende Lehrer für diese kommenden deutschen Schauspieler heranzuziehen. Als ich nach D. kam, waren die armen Eleven seit einigen Monaten ohne deutschsprachigen Lehrer herumgelaufen. Man war darum sehr froh und gespannt, als man hörte, dass nun ein Mann nach D. kommen sollte, der als Schauspieler, Regissör und Lehrer an sehr guten deutschen Bühnen erprobt worden war. Unser erstes Zusammentreffen mit den Eleven im Konservatorium. Die Schaar [sic!] bestand aus 30-40 Teilnehmern verschiedenen Geschlechts im Alter zwischen 17 und 35 Jahren. Bertha war mit mir gekommen. Nach einigen einleitenden Worten bat ich, dass ein jeder etwas vortragen sollte. Ach, ach! – Ich wagte es nicht Bertha anzusehen, damit wir uns nicht verraten sollten. Denn was die jungen Leute als deutsche Sprache vorführten, war ein Kauderwelsch von Dialekten, die im Dialog [und] Zusammenspiel dem Höhepunkt sprachlicher Verwirrung gleichkommen mussten, mit der Gott einst die Erbauer des babylonischen Turmes strafend geschlagen hatte. Bertha konnte ihr Entsetzen kaum beherrschen. Gleichzeitig aber konnten und wollten wir uns nicht einem Gefühl wirklicher Rührung verschliessen. Wir waren hier Zeugen eines allerersten, schweren Versuchs gewesen, hatten einer Art von kulturellen Geburtswehen beigewohnt. Wie ich später in vielen Gesprächen hörte, hatte man auf den meisten Gebieten mit Schwierigkeiten ganz ähnlicher Art zu kämpfen. Leicht hatten es die Leute nicht. Weder die Geführten noch die Führenden. Dabei ging man ohne Gott. Auf die eigene armselige und immer wieder versagende Kraft sich angewiesen fühlend und glaubend. Nun, ich entwarf ein umfangreiches Program[m] und begann mit Feuereifer zu arbeiten. Es standen uns drei Monate zu Verfügung bis zur Abschlussprüfung des Termins. An dem Abend, an dem dann schliesslich meine Leutchen ihre Künste vor dem prüfenden Auditorium des Lehrerkonsortiums vorführen sollten, sass ich mit Bertha im vollbesetzten Saal des Konservatoriums. Während der drei Monate hatte ich mit meiner Schaar [sic!]durch ein tägliches Arbeitspensum von 5-7 Stunden ein ununterbrochenes vier-Stunden-Programm mit Gedichten, Szenen, Prologen und Monologen aus der Weltliteratur vorbereitet. Auch die aufs Einfachste begrenzte Beleuchtung, sowie das Arrangement jeder Szene war festgelegt worden, dagegen alle Kostumierung und Schminkkunst als für diesen Abend unnötig beiseitegelassen. Nicht nur die künstlerischen, auch die technischen Aufgaben waren verteilt und durchgenommen worden und nun führten die jungen Leute ruhig, sicher und selbstständig ihr Programm vor, ohne dass ich dabei zu sein brauchte. Der spontane, echt russisch warme Beifall gab sodann am Schluss der Vorführung den jungen Menschen einen wohlverdienten Lohn für die anstrengenden Arbeitsmonate, die hinter ihnen lagen. Ich war daher recht überrascht, als ich in den Lehrerraum kam, wohin ich nach der Vorführung zu einer Besprechung eingeladen wurde, und nach einer kurzen freundlichen Einleitung des weiblichen Direktors des Konservatoriums, eine in russischer Sprache hervorgestossene deutlichst gehässige Kritik einer mir unbekannten Dame des Konservatoriums und den deutschen theoretisierenden und meine Arbeit mit den völlig unvorbereiteten jungen Menschen sehr negativ behandelnden Wortschwall des jungen Leiters unseres deutschen Theaters über mich ergehen lassen musste. Ich war wie vor den Kopf gestossen und wusste nichts zu entgegnen. An meiner Stelle ergriff jedoch der Chef der dramatischen Schule, der auch die deutsche Abteilung zugeordnet war, ein ukrainischer Regissör und Schauspieler, das Wort und erklärte kurz und scharf, dass er die kritischen Anmerkungen der Kollegen durchaus nicht teilen könne, nach seiner Meinung hätte der Genosse die Arbeit von drei Lehrern erfolgreich durchgeführt. Kurze Zeit darauf wurde meine Arbeit in der sehr bedeutsamen Wandzeitung des Konservatoriums als die Arbeit eines „echten Udarnik“ (Musterarbeiters) gepriesen. Es war dies die höchste Auszeichnung, die damals dem Mitglied eines Betriebes innerhalb eines solchen zuteil werden konnte. Für mich war die Ehrung doppelt und vielleicht auch so gemeint, da ich, als die Wandzeitung herauskam, nicht mehr im Konservatorium tätig war. Der junge Leiter verstand dies mit der Begründung zu verhindern, dass nunmehr meine volle Arbeitskraft für die Vorbereitung der ersten Aufführung *Der Zerbrochene Krug* von Kleist[26] eingesetzt werden müsste. Ich hatte wohl selbst die Hauptrolle des Adam durchzuführen, aber, aber! – Nun, ein halbes Jahr später, als ein schlimmer aber sehr „biederer“ Intrigant innerhalb unserer Arbeitsgemeinschaft, der Schauspieler H.[27], den jungen Leiter künstlerisch um Ecke bringen wollte, mir aber auf Grund meiner Erfolge schmeichelte, um mich für sein dunkles Vorhaben zu gewinnen, war der angegriffene junge Mann gezwungen, mich um Hilfe zu bitten. Ja, der

Hermann Greid als Dorfrichter Adam, in: Heinrich v. Kleist, Der Zerbrochene Krug, 7. Auftritt, Vers 526ff.

[26] In der Inszenierung vom Maxim Vallentin.

[27] Einer der Hauptbeteiligten an der Denunziation Maxim Vallentins war H. Fehrmann, der neue Leiter des Staatstheaters Engels. Vgl. dazu Peter Diezel (Hrsg.), „hier brauchen sie uns nicht“. Maxim Vallentin und das deutschsprachige Exiltheater in der Sowjetunion 1935-1937. Briefe und Dokumente, Berlin 2000 (akte exil, Bd. 1).

Geist gehobener Kameradschaft war nicht gerade ausschlaggebend innerhalb unserer sozusagen kommunistischen Arbeitsgemeinschaft. Trotz aller Nöte und Schwierigkeiten, mit denen das Kollektiv des „Deutschen Theaters“ weiss Gott gesegnet war. Und Nöte und Schwierigkeiten pflegen ja in gewöhnlichen Fällen einen guten Boden zu bilden für das Aufblühen eines solchen Geistes. Keine Not und Schwierigkeit vermochte jedoch hier die unheilige Dreieinheit von fanatisch doktrinärer Begrenztheit (der junge Leiter) kalte Karrier[e]lust (jener H.) und die schleimig freundliche Angeberfunktion unseres politischen „Direktors“ zu überwinden. Wie jedes Theater hatten auch wir neben dem künstlerisch und ökonomisch verantwortlichen jungen Leiter V. einen politisch verantwortlichen „Direktor“ zugeteilt erhalten. Er kam direkt aus der hohen Funktionärschule in Moskau. Eine nicht erfreuliche Erscheinung. Sein an sich nicht starker Charakter war durch die strenge Erziehung zum bedenkenlos funktionierenden Parteispion um den letzten Rest seines inneren Haltes gebracht worden. Im Grunde tat mir der Bursche leid. Aber ich wollte nichts mit ihm zu tun haben und wies dies sehr deutlich. Als eine Folge dessen wurden seine Berichte über mich an die Parteiinstanzen immer schärfer, wie mir vertraulich mitgeteilt wurde. Nun, ich kümmerte mich weder um ihn noch um seine Berichte über mich. Eines Tages war er verschwunden und an seine Stelle kam ein anderer Überwachungsfunktionär, eine Frau. Sie war dick und harmlos, obgleich sie es fertig bekam, mich vor ein feierlichst abgehaltenes Parteigericht zu stellen. Aber daran war meine völlige Respektlosigkeit vor ihrer nutz- und sinnlosen Funktion innerhalb unseres Betriebes schuld und nicht ihre Böswilligkeit. Nun, dieses Gerichtsverfahren löste sich in Wohlgefallen auf. Die „Anklage“ war

Der Zerbrochene Krug, 2. Auftritt, Vers 170ff.

auch zu bagatellartig. Ich glaube auch, dass sie nur darum aufgenommen wurde, um mir einmal etwas genauer auf den Zahn fühlen zu können. Denn der Vorsitzende, ein höherer ukrainischer Funktionär, machte mir sehr schmeichelhafte Komplimente über meine Darstellung des Adam im „Zerbrochen Krug", nannte mich den „Meister" des Theaters und kam schliesslich mit der, wie mir schien, eigentlichen Angelegenheit dieser Zusammenkunft heraus. Er legte mir nämlich nahe, mich voll und ganz dem sozialistischen Aufbau anzuschliessen, das hiess: um die russische Mitbürgerschaft einzureichen. Ähnliche freundliche Winke erhielt ich auch noch von anderer Seite ehe wir die Sovjetunion verliessen.

Das „Deutsche Theater" war eine Neugründung, die sich ihre Sporen zunächst durch die Vermittlung von Kunst und Propaganda, deutsche Klassiker und russische Tendenzstücke, an die deutschen Minoritäten der ukrainischen Dörfer verdienen sollte. Später sollten grössere und sehr grosse Aufgaben folgen. Naturgemäss vermittelte eine solche Arbeit intime Einblicke in das Laben und Treiben des russischen Experimentes und Experimentierens jener Tage (1935/36), sie führte mich aber auch, und dies nicht zu selten, in Situationen, die nicht immer so harmlos hätten enden müssen wie das angedeutete Parteigericht. Meine völlige Unbeschwertheit und die heitere Sicherheit in dem Gefühl doch nichts anderes als ein Besucher und zwar ein sehr freundlich eingestellter und ökonomisch völlig unabhängiger Besucher zu sein, erwiesen sich aber als effektiver Schutz in allen Lagen, die

Heinrich v. Kleist, Der Zerbrochene Krug, 9. Auftritt, Vers 1252ff.

als Folge meiner sorglosen Unvorsichtigkeit und der sovjetisch misstrauischen Wachsamkeit entstanden.

Das junge Unternehmen konnte keine hohen Löhne bezahlen. Trotzdem kostete es den Staat an die hunderttausend Rubel. Ich selbst bezog als einer der allerbest Bezahlten ca. 500 Rubel im Monat. Dazu kam, dass man unser Schlauchzimmer (5 m. lang, 2.50 breit) mit 200 Rubel im Monat bezahlte und dass wir während unserer Tournée [sic!] vollkommen frei gehalten wurden. Da wir auch noch über die Zuschüsse von der kurzen, aber sehr gut bezahlten Arbeit am Film und im Konservatorium verfügten und unsere Rubel ausschliesslich für den Haushalt auszugeben hatten, brauchten wir natürlich nichts zu entbehren. Anders verhielt es sich mit den anderen Mitgliedern während der langen Vorbereitungszeit in der Stadt. Sie litten oft Not. Trotzdem kostete das junge Unternehmen den Staat an die hunderttausend Rubel in diesem ersten Jahr seiner Gründung.

Heinrich v. Kleist, Der Zerbrochene Krug, 9. Auftritt, Vers 1261ff.

Unsere Premiéren führten wir in D. einem Publikum vor, das zum Hauptteil aus Funktionären, Theaterleuten und sonst irgendwie besonders Interessierten bestand. Unser eigentliches Arbeitsfeld war jedoch das deutsche Dorf der Ukraine. Die Dörfer, die wir besuchten vermittelten ohne Ausnahme den Eindruck von Gepflegtheit, Ordnung, ja Wohlhabenheit. Ihre Höfe lagen in der Regel an einer einzigen breiten Strasse, die nicht selten mit breitästigen Laubbäumen bestanden war und aus der meeresweite des ukrainischen Feldes herauswuchs, um sich in sie wieder zu verlieren. Die Dörfer wirkten oft gleich Inseln im Meere dieser schier unübersehbaren Felderweite. Betrat man die Räume dieser Höfe, so konnte man nicht selten einem erstaunlichen Reichtum von Heiligenbildern an den Wänden begegnen. Man traf auch auf den einen oder anderen Bauernhof, der sich noch ausserhalb des Kollektivs erhalten hatte und seinen Kohl selbst anbaute. Man merkte sehr deutlich die völlige Isoliertheit seiner Insassen. Sie befanden sich wie in einem Boot auf hoher See, das in welchem Augenblick immer von einem plötzlich ausbrechenden Sturm des sie bedrohlich murrend umgebenden Antagonismus gestülpt werden konnte. Was sollte dann aus diesen ordentlichen, stillen und sicher auf das Schlimmste gefassten Menschen werden, die ich gelegentlich das einen oder anderen Besuches sah und sprach?! – Ich konnte mich einer traurigen Empfindung nicht erwehren, als ich ihre peinlich sauber gehaltene Behausung verliess, obgleich ich ihre, wie ich sie damals nannte, dickköpfige Einstellung keineswegs billigte.

Unser Dorfpublikum. Die Diskussion nach der Vorstellung war stets interessant, lebhaft und ursprünglich. Ein Erlebnis habe ich als charakteristisch für die Aufnahmelust und Dankbarkeit dieses Auditoriums von schwer arbeitenden Menschen gleich einem köstlichen kleinen Edelstein in meiner Erinnerung bewahrt. Es hätte sich an jeder der von uns besuchten Stellen ereignen können. Dass es sich gerade mit unserer allerersten Ausfahrt ins Dorf einstellte, machte es naturgemäss nur noch eindringlicher. Zur Sache gehört, dass wir in oder richtiger gesagt: auf einem eigenen Auto unsere Tournée durchführten. Es bestand aus einem gewöhnlichen, flachen Lastwagen ohne Sitze oder andere Anordnungen irgendwelcher Art, über das nur eine oben abgerundete Plywoodhülle[28] gestülpt und befestigt worden war, um das mitgeführte Material plus Schauspieler und Musiker einigermassen vor Wind und Wetter zu schützen. Da alle Kulissen, Kostume und Instrumente mit dem notwendigsten wenn auch geringen Gepäck

[28] Sperrholzdach.

der Mitwirkenden auf oder in diesem Gefährte verstaut werden musste, ist es unschwer sich auszudenken, wie kompliziert die Unterbringung oder Verfrachtung der fünfzehn bis sechzehn Männlein und Weiblein sich jedes Mal gestalten musste. Nun, es ging dennoch. Wie alles andere in diesem Lande des autodidaktischen Aufbauens. Da aber unser Genosse Chauffför, ein prächtiger, aber etwas leichtsinniger Bursche, bei dieser unserer ersten Ausfahrt von Zaparodschje, einer vorübergehenden Zentralstelle zu Beginn der Tournée, vergessen hatte, den benzinvorrat zu überprüfen, sagte unser liebes Beförderungsmittel plötzlich mitten auf weiter Steppe puff! und stopp! und ging nicht weiter. Um ½ 8 Uhr Abends sollte unsere Dorfpremiére des „zerbrochenen Kruges“ in einem noch verschiedene Kilometer entfernten Kolchostheater stattfinden. Der prachtvolle, sternübersäete Nachthimmel und die milde sommerliche Brise machten den Aufenthalt in dieser majestätischen Weite durchaus erträglich. Aber die Viertel- und schliesslich halben Stunden eilten unbarmherzig weiter, ohne uns vom Fleck zu bringen. Dabei war es keineswegs so, dass wir einsam und verlassen auf weiter Steppe lagen. Die hindernisvolle Strecke, die wir gefahren waren – von Wegen war hier natürlich nie die Rede – war deutlichste eine fleissig benützte. Immer wieder brausten Autowagen aller Art an uns vorbei. Sie hatten es nur leider alle merkwürdig eilig, aus dem Bereich der deutlichst in einer Klemme sitzenden Genossen zu kommen. Von brüderlicher Hilfsbereitschaft war wahrlich nichts zu merken. Bis einer der jüngsten Mitarbeiter, ein Sohn des Landes (einige Mädchen und Jünglinge des bodenständigen Nachwuchses waren für kleine Aufgaben ins Kollektiv eingestellt worden), der also seine Brüder kennen musste, sich ganz plötzlich und ohne vorher seinen Absicht auch nur angedeutet zu haben, mit verbissener Entschlossenheit, heftig gestikulierend und laut schreiend sich vor eines der unbrüderlichen Brüderauto in den Staub der Steppe warf. Laut aufknirschend hielt der Wagen zu unserem nicht geringen Entsetzen erst ganz dicht vor dem jungen tollkühnen Menschen. Nach langem Hin und Her verpflichteten sich schliesslich die Insassen ins Kolchos zu fahren, das auf uns wartete, um Hilfe zu mobilisieren. Nach einer weiteren halben Stunde kam ein Traktor und bugsierte uns in halsbrecherischer Fahrt über

Stock und Stein, tiefe Löcher und Sandhaufen ins Kolchos, wo wir jubelnd empfangen wurden. Es war zwei Uhr nachts geworden! Aber keiner hatte das Kolchostheater verlassen. Erst hatte man geduldig und still dagesessen und gewartet, dann hatte man mit Tanz und Spiel die Zeit vertrieben und geduldig gewartet. „Sie werden schon kommen. Sie sind doch abgefahren von Zaparodschje, also werden sie schon kommen." Und als wir nach sieben Stunden geduldigen Wartens wirklich ankamen, wurden uns erst grosse Eimer mit Milch und Berge von Butterbroten mit Beleg aufgetischt, um uns zu stärken. Nachdem schliesslich die Szene aufgebaut war und wir beginnen konnten, war es schliesslich drei Uhr morgens und der Meister Adam konnte mit seinen Krummsprüngen beginnen. Nach zwei Stunden war er endlich entlarvt und das Spiel beendet. Nun war es wohl Zeit zu Bett zu gehen! Aber keinem der Anwesenden winkte eine solche Zeit. Wir mussten zusammenpacken und im Halbdunkel über die holprige Steppe nach unserer Ausgangsstelle zurückfahren, um den nächsten Abend in einem anderen Dorf vorzubereiten, unsere tapferen Zuhörer aber gingen nach Hause in ihre Hütten, um sich umzukleiden und ihren harten Arbeitstag zu beginnen.

Meine Darstellungsweise fand sehr guten Anklang. Ausserdem hatte es sich herumgesprochen, dass die erwarteten Schwierigkeiten mit dem bürgerlichen Spezialisten G. ausgeblieben seien und die Strapazen auf ihn, den Sportsmann, keinen sonderlichen Eindruck gemacht hatten. Kurz: ich hatte die Feuerprobe gut bestanden. Als nun unsere Tournée und damit unsere Saison beendet war und die meisten der Mitglieder nach Moskau fuhren, um in einem neuen Wangenheimfilm mitzuwirken, während es bekannt wurde, dass Bertha und ich wieder nach Schweden zurück zu kehren gedachten, wurden mir von Seiten des jüdischen und ukrainischen Theaters Anträge gestellt, um mich als Regissör im Lande zu behalten. Natürlich musste dies mit vorher eingeholter Zustimmung der Partei, oder aber auch auf Wunsch der Partei geschehen sein. Ich lehnte niemals ab, behielt mir aber die Entscheidung nach vor, da ich erst Abstand zu den neuerlebten schwierigen Verhältnissen und ihrer Forderung an mir und vor allem auch an Bertha gewinnen musste, ehe ein Entschluss von neuem reifen konnte. Denn Bertha hatte während unserer Zeit in der Sovjetunion eine weitaus schwierigere Prüfung zu bestehen als ich. Und sie bestand sie mit allem Glanz. Schier untragbar wurde aber die Situation, als sie während unserer Tournée völlig einsam, ohne Kenntnis der Landessprache inmitten einer so fremdartigen Umgebung und so ungewohnter Verhältnisse zurückbleiben musste, da sie weder den Strapazen unserer recht abenteuerlichen Reise durch die Dörfer gewachsen war, noch das geringste freie Plätzchen auf unserem mit Gliedmassen, Körpern, Rekvisiten, Dekorationen, Beleuchtungsapparaten und Koffern überlasteten Reiseheim gefunden hätte. Ein zweitesmal wollte ich sie jedoch bestimmt nicht mehr freiwillig ähnlichen Schwierigkeiten aussetzen. Andererseits fühlte ich mich nicht berechtigt, mich einem Arbeitsauftrag, der mich rief, zu entziehen. Schliesslich gesellte sich ein Angebot zu den genannten, das die besten Aussichten bot. Als wir nämlich anlässlich unserer Rückreise in Moskau mit Piskator zusammentrafen und einen langen Abend mit ihm und seiner russischen Gattin[29] in ihrem Heim verbrachten, entwickelte er vor uns das grossangelegte Projekt eines deutschen Theaters in Engels, der Hauptstadt der Wolgadeutschen, das unters einer Leitung die Elite der emigrierten und in allen Weltteilen verstreuten deutschen Schauspieler sammeln sollte, um eine Bühne von ganz besonderer Qualität für die zeit vorzubereiten, die nach dem Fall des Hitlerismus in Deutschland beginnen sollte. Dieses Projekt war phantastisch genug, sowohl in seinem Optimismus wie in seiner Zukunftsperspektive. Ich sagte also prinzipiell und mit Begeisterung zu, wir kamen aber überein, dass wir über die Einzelheiten des Engagementvertrages schriftlich verhandeln sollten, wenn das Projekt aus der ersten Phase grossartiger Planlegung nach abschliessenden Verhandlungen mit den einschlägigen Regierungsstellen in das Stadium konkreter Verwirklichung getreten war. Nach einigen Monaten begann auch wirklich das Deutsche Theater in Engels zu fungieren. Verschiedene meiner Kollegen aus dem Kollektiv in Dnjepropetrovsk waren dahin engagiert worden, von der in alle Welt verstreuten, emigrierten deutschen Schauspie-

[29] Piscators Geliebte Vera Janukowa.

lerelite war dagegen noch keiner eingetroffen und Piskator selbst befand sich in Paris, angeblich, um Verhandlungen durchzuführen.[30] Er kam nie wieder nach der Sovjetunion zurück. Persönlich stand ich noch immer in hartnäckigen Vertragsverhandlungen, sowohl mit Piskator in Paris, wie mit der sozusagen provisorischen Leitung[31] in Engels – als plötzlich gleich einem gewaltigen Vulkanausbruch der Moskauer Reinigungsprozess des Jahres 1936 seine vernichtenden Ströme von Verfolgungen und Verhaftungen über das Land ergoss und auf allen Gebieten die Wirksamkeit der ausländischen Mitarbeiter gründlichst abbrach; einerlei, ob es sich dabei um kommunistische Genossen oder Parteilose handelte. Soweit sie bereits russische Mitbürger geworden waren, verschwanden sie zum grössten Teil in Gefängnissen oder in irgend einem sibirischen Ort, die anderen wurden vor die Landesgrenze gesetzt und sich selbst überlassen. Ich atmete dankbar auf. Die Hartnäckigkeit meiner Forderungen (Gage und Wohnung betreffend), zu denen ich mich auf Grund der gewonnenen Erfahrungen verpflichtet fühlte, verpflichtet vor allem Bertha gegenüber, hatten uns bewahrt, in den nun aufkochenden Hexenkessel hineinzugeraten.

Damit ist keineswegs gesagt, dass ich von der Sovjetunion und ihrer Leitung Abstand nahm. Ganz im Gegenteil. Sie war für mich damals und verblieb auch in den nächsten Jahren wie für ihre vielen Anhänger und Apologeten im Ausland auch mein Glaubenszentrum. Und ich brachte ihr unbegrenzten Kredit entgegen, wie die Anhänger ihrem Glaubenszentrum entgegenzubringen pflegten, um einen Halt zu finden für ihr Bedürfnis, glauben zu können: an eine Aussicht, eine Möglichkeit, ein Weiter; sei es für das eigene persönliche Leben, sei es für den Menschen an sich, die Menschheit. Die Leitung der Sovjetunion war damals für mich das auserwählte Exekutivorgan, der oberste Exponent jener „Notwendigkeit“ im Menschen und über dem Menschen, die Marx an Gottes Stelle und als ein Gottes-Surrogat in seiner Lehre, dem dialektischen Materialismus, etab-

[30] Piscator reiste im Auftrag der Komintern nach Paris, um dort die Volksfrontaktivitäten zu unterstützen. Ein Brief von Wilhelm Pieck warnte ihn vor der Rückkehr in die Sowjetunion. Siehe auch den vorliegenden Band, S. 129.

[31] Das ist der Regisseur Bernhard Reich.

liert hat und die man erst verstehen kann, wenn man an sie glaubt, wie man Gott erst verstehen kann, wenn man an Ihn glaubt. Das will sagen, wenn man glaubt, was Karl Marx, ihr Prophet, von dieser im Grunde meta-physischen („hinter“, in und über den Dingen und Wesen wirkenden) Notwendigkeit aussagt, dass sie nämlich klassenmässig die menschliche Welt vorwärtsbewegt, dass nunmehr die Zeit gekommen sei, wo die proletarische Klasse die Herrschaft innerhalb der Menschheit ergreifen muss, wenn diese nicht untergehen soll, dass dies nur unter der Leitung der kommunistischen Partei und ihrer zum höchsten Bewusstsein gelangten Führung geschehen kann, dass die Herrschaft des Proletariats eine bedauerliche Periode der Diktatur und Gewaltmassnahmen durchwandern muss, weil die Menschen nun einmal so sind, dass sie ohne die Gewalt als Geburtshelferin ihrer neuen und höheren Zustände nicht auskommen können, dass aber diese Diktatur (und ihre Gewaltmassnahmen) unter der weisen Leitung der kommunistischen Partei schliesslich in das „wirklich menschliche“ Zusammenleben einer nun wirklich menschlich gewordenen Menschheit hineinführen wird, wo der Neid seinen Griff um die Menschen verloren hat, wo alle Gewalt verschwunden ist, weil ihr keine Funktion mehr übrig geblieben ist, wo nunmehr Eintracht und Friede ungestört walten, weil die entwickelte menschliche Vernunft endlich das „wohlverstandene“ persönliche Interesse zur Herrschaft geführt hat, und die Einzelnen alles ihnen Mögliche tun für alle und alle alles ihnen Mögliche tun für die Einzelnen. Die nicht zu übersehenden, bekannt gewordenen und im Einzelnen sehr tragischen Irrtümer ganz besonders im Zusammenhang mit der rigorosen Generalreinigung dieser Tage (1936) hielten die Gläubigen, und ich mit diesen, dem Sovjet-Regime zugute. Was sollte man tun. Wo gehobelt wird fallen Späne. Wo Geschichte gestaltet wird, erleben die Einzelnen nicht selten höchst ungerechtfertigte Leiden und Schmerzen. So war es stets und so muss es noch eine Weile zugehen. Künftige Generationen würden aber bestimmt nur Dankbarkeit dafür empfinden, dass die Sovjetleitung durch ihr energisches Zugreifen die Menschheit vor Schlimmeren bewahrt und zugleich damit den Grundstein zu Verhältnissen legte, die eben Leiden und Irrtümer dieser Art ausschlossen für immer. Auf diese

Weise versuchte ich auftauchende Bedenken aus meinem Weg zu streichen. Und es gelang bis auf weiteres.

Aber trotz dieser Einstellung, die mich und mein Urteil noch Jahre nach meinem Besuch der Sovjetunion bestimmte und trotz vieler positiver und mich sehr bewegender Eindrücke aus dem Leben und Aufbau des Landes, hatte mich unser zehnmonatlicher Aufenthalt zum Abschluss der Hoffnungen und Vorstellungen geführt, die mich vorher damit beschäftigten, meine Arbeitspläne und Ziele mit dem sozialistischen Aufbau in der Sovjetunion in Verbindung zu bringen. Ich hatte mich davon überzeugen müssen, dass die Lebensatmosphäre in diesem Lande mir fremd war und verblieb. Weiter ging ich damals nicht. Diese Erfahrung führte jedoch in meinem Tiefsten und Unterbewussten notwendig zu einer grundlegenden Veränderung. Ich konnte doch unmöglich anderen Ländern, zumindest nicht Ländern, in denen ich zu tun hatte, eine Entwicklung wünschen, die eine gleiche Lebensatmosphäre schuf. Im Grunde fühlten alle Sovjetfreunde, die im Lande gelebt hatten, das Gleiche. Wir trösteten uns aber mit der Theorie, dass der Sozialismus keine russische Exportware sei, sondern ein dialektisches Entwicklungsprodukt, das in jedem Lande seine eigenen Formen und seinen eigenen Ausdruck finden würde. Die inzwischen in die Erscheinung getretene Wirklichkeit hat jedoch dieser Theorie nicht entsprochen. Wo immer die kommunistische Partei ihr Staatssystem ausschlaggebend durchgesetzt hat, entstand die gleiche Lebensatmosphäre. Wie weit jedoch diese Veränderung nur auf den Einfluss und das Beispiel der Sovjetunion , oder wie weit diese auch auf andere Faktoren zurückzugehen scheint, will ich bis auf Weiteres noch dahingestellt sein lassen. Ich werde aber später auf diese wesentlichen Zusammenhänge eingehend zurückkommen. Es ist viel über die sovjetische Lebensatmosphäre gesagt und geschrieben worden. Furcht, Unfreiheit, Zwang zur Gleichschaltung des persönlichen Denkens und Fühlens wurden in allen Schattierungen als für sie karakteristisch geschildert. Wie habe ich selbst diese Atmosphäre erlebt? – Wie ich schon sagte, war ich in einem glücklichen Ausmass frei von Furcht. Ich fühlte mich niemals bedroht, obgleich es auf Grund bestimmter Anzeichen unschwer zu verstehen war, dass auch ich unter Aufsicht stand. Aber wo diese „Aufsicht“ und Kontrolle mir zu nahe an den Leib rückte[32], begegnete ich ihr und ihren Sendboten mit unbeschwerter und entwaffnender Heiterkeit und ich glaubte, auch ein Tiger dürfte verblüfft halt machen in seinem Anfall, wenn man ihm seelenruhig ins Gesicht lacht. Wirkung und Gegenwirkung. Nur muss man wirklich lachen können! – Ich konnte es. Das Bewusstsein meiner loyalen und freundlichen Einstellung zum Regime, meine faktische und völlige Schuldlosigkeit und das Gefühl nur ein „Ausländer“ zu sein, bildeten, wie schon gesagt, die innere Grundlage zu dieser „Sicherheit“. Die Wirkliche Tragfähigkeit dieser Grundlage habe ich allerdings nicht auszuprobieren nötig gehabt. Denn in den erlebten Zwischenfällen handelte es sich um Irrtümer meiner stillen Beobachter. In diesem Zusammenhang muss ich an jenes deutsche Dorf zurückdenken, wo ich bei einer alten, lieben, abgearbeiteten Witwe einquartiert wurde, damit ihre Tochter, eine Lehrerin und Beauftrage der G.P.U.[33], die mir aus einem anderen Dorf, unserem letzten Gastspielort, nachgeschickt wurde, um hinter meine heimlichen Absichten zu kommen. Sie wollte herausbekommen, warum ich die Traktorenstelle in einem Dorf photographiert hatte. Sie sprühte förmlich von Hass und Rachsucht, als ich zunächst nur in lautes Lachen ausbrach. Schliesslich wurden wir aber gute Freunde, denn es stellte sich heraus, dass ich durchaus nicht interessiert gewesen war, dem Geheimnis der sovjetischen Traktoren hinter seine einzig dastehende Effektivität zu kommen, sondern dass mich das entzückende Idyll einer Stute mit ihren zwei Fohlen inmitten des alten Eisengerümpels gefesselt hatte. Ich nahm sie mit ihrer Mutter auf die Rolle, die noch eine

[32] Im Manuskript gestrichen: „[...] wie in jedem deutschen Dorf, wo ich bei meiner lieben alten abgearbeiteten Witwe einquartiert wurde, damit ihre Tochter, eine Lehrerin und Beauftragte der, die mir aus einem anderen Dorf nachgeschickt wurde, mich und meine heimlichen Absichten enthüllen sollte, [...]“

[33] Glawnoje Polititscheskoje Uprawlenije, Geheimdienst der Sowjetunion.

Aufnahme zuliess und überliess ihr die Rolle, ihr und ihrer Behörde zur Kontrolle. Damit war der Friede hergestellt und die Lehrerin verschwand wieder ebenso plötzlich wie sie eines Morgens aufgetaucht war aus meinem Gesichtsfeld. Die Rolle bekam ich nach einiger Zeit nachgeschickt. Man hatte sie deutlichst nicht geöffnet und wollte mir anscheinend damit ein Zeichen des Vertrauens geben. Ohne Zweifel das Werk der berichtenden Lehrerin. Ich hatte diese wilde Fanatikerin gewonnen. Ich empfand auch nicht den Zwang zur Gleichschaltung des Denkens und Fühlens als solchen. Denn damals sah ich darin ein erstrebenswertes Ziel, so marxistisch-leninistisch-stalinistisch als möglich zu denken und zu empfinden und die jeweilige Generallinie so scharf als irgend möglich zu erfassen, zu erklären und zu verkünden. Ich konnte mich allerdings nicht der Einsicht und Beobachtung entziehen, dass dadurch viele gedrängt wurden, den Weg der unwahren Konvention, der Lüge und Heuchelei zu betreten. Das störte mich. Aber ich tröstete mich mit der Minorität einer Schaar [sic!]wirklich Überzeugter. Was ich aber als Last empfand, besonders als ich den Zustand hinter mir hatte, war, dass man in jedem Augenblick unter dem druck der Notwendigkeit lebte sich behaupten zu müssen. Mit jedem Wort, mit jeder Handlung, mit jeder Leistung. Man lebte nicht umgeben von Freunden, die einen stützten und förderten, man lebte gleichsam umgeben von Gegnern, die jede Gelegenheit benützen würden, um einen zu Fall zu bringen. Gewiss, überall in unserer Welt der menschlichen und geistigen Gegensätze ist eine ähnliche Lebensatmosphäre mit der gleichen Notwendigkeit, sich überall zu „behaupten" zu beobachten und festzustellen und nur die Geborgenheit in Kristus gibt die Kraft, sein Bestes zu tun in offen zur Schau getragener Schwäche. Im Lande des bewussten Aufbaus des „wirklich menschlichen Menschen" erlebte ich aber leider diese Notwendigkeit als ungleich härter und unerbittlich absolut in ihrer Forderung, sowie die Gefahren im Augenblick eines Versagens als ungleich bedrohlicher als in den Ländern der kapitalistischen Gegensätze. Die immer wiederkommenden Generalreinigungen mit ihren unaufhaltsamen Verzweigungen bis hinein in alle Ecken der Betriebe des Landes geben die sprechende Illustration zu dieser Feststellung.

Einen nicht gerade ausschlaggebenden doch bestimmt wesentlichen Beitrag zur Kristallisierung meiner schliesslichen Einstellung bildeten wohl auch die Erfahrungen und Einsicht, die ich auf dem Gebiet gewann, das mein eigentliches Ziel, der mich mächtig anziehende Magnet, gewesen war, als ich mit Begeisterung die Einladung in die Sovjetunion zu kommen akzeptierte. Ich meine das Gebiet der höheren ideologischen Arbeit, der fortschreitenden Untersuchung und des „dialektischen Ausbaus“ der marxistischen Welt- und Lebensanschauung, das Gebiet, auf dem ich mich vermass, mit meiner „grossen Arbeit“ einen wesentlichen Beitrag stellen zu wollen. Durch Vermittlung meines Freundes Felix Halle traf ich zunächst, kurz nach unserer Ankunft in Moskau F., den sozusagen verantwortlichen Herausgeber der Monatsschrift *Unter dem Banner des Marxismus*, dieses von Lenin selbst nicht lange vor seinem Tode ins Leben gesetzten ideologischen Lieblingskindes, von dem er sich so etwas wie eine fortschreitende und schliesslich totale Eroberung der gesamten intellektuellen Welt innerhalb und ausserhalb Russlands erhoffte. Sie wurde in den Hauptsprachen in alle Himmelrichtungen verbreitet und bot eine zeitlang einen sehr wesentlichen Beitrag zum Diskussionsmaterial der pro- und antisovjetisch eingestellten sozialistischen Kreise der verschiedenen Länder. Nach dem Siege des Nazismus in Deutschland verlor die Zeitschrift jedoch deutlich und schnell ihre bisherige Bedeutung als ein bisher allererstes Informations-, aber auch Kampforgan der Parteihaltung in Moskau. Die Ursache zu diesem Niedergang lag wohl zur Hauptsache darin, dass *Der Banner* seit den Tagen Lenins seinen Charakter im und aus dem Kampf für die „einzig rechte“ Auslegung der Lehren von Marx und Engels erhielt, eines Kampfes, der zur Hauptsache und mit seinen schärfsten Attacken gegen die prominenten Vertreter der sozialdemokratischen „evolutionistisch-revisionistischen Verwässerung“ der Lehre gerichtet war, andererseits aber auch aus den Entgegnungen und sonstigen Äusserungen eines Adler[34], Renner[35],

[34] Friedrich Adler (1897-1960), österr. Sozialdemokrat

[35] Karl Renner (1870-1950), österr. Sozialdemokrat.

Kautsky[36] u.s.w. anregendes Material zur Fortsetzung seines Kampfes und – seiner Existenz bezog. Mit dem Sieg des Nazismus veränderte sich jedoch die Situation grundlegend. Ebenso wie man sich vor dem Sieg der Nazi bekämpft hatte, begann man nun, im Angesicht der neuen und sehr grossen Gefahr, einander zu suchen. Die Parole der „Einheitsfront" gegen den Nazismus wurde die ausschlaggebende des Tages, die gegenseitigen Angriffe verschwanden mehr und mehr. Der Kampf galt nicht mehr der Erhaltung der Reinheit der Lehre, er galt der Erhaltung der Existenz. In dieser Stunde der gemeinsamen Not sah man mehr und mehr die Übereinstimmung, die eine gemeinsame Not und Gefahr schafft und hatte im Augenblick weder ein Gefühl für die in Wirklichkeit noch immer bestehenden Gegensätze, noch ein Interesse diese zu schüren. Damit verschwand aber unweigerlich die eigentliche Idee und Bedeutung des *Banner* von der Tagesordnung. Es blieb nichts anderes übrig, als ihn zu begraben. Es geschah sang- und klanglos, ja fast unbemerkt. Das letzte Exemplar erschien kurz nach unserer Ankunft in Moskau. So beendete dieses ideologische Lieblingskind Lenins sein Leben nach einer kurzen Laufbahn von zwölf Jahren (1923-1935) und hätte doch nach den Plänen seines Urhebers ein mächtiger und starker Kämpfer werden sollen, nicht zuletzt um die Verdummung und Irreführung durch die Kirche und ihren Glauben an Kristus endgültig zu überwinden und auszuschalten. Aber was sind menschliche Pläne, die gegen Gott und Seinen Sohn gerichtet sind, mag sich der Geist des Widersachers auch noch so begabter Menschen bedienen, um solche Pläne auszuhecken, diesen gestalt und Form zu geben. – *Der Banner* ist verschwunden, ja, vergessen, die Lehre Kristi aber lebt auch in der Sovjetunion ein starkes Leben. Mag sein, dass ihre sehr zahlreichen Anhänger leider in vielem weltlichen gleichgeschaltet sind. (Wie weit in Wirklichkeit, wie weit dem Schein nach, entzieht sich meinem Wissen.) Aber was bedeuten Menschen der Stunde, was eine Gleichschaltung der Stunde gegenüber der Ewigkeit des Kristus und Seines Wortes! Es wird sich zeigen!

[36] Karl Kautsky (1854-1938), führender Theoretiker der dt. Sozialdemokratie.

Geleitet von Felix Halle trafen wir, Bertha begleitete mich natürlich, F. zum erstenmal in seinem winzigen Arbeitsraum, den er mit seiner Sekretärin und einem Mitarbeiter teilte. Wir wurden also sechs Personen und vermochten und kaum zu rühren. In der Sovjetunion wurde ich sehr selten von einem einzelnen Menschen zu einer Besprechung empfangen. Wir hatten uns erst durch Halles Legitimierung gegenüber dem Cerberus am Eingang des wie tot daliegenden palastartigen Gebäudes Eintritt verschafft, mussten dann eine Reihe unbenützter und kaum möblierter Säle durchwandern, bis wir endlich vor dem kleinen, sehr klugen offenen und beinahe herzlich entgegenkommenden Mann standen, der irgendwie an Lenin erinnerte trotzdem ihm dessen Spitzenbärtchen fehlte und er auch kaum etwas von Lenins durchdringender Intensität des Blickes, der Wortführung und der Geste besass. Ich war gekommen, um ihn mit meiner Arbeit einigermassen vertraut zu machen und zu diesem Zwecke einen Abschnitt vorzulesen. Dies geschah und alle hörten mir sehr aufmerksam zu. F. konnte natürlich nichts Abschliessendes sagen, war aber sehr lebhaft und freundlich und fand es – nach dem kurzen ersten Eindruck, wie er sagte – interessant, ja ungewöhnlich, dass jemand sich auf eine eigene Weise mit diesen für die Arbeiterbewegung so wichtigen Problemen auseinandersetzte. Dann gab er seinem Mitarbeiter, einem deutschen Emigranten und Schriftsteller, den Auftrag, meine Arbeit, und das hiess, den Entwurf zu dieser, der damals vorlag, durchzunehmen, seine Eindrücke mit mir zu diskutieren und ihm mitzuteilen. Wir sollten uns dann nachher, vor meiner Abreise nach der Ukraine, noch kurz treffen. Dies geschah auch. Und er wies sich auch diesesmal als der gleiche wohlgesinnte, entgegenkommende und lebhafte Mann, ja, er unterstrich, dass er, obgleich sein Mitarbeiter mit einer ganzen Menge kritischer Einwände gekommen sei, auf seinem Standpunkt beharre, dass die Anlage meiner Arbeit, nach dem, was ich ihm vorgelesen habe, sehr interessant sei, es sei aber sehr gut, dass ich mich erst mit meiner Pionierarbeit auf dem Lande in die Sovjetunion einführe. Später, wenn ich dann wieder nach Moskau zurückkehren würde, sollten wir die Arbeit eingehend besprechen und sehen, was zu tun sei. Ich erinnere mich noch sehr gut seines traurigen Satzes zum Abschluss: „Sehen

Sie, wir zünftigen Ideologen sind viel zu trocken und beschränkt in unserer Ausdrucksweise, wir dringen nicht zum Volk. Wir brauchen neue Formen, neue Ausdrucksweise, neues Blut." Als wir ihn acht Monate später nach unserer Rückkehr aus der Ukraine und nachdem wir uns mit ihm telefonisch in Verbindung gesetzt hatten, wieder aufsuchten, geschah dies in seiner Privatwohnung, wo er krank zu Bett lag. Ich begreife heute nicht mehr, wie wir es möglich gemacht haben zu ihm hinzufinden. Das Haus, in dem er wohnte, oder das er vielleicht allein bewohnte, befand sich in einem der äusseren Bezirke Moskaus. Ach, dieses Haus. Es wirkte unbewohnt, verfallen, übergeben und wie von tausendjährigen Spinngeweben eingehüllt. Hatte man den Eingang hinter sich, so glaubte man sich in einem recht geräumigen finsteren Keller zu befinden, in dem eine ziemlich breite morsche Holztreppe irgendwohin im Dunkeln aufwärts führte. Oben angekommen sah man sich in einem langen Korridor. Wir tasteten uns instinktiv hin zu einer der Türen, an welcher das kontrastierende Weiss einer Karte uns näherzukommen einlud und wirklich konnte man hier unter dem schwachen Schein eines aufflammenden Zündhölzchens den Namen F. lesen. Wir klopften an und hörten ein schwaches: – Bitte! So traten wir ein. Ach dieser Raum! – Ein ziemlich grosses und lichtes Zimmer. Aber diese Tapeten oder Tapetenüberreste! Ein wackliger Küchentisch, zwei wacklige Stühle und Haufen von Büchern und Papieren, bedruckten, beschriebenen, zerrissenen, zusammengeknäulten, auf dem Tisch, den Stühlen, dem Fussboden, den Fensterbänken, auf und unter dem Bett. Denn in einer der Ecken, an der Wand der Eingangstür, stand ein armseliges Eisenbett mit dem ganzen Milieu entsprechender Bettwäsche. Dort wartete unserer der wirklich tapfere, kranke Mann. Es war deutlich, dass er keineswegs fieberfrei war. Als wir uns entschuldigen wollten, winkte er ab: „Das bedeutet gar nichts. Setzen Sie sich, wenn Sie können!" – Nun, wir trafen einen in jeder Beziehung veränderten Menschen, wenn wir den Mann im Bette vor uns mit jenem F. verglichen, der von unserer ersten Begegnung vor sieben oder acht Monaten her in unserer Erinnerung lebte. Es lag etwas sehr Nervöses und Gereiztes über ihm und er war nunmehr [...] mir als meiner Arbeit gegenüber deutlich und von vorneherein sehr kritisch eingestellt. Diese seine Einstellung war im Grunde ganz richtig, besonders von bolschewistischem Ausgangspunkt her gesehen, aber sie machte doch stutzig bei diesem vorher so auffallend freundlich und positiv mir begegnenden Mann. Was war unmittelbar die Ursache zu dieser Veränderung? Eigene Schwierigkeiten? Gerüchte über mich? Abgesehen von seinem Krankheitszustand in dieser Umgebung, war mit dem Verschwinden des *Banner* auch seine bedeutungsvolle Funktion als dessen geachteter und auch ein wenig umhuldeter Leiter und Herausgeber erloschen. Er sank damit zurück in die Schaar [sic!]der „freien" Schriftsteller und Apologeten des Systems und – begegnete anscheinend allerlei Kritik. Er wies uns sein jüngst herausgekommenes Buch, eine Art von Zusammenfassung seiner Tätigkeit am *Banner* und bekannte mit echt bolschewistischer Selbstunterwerfung, dass er darin eine Anzahl Fehler begangen habe, wie die öffentliche Kritik nachgewiesen habe. Ja, es gälte eben zu lernen, und er setzte fort, indem er gereizt auf meine Arbeit deutete, man könne solche Bücher nicht allein und nur auf seine Einsicht angewiesen schreiben. Dazu sei das Kriterium des Kollektivs notwendig. In dieser Stunde begrub ich für immer die Vorstellung, meine Arbeit im Mekka des Bolschewismus herausgegeben zu sehen. Wenn dieser alte, im bolschewistischen Milieu aufgewachsene und mit verantwortungsvollen Aufgaben betraut gewesene Ideologe und Apologet dem veränderlichen Kriterium des Systems und – seiner Stunde nicht genügen konnte, wie sollte da ich, der Aussenseiter, akzeptiert werden können. Sein letzter Satz vor unserer Abreise nach der Ukraine klang mir noch in den Ohren: „Sehen Sie, wir zünftigen Ideologen sind viel zu trocken und beschränkt in unserer Ausdrucksweise, wir dringen nicht zum Volk. Wir brauchen neue Formen, neue Ausdrucksweise, neues Blut." Sein „Individualismus" war gründlich gedämpft worden. Wir hatten einen ängstlichen und gedemütigten Mann vor uns. (Natürlich ist es mir heute vollkommen klar, dass meine Arbeit niemals, ganz abgesehen von F's Einstellung zu dieser, die geringsten Voraussetzungen besass, in einem Moskauer Verlag zu erscheinen. Es handelt sich hier auch gar nicht um das Schicksal dieser Arbeit, sondern nur und allein um den Weg den Gottes Wirken mein Leben führte, als dieses die

Wege der kommunistischen Bewegung kreuzte.) Ob auch Gerüchte über mich das Ihrige beigetragen hatten, um seine Haltung mir gegenüber zu verändern weiss ich nicht. Auffallend war allerdings wie sich seine Frau benahm, als sie uns – scheinbar unerwartet – zu Gesicht bekam. Sie war während unseres Gesprächs ins Zimmer gekommen, um etwas aus dem Chaos auf dem Küchen-Schreibtisch zu holen. F. machte einen schwachen Versuch, uns wie üblich einander vorzustellen. Aber ohne uns auch nur den Kopf zuzuwenden, ergriff sie die wahrscheinlich gesuchte Zeitung auf dem Tisch und schoss wie von einer Tarantel gestochen wieder aus dem Raum hinaus, wobei die Tür hinter ihr mit lautem Krach ins Schloss fiel. Sah sie die Berührung mit uns als so kompliziert an? – Nun, dieser Kompromittierungsangst konnte man oft und in den verschiedensten Formen und Graden begegnen. Ich muss aber hinzufügen, dass man oft genug auch Menschen traf, die frei und natürlich mit uns umgingen, die sich also von einer solchen Furcht nicht bestimmen liessen. Ein gutes Beispiel dafür bot das Fest der besonders begabten Kinder der Sovjetunion, zu dem wir von dem Vorstand einer von uns besuchten Ausstellung von Arbeiten dieser Kinder eingeladen worden waren. Die liebe mütterliche Leiterin dieses Festes der Wunderkinder empfing uns sehr herzlich und wollte uns einem anwesenden hohen Funktionär der Regierung vorstellen. Dieser weigerte sich aber ganz bestimmt mit uns bekannt gemacht zu werden. Er wusste eben zu wenig von uns. Die Leiterin teilte uns seine Weigerung in sehr gemütlicher Weise und mit einem vielsagenden Lächeln mit und fuhr weiter und ungestört fort, uns als Ehrengäste zu behandeln. Am Schluss des Festes bat sie mich sogar, die Kinder anzusprechen. Eine für sie recht riskable Initiative, wenn man bedenkt, dass diese Wunderkinder in der Sovjetunion eine fast geheiligte Sonderstellung einnehmen. Nun, meine Rede schadete ihr nicht. Sie erschien am nächsten Tag mit einer Beschreibung des Festes in der *Pravda* und enthielt die üblichen Plattheiten der Gleichschaltung, in die man überall flüchtet, wenn man nicht sehr gewissenhaft auf die Stimme der Wahrheit zu lauschen bemüht ist, sondern eben auf die Stimme des jeweils herrschenden „guten Tones“ hört. Auch unser F. war ein viel zu feiner und wahrscheinlich starker Charakter, um sich dieser seelisch verkrüppelnden Kompromittierungsangst allzu bedingungslos zu unterwerfen. Er rief den damals sehr anerkannten ungarischen Ideologen R. im Marx-Engels-Lenin-Institut an und verschaffte uns damit Zutritt zu dieser geheiligten Hochburg marxistischer Weisheit in der Sovjetunion, um dort auch mit einer höheren Instanz, als er im Augenblick darstellte, meine Arbeit diskutieren zu können. Es war mir dabei höchst gleichgültig, ob er in unserer Abwesenheit dann vielleicht noch Verschiedenes dem zufügte, was er in unserer Gegenwart R.[37] mitgeteilt hatte. Denn ich erwartete nunmehr von dem bevorstehenden Besuch nur noch eine Bereicherung unserer Erfahrungen und keineswegs mehr. – Als wir wenige Tage später einige der langen, breiten Korridore des Marx-Engels-Lenin-Institutes durchwandert hatten und nach Anweisung durch eine der hohen Türen dieser Korridore traten sahen wir uns in einem saalartigen Prachtraum, durch dessen weitgeöffneten Türen zur Rechten und Linken man den Blick durch eine lange Reihe ähnlicher Räume Schweifen lassen konnte. An den hohen Fenstern der Eingangstür gegenüber standen einige grosse Schreibtische. Es sassen jedoch nur zwei Männer dort, in Arbeiten vor sich vertieft. Sie blickten flüchtig auf, als die Tür ging, worauf sich der Eine erhob und uns bat näher zu treten. Es war R. Ein etwas zur Korpulenz neigender Mann von Mittelmass mit auffallend würdiger Haltung. Mir fiel sofort die ungewöhnlich ungesunde Hautfarbe seines rundlichen, glattrasierten Gesichtes auf, aber der freundlich ruhige Blick seiner guten, etwas müde blickenden Augen gewann mich vom ersten Augenblick und löste mich. Es war unschwer zu erkennen, dass dieser Mann viel erlebt hatte und kaum zu den Glücklichsten gezählt werden konnte. Es war aber ebenso sicher, dass keine Lebenslage so leicht die philosophische Gelassenheit dieses Mannes zu erschüttern vermochte. Wir kamen schnell ins Gespräch und ich erklärte ihm auf seine Aufforderung die Grundlinie meiner Arbeit: Es galt für mich die These Engels in seinem „Feuerbach“: Die Na-

[37] László Rudas (Ladislaus Rudas, auch Vladislav Vil'gel'movič) (1885-1950), Mitte der 1930er Jahre Tätigkeit im Marx-Engels-Lenin-Institut, 1936 während der „Säuberungen“ verhaftet; im Zweiten Weltkrieg Unterricht an der Internationalen Antifa-Schule; 1945 Rückkehr nach Ungarn (ich danke Professor Heckel für die Hinweise).

tur entwickelt sich unausgesetzt aufwärts vom Tieferen zum Höheren – zu unterbauen und auszuführen und dadurch den unerschütterlichen kritischen Optimismus des Marxismus mit den ethischen und moralischen Konsequenzen, die damit notwendig vereinigt sind, blosszulegen. Einer solchen Arbeit, fügte ich noch hinzu, müsste, wenn sie gelingt, grosse pädagogische und agitatorische Bedeutung zukommen. „Ja, wenn sie gelingt", wiederholte er still, „und das heisst, wenn es Ihnen gelingen kann nachzuweisen, dass die Natur unausgesetzt vom Tieferen zum Höheren aufsteigt." Trotz zum Beispiel Gegenbeweise dieser Art, fügte er hinzu und hob seine Hand, deren ausgespreizte Finger er uns mit sachlicher Gleichmütigkeit vor die Augen hielt. Die Nägel dieser Finger waren von einer eigentümlichen Krankheit, einer Art Elephantiasis, ergriffen. Er wehrte jedes Eingehen auf seine Krankheit ab und fuhr fort: „Auch eine Entwicklung der Natur, aber kaum eine solche vom Tieferen zum Höheren und wir haben bis jetzt noch kein Mittel gefunden, diese Entwicklung aufzuhalten. Allerdings, die proletarische Entwicklung zu höheren Formen wird weiterschrei[ten], wenn diese Hand längst nicht mehr existieren wird. Aber!" – Er führte den Gedanken nicht aus, sondern wandte sich wieder meiner Arbeit zu. Meinte er, dass auch die proletarische Entwicklung sich einmal zersetzen, auflösen würde, wie seine Hand, wie alles von der Natur Entwickelte, aufwärts Entwickelte? Dass im Grunde alles also, was so entsteht in der Natur nicht mehr wert zu sein scheint, als dass es wieder zugrunde geht? Dass also der pessimistische Teufel in Goethes *Faust* recht behält und nicht der optimistische Engels in seinem „Feuerbach"? Nun, niemand konnte sagen, dass R. diesen Gedanken ausgesprochen hatte und niemand konnte ihm beweisen, dass er solche Gedanken auch nur dachte. Denn das blosse Denken eines solchen Gedanken hätte man noch höheren Orts im Russland des Aufbauens um jeden Preis als unverzeihliche Todsünde des Defaitismus verurteilt und geahndet. Mir schien jedoch dieser sehr noble Vertreter und Spitzenmann der marxistischen Diskussion nicht sehr weit entfernt zu sein von Gedankengängen solcher Art.

Durch die Vermittlung der VOX, eine Institution, die der Aufgabe dient, gewissen Ausländern die kulturellen Errungenschaften der Union zu vermitteln, bekamen wir auch Gelegenheit den vielfach ausgezeichneten Begründer und Direktor des Darwin Museums, Professor N. kennen zu lernen. Auch hier harrte unserer einer höchst unerwartete Überraschung. Es erwies sich nämlich, dass dieser oberste Lehrer der in der Sovjetunion sakrosancten Lehre Darwins keineswegs Darwinist, also Anhänger und Gläubiger dieser Lehre war. Ich wagte es allerdings nicht ihn zu fragen, wie er seine Einstellung mit seiner Tätigkeit als Lehrer in Einklang zu bringen vermochte. Natürlich erkannte er die Bedeutung Darwins für die Entwicklung der naturwissenschaftlichen Forschung an, teilte aber im Übrigen ganz die Überzeugung seiner neuzeitlichen Kollegen, die Darwins ursprüngliche Thesen in ihrer Vereinfachung und Gradlinigkeit ablehnten. Thesen von der Entstehung des Menschen aus irgend einem der bestehenden Affenarten tat er mit einer leichten Geste ab. Wenn schon Affe, dann war der Mensch schon sein eigener Affe gewesen. Wenn ich den kindlich offenen und lebhaften hochgewachsenen Mann mit dem wallenden Kopfhaar und Bart sprudelnd so seine Sätze hinausschleudern hörte, dachte ich mit leisem Grausen: Wo und wie wird dieser von jeder Instanzenfurcht und Komprimitierungsangst so völlig unberührte Mann eines Tages enden? Nun, vielleicht war er eine der ausserordentlichen Ausnahmen, die angeblich zu allen Regeln gehören und diese bestätigen sollen. Ich stand hier vor einem Rätsel, das ich auch später nicht wagte zu lösen zu versuchen, da ich um nichts in der Welt diesem so feinen, edlen Gelehrten, durch vielleicht unvorsichtige Fragestellung anderen gegenüber Schaden hätte zufügen wollen. Wir waren an einem Ruhetag gekommen, an dem sein Museum geschlossen war. Er öffnete uns selbst auf ein bestimmtes Klopfzeichen und empfand wohl im ersten Augenblick besondere Sympathie für uns. Wir mussten nach der Besichtigung aller seiner Schätze, auch der noch halbpräparierten, im kleinen Gärtchen hinter dem Museum mit seiner Gattin und seinem Faktotum, beide mit höchsten Orden ausgezeichnete Mitarbeiter, bei einer Tasse Tee noch eine Stunde im Gespräch verbringen und empfingen zum Abschied, das jüngst erst aus dem Druck gekommene interessante Buch der Gattin als Erinnerungsgabe. In diesem Buch beschrieb sie die jahrelangen Beobachtungen eines Schipansen, der mit ihrem kleinen Jungen zusammen und unter den ganz gleichen Verhältnissen aufgewachsen und sozusagen erzogen worden war. Dieses Museum, eigentlich nur ein kleines Schulmuseum und keineswegs eines der weitläufigen Sammelstätten westlicher Großstädte, war in jeder Beziehung, auch manuell, das geliebte Werk dieser drei Menschen. Sie sammelten ihre Ausstellungsobjekte, präparierten die Felle und stopften diese lebendig aus. Was die eigenartige Stellung dieses Mannes einigermassen, aber auch nur das, erklären konnte, war, dass er mit seiner offenen, begeisterten Natur ein unbedingter Anhänger des Regimes war, da es ihm vom ersten Augenblick der Konsolidierung und fast noch mitten im Bürgerkrieg, Mittel zu stand, seinem leidenschaftlichen Sammel- und Forschungseifer zu genügen. Allerdings verhüllte er ebenso wenig seine völlige Unberührtheit von allem spezifisch Bolschewistischen dieses Regimes. Das neue Regime war ihm eine freundlich entgegenkommende, verständnisvolle Instanz gewesen, die stets tat, was in ihren Möglichkeiten lag, um ihm die Fortsetzung seiner Arbeit zu ermöglichen und darum war dieses Regime ausgezeichnet, das beste der Welt und jedenfalls unvergleichlich mit allen, die vorher im Russland zu bestimmen hatten. Er war praktischer Naturwissenschaftler, ganz und gar und ausschliesslich. Aber dieser praktische Naturwissenschaftler in einer sehr vorgerückten Stellung stützte doch ganz gar nicht jene Schlussätze Darwins, die, als sie die Öffentlichkeit in der Mitte des vorigen Jahrhunderts ergriffen, Marx veranlassten triumphierend auszurufen: „Hier haben wir also auch die naturwissenschaftliche Bestätigung unserer dialektisch materialistischen Theorie!“ Und diese Bestätigung galt immer noch und zwar bei Gefahr der Verfemung als unantastbar, wie eine gross angelegte Polemik, die in jenen Tagen in der Pravda oder Istwestjia gegen gewisse Schriftsteller, die sich nicht ganz durchsichtig klar zur darwinistischen Theorie verhielten, durchgeführt wurde, deutlich genug bewies. Wie ging das zusammen? Wie konnte das auf die Dauer zusammengehen? Oder log der Mann, wenn er die Jugend unterwies? Es ist mir nicht möglich mir so etwas vorzustellen. Der Eindruck der Unsicherheit und des labilen Zustandes der ideologischen Grundlage, auf dem das riesige, alles umfassende Experiment der Revolution durchgeführt werden sollte, wurde für mich ausschlaggebend vervollkomm[ne]t durch meine Berührung mit dem ideologischen Tiefstand der Gottlosenbewegung und ihrer zahlreichen Museen. Jede Stadt besass ein solches öffentliches Dokument horribler Unkenntnis des Stoffes, den es darstellen sollte. Die wissenschaftliche Exaktheit, auf der die kommunistische Bewegung ihr Zukunftsgebäude aufbauen wollte, versagte hier nicht nur gründlichste, sondern wurde durch seine zur Schau gestellten „Beweise“ zu primitiven Farse [sic!]. Ich war ja selbst in jenen Tagen ein „kämpfender Gottloser“ und meine Arbeit war in den Dienst der Gott bekämpfenden Gottlosenbewegung gestellt. Aber was hier verzapft wurde, konnte auch nicht den „dümmsten Bauern“ in seinem Glauben erschüttern. Ach, ach! Die Religion im allgemeinen und die Lehre Christi im besonderen wurde als ein Produkt vorsintflutlicher Rückständigkeit, Dummheit und Kenntnislosigkeit, die Priesterschaft als eine Gangsterbande von listigen Bauernfängern dargestellt. So dokumentierte sich vor allem in diesen Museen, diesen sehr propagierten öffentlichen Lehrstätten einer wissenschaftlichen Belehrung und Aufklärung des Volkes der überlegene Geist der marxistisch-kommunistischen Einsicht, welche die lichtvolle Leitung der Welt übernehmen und alle Religion in dem Halbdunkel der Vergangenheit, aus dem sie erstanden war, für immer begraben sollte?! – Ich war entsetzt, ich schämte mich über diesen Tiefstand, der umso schlimmer war, als er sich seiner Blössen in keinem geringsten Mass bewusst war und als Errungenschaften allen zum besten gab. Natürlich auch allen besuchenden Ausländern! Als wir das erste dieser „Museen“ der eigenen Entblössung, das am reichlichsten ausstaffierte, in Moskau besuchten und in einem der Räume eine vollkommen haltlos dumme Darstellung des Zustandes der Glaubensvermittlung in Schweden vorfanden, suchte ich empört den weiblichen Direktor dieser heiligen Kampfstätte für die Wahrheit und Aufklärung auf und erklärte ihr, dass ich als überzeugter Marxist und Bekämpfer alles Glaubens an Gott aufs Schärfste protestieren müsse gegen eine solche schädliche, weil der Wirklichkeit widersprechenden, also wissenschaftlich haltlose und vom Gegner deshalb leicht zu widerlegende Darstellung. Diese wäre unmarxistisch und ich bäte meinen Protest an die entsprechenden Instanzen weiterzuleiten. Die durch meine Heftigkeit ein wenig erschreckte liebe Genossin versprach dies zu tun. Nun, ich beruhigte mich bald und sammelte Eindrücke. Es wurde allmählich klar für mich, dass der zum sovjetischen Experiment positiv Eingestellte, der ins Land kam und dort auf irgendwelchem Gebiet „Das Neue" in fertigen, in vollkommenen Formen zu finden erhoffte, die tiefste Enttäuschung, eine Desillusionierung ohne Gleichen erfahren musste. Gewöhnlich wurden Besucher dieser Art von begeisterten Anhängern einer – Illusion, verbitterte und über das Ziel weit hinausschiessende Verneiner und Feinde des bolschewistischen Aufbaus. Der wahre Freund dieses Aufbaus – so sagte ich mir tröstend – konnte seine positive Einstellung nur durch eines und immer wieder das Gleiche beweisen: - durch verständnisvolles, nachsichtiges, freundliches Helfen, Helfen und wieder Helfen!

Ja, man befand sich auf einem unendlich weiten und oft recht chaotisch anmutenden Bauplatz, auf dem die Menschlein fieberhaft angestrengt und oft recht sinnlos erscheinend hin und hersprangen, aufbauten, verstörten, verstörten und aufbauten und wieder und so fort und weiter. Man konnte ganz wirr im Kopfe werden, wenn man bloss zusah und – nicht mittat. Etwa wie wenn man den Ameisen auf einem ihrer grossen Haufen-Statten zusah. Eine charakteristische Illustration zu dem eben beschriebenen Zustand bot sich uns täglich und durch Monate als stets abwechslungsreiche Gratisvorstellung vom Fenster unserer „Schlauch"-Behausung in der vieren Etage in Dnjepropetrovsk dar.

Wir sahen nieder auf einen weiten Bauplatz, der sich an die grosse Parkanlage der Stadt anschloss, die sich hinter diesem erstreckte. Mit seiner Vorderfront lag dieser Bauplatz an der gegenüberliegenden Seite der langen Strasse, in der sich auch der mächtige Häuserkomplex der Eisenbahnarbeiter befand, der mit seinen langen vier Innen-Fronten und schier zahllosen Fenstern einen marktartigen Hof einschloss und in dem wir hoch oben und an der Strassenseite gelegen unser Schlauchzimmer bei einer Arbeiterfamilie innehatten.

An diesem Bauplatz wurde es nun deutlich sichtbar, wie schwierig und an Umwegen reich der Weg des sovjetischen Aufbauwillens war oder sein musste. Denn diese Umwege waren oft, ja im Allgemeinen, nicht nur bedingt durch die recht mangelhafte fachmännische Einsicht und Erfahrung der im Augenblick bestimmenden Autodidakten innerhalb der politischen Leitung der Sovjetbehörden, auch die grossen Schwierigkeiten in der Anschaffung des natwendigen Baumaterials trugen das ihrige dazu bei, um immer wieder Abbruch, Verwirrung und Umdirigierung in den Arbeitsprozess hineinzutragen.

Als wir in Dnjepropetrovsk ankamen, war man dabei, auf diesem Bauplatz und gerade gegenüber unserem Fenster einen Springturm zu errichten. Jede grössere Stadt hatte in einem ihrer Parkanlagen einen solchen für die Öffentlichkeit und Volksbelustigung bestimmten Springturm. Dabei wollte die Sovjetleitung das etwas Nerven kitzelnde Vergnügen mit der zweckmässigen ersten Ausbildung von mit dem Absprung vom Flugzeug vertrauten Soldaten vereinigen. Diese Sprungtürme waren schmale, fünfzehn bis zwanzig Meter (oder 30 m.?) hohe Gerüste, zu deren höchst oben gelegenen Plattform eine enge Wendeltreppe hinaufführte. Oben hing an einem vorschiessenden Kran ein geöffneter Fallschirm mit voller Riemenrüstung. Hatte man die Plattform erklommen, so wurde man von einigen handfesten Männern in Empfang genommen und mit diesen Starken Riemen, die dann zwischen den Beinen und um den Körper des Delinquenten liefen an dieses gelbe und auf sein Opfer wartende Ungetüm, den Fallschirm, geschmiedet wie an ein unentrinnbares Schicksal. Denn, wie wir gut beobachten konnten, bereuten nicht wenige den beschwerlichen Weg zur Höhe gewagt zu haben, besonders wenn sie an den Fallschirm gebunden sich unbarmherzig vor den Absprung, den freiwilligen Absprung in die gähnende Leere des Höllenrachens der Tiefe gestellt sahen. Mancher begab sich daher erst nach einem mehr oder weniger freundlich behilflichen Schubs durch die handfesten Helfer über den Rand dort oben auf seine luftige Reise. Dass es dabei nicht ohne mitunter recht kräftige Chockwirkungen abging, erhellt daraus, dass Teilnehmer über ein gewisses Alter, eine Bestätigung unterschreiben mussten, dass sie auf eigenes Risiko den Sprung unternehmen wollten. Im selben Augenblick, wo die Schwere des hinausspringenden Körpers die Riemen an dem Fallschirm anspannte, setzte sich dieser – mehr oder weniger langsam! – in Bewegung und folgte dem der Tiefe zustrebenden Körper zur Erde. Die Sicherheitsmassnahmen waren bestimmt die bestmöglichen, denn es ereignete sich während der verschiedenen Wochen während welcher wir dieses Spiel beobachten konnten, kein wie immer gearteter Zwischenfall. Immerhin konnte man sich nicht des Eindrucks erwehren, dass diese Sprünge in die Tiefe nicht ohne alles Risiko waren. Jeder der kühnen Springer, auch wenn ihm der Helfer dort oben ein wenig half, seinen Entschluss zu fassen, erhielt ein ehrenvolles Abzeichen, das jedem von seinem Mut berichtete.

Ehe es jedoch so weit war, näher bestimmt, ehe noch das Gerüst die Hälfte seiner Höhe erreicht hatte, verschwanden aber die Arbeiter eines Tages und liessen sich nicht wieder sehen. Einige Tage lang lag der eben noch so aktuelle Bauplatz wie tot und unbeachtet da, gleichsam ein trauriges Symbol für die wankelmütige Vergänglichkeit alles öffentlichen Interesses. Ein großes Rätselraten begann in seiner Umgebung. Was nun? Was hatte man nun Neues beschlossen „da Oben"? – Ach, ach. Nun, nach einigen Tagen begann der liebe Bauplatz wieder zu atmen. Zunächst wurde das Gerüst wieder abgetragen und Wagen mit riesigen Bretterladungen rollten heran, der eine nach dem andern. Berge von Brettern häuften sich. Aha, nun wussten „man" es. Ein gewaltiges, modernes Kommunalgebäude sollte errichtet werden. Ja, die Bürokratie brauchte eben Platz, meckerten die Unfreundlichen. Aber nun wusste man wenigstens was aus dem lieben Bauplatz werden sollte. Wusste man es wirklich? – Eines schönen Morgens, man hatte am Tage vorher bereits begonnen, eine abgrenzende Bretterwand zu errichten, kamen wieder die Wagen. Im Gegensatz aber zu dem Bilde, das sie sonst zu bieten pflegten, als sie schwer mit Brettern beladen ankamen, um sodann leer abzufahren, um später mit neuen hohen Bretterladungen heranzuknirschen, kamen sie jetzt leer an, um sodann beladen mit den uns inzwischen beinahe lieb gewordenen Brettern irgendwohin zu verschwinden. Wahrscheinlich hatte sich inzwischen eine andere und von irgendeinem Beschliessenden „da Oben" als notwendiger angesehene

Verwendung der kostbaren Bretter heraus kristallisiert. Kurz die Bretter verschwanden bis auf das letzte und – man begann von Neuem das Gerüst des Springturmes aufzurichten. Nun, scheinbar in allem Ernst, denn die Arbeit ging vorwärts. Das Volk in der Umgebung schüttelte erst den Kopf, dann begann es sich auf seinen Springturm zu freuen. Wenn – ! Nein, diesesmal war es wirklich ein heiliger und erschütterter Beschluss. Der Springturm erstand. Und eines Tages, nach den Proben aller Art, wurde er auch dem öffentlichen Gebrauch übergeben.

Nach einigen Wochen ungetrübter Freude am Springturm und seinen [...][38], wurde jedoch der Bauplatz wieder als solcher aktuell. Die Benützung des Turmes wurde eines Tages ganz plötzlich eingestellt, der Turm selbst erst teilweise, schliesslich ganz abgebaut und wieder rollten die Wagen heran mit hochgetürmten Bretterlasten, die Bretterberge häuften sich, dann wurde eine hohe und sehr dicht gehaltene Bretterwand gegen die Front der Strasse errichtet, um alle Neugierde auszuschalten, denn die Arbeit an dem gewaltigen Kommunalgebäude sollte nun in Gang gesetzt werden. Von unserem erhöhten Beobachtungsposten aus konnten wir natürlich den eifrigen Vorkehrungen hinter der geheimnisvollen hohen Bretterwand folgen. Vom frühen Morgen bis späten Abend herrschte dort unten lebhafte Bewegung und schliesslich kamen auch die schwerbelasteten Wagen mit dem farbigen Schatz frischgebrannter Ziegelsteine. Aber eines Tages lag der liebe Bauplatz wieder still und verlassen da. Das emsige Treiben der Menschen auf ihm war wie für immer erloschen. Und das Rätselraten begann von neuem in der Umgebung des Bauplatzes und das Volk schüttelte den Kopf und fragte wieder: – Was nun? Was haben sie nun beschlossen, die „da Oben"? – Eine teilweise Antwort brachten wieder – die Wagen. Wieder kamen sie leer zum Bauplatz und wieder fuhren sie jedes Mal schwerbeladen von dannen. Und bald gab es weder die schöne hohe, geheimnisvolle Bretterwand, noch ihre Bretter und auch die prächtigen frischgebrannten Ziegel waren verschwunden bis auf den letzten. Dann kamen auch die Wagen nicht mehr und der Bauplatz war kein Bauplatz

[38] Unleserlich.

länger, sondern nur irgend so ein verwahrlostes Stück Land am Rande des Parkes. Und wirklich keine Zierde. Und so verblieb die Lage wenigstens bis auf Weiteres. Als wir Dnjepropetrovsk verliessen, hatte man in der Umgebung schon ganz vergessen, dass der liebe Bauplatz noch vor kurzem ein sehr aktueller Bauplatz gewesen war.

Ja, dieses Land hatte es schwer. Und alle in ihm hatten es schwer. Die Leitenden und die Geleiteten. Ich dachte nicht daran zu kritisieren. Kritisiert man seine Lieben in der Not? Ich hielt mich an die Errungenschaften, die Siege des sozialistischen Aufbaus. Und worin bestanden diese Errungenschaften, diese Siege? Nun, da war vor allem die Jugend. Sie war wirklich nicht auf Rosen gebettet. Aber man hatte eben noch keine mit Rosenblättern gefütterte Matratzen. Wenn ich mich nicht sehr irre gab's zur Hauptsache nur Strohsäcke damals in den Wohnstätten für die internierte Schuljugend. Aber jeder junge Mensch konnte welchen Studienweg immer einschlagen. Genügte er gewissen nicht allzustrengen Examen, so bekam er – so war es jedenfalls 1936 – in dem betreffenden Schulkollektiv einen Schlafplatz in einem der zum Schulkollektiv gehörenden Schlafsäle, Unterricht, Bücher und 60 – 150 Rubel im Monat. Dieses Studienleben war ein Hungerleben. Aber diese Jugend war an Entbehrungen gewöhnt und dieses Hungerleben war jedenfalls zugleich ein Studienleben mit Aussichten. Man konnte sich gut vorstellen, dass diese Jugend, wenn sie die Prüfung dieser an Entbehrungen überreichen Studienzeit hinter sich hatte, eine hartgehämmerte und widerstandsstarke Generation abgeben würde.

Da war auch die Abschaffung der Prostitution. Ein jedenfalls äusserst respektabler Versuch. Gewiss, im Jahre 1936 – und nur von diesem berichte ich – gab es noch Prostitution. Wenn sie auch mehr versteckt ihr Gewerbe trieb als bei uns im Westen. Denn sie wurde mit harten Strafen bedroht. Und der Bedrohte war vor allem – der sich der Prostitution bedienende Mann. Ich wurde selbst von Frauen auf der Strasse angesprochen. Ausserdem hatte sich knapp vor unserem Eintreffen in Dnjepropetrovsk ein Skandal ereignet, von dem man noch sprach. Ein Ingenieur hatte eines der heimlichen Bordelle besucht, wo „anständige" Frauen sich feilboten. Als ihm das diskrete Album vorgewiesen wurde, wählte er eine der Schönen.

Diese wurde ihm bald darauf zugeführt und sah nun mit Entsetzen, dass sie ihrem eigenen Gatten gegenüberstand. Er war unterrichtet worden und kam nun, um sich zu überzeugen. Aber man versuchte ernsthaft der Prostitution Herr zu werden. In fünfzehn Städten wurden Entwöhnungshäuser eingerichtet, wo die der Prostitution Überwiesenen, aber auch solche, die sich freiwillig anmeldeten eine Zeit ärztlicher Behandlung durchgingen und dann erzogen und unterrichtet wurden, um in den allgemeinen Produktionsprozess eingereiht werden zu können. Zu jedem dieser Häuser gehörte ein kleiner Fabriksbetrieb, der von diesen Frauen besorgt wurde. Natürlich unter Leitung eines Fachmannes. Als ich und Bertha das Moskauer Entwöhnungsheim und seinen kleinen Fabrikssaal besuchten, trat eine der Frauen vor und gab mir einen selbstgesponnenen Seidenshawl zum Erinnerungsgeschenk, gewiss ein kleines, absichtsvolles Propagandamanöver. Und doch, wie liebenswürdig.

Zur Kuriosität, mit Hilfe von Entwöhnungshäusern die Prostitution zu überwinden, muss erwähnt werden, dass ihre Entstehung der Idee eines blutjungen Idealisten von kaum zwanzig Jahren entsprang und bereits kurz nach der Revolution von ihm mit Hilfe der Sovjetbehörden in Angriff genommen wurde. Er war Direktor des Moskauer Entwöhnungshauses und wir lernten ihn kennen, als wir dieses durch Vermittlung der VOX besuchten. Der trotz seiner relativen Jugend – er war nun 36 Jahre alt, wie er uns auf meine Frage mitteilte – auffallend ernste und gemessene Mann, führte uns selbst durch die verschiedenen Abteilungen seiner kleinen Anstalt, die damals ungefähr dreissig bis vierzig Frauen behandelte. Er versäumte nicht uns auch mit der Propagandanummer des Hauses bekannt zu machen, einer etwa dreissigjährigen rundlichen jungen Dame, die vor kurzem ihre Prüfung als Fliegerin abgelegt hatte. Die Moskauer Anstalt erklärte er mit stillem Stolz und würdig, ist die letzte in ihrer Art. Die anderen in den anderen Städten der Sovjetunion sind bereits aufgelöst. Diese hatten keine Funktion mehr zu erfüllen. Die Patienten seines Hauses waren somit die letzten und bereits im Stadium der Bekehrung lebenden Mohikaner der weiblichen Prostitution des 180 Millionen Volkes! Konnte er wirklich glauben, dass uns eine solche Übertreibung überzeugte? Hielt er uns für so naiv? Nun, es war wohl sein Beitrag zur „Propaganda", der von ihm gefordert wurde. Wir gingen nicht weiter auf seine Bemerkung ein und schrieben diesen seinen kleinen Beitrag mit der ganzen propagandistischen Illusion, mit der man auf allen Gebieten glaubte dem schweren Aufbau dienen zu können, auf das Konto der Kinderkrankheiten des so hart um seine Existenz und seine Geltung ringenden und noch so jungen Staatsgebildes.

Eindruck machte auf uns auch die Stellungnahme des Sovjetstaates zu seinen Berufsverbrechern. Um dieser Stellungnahme bekannt und durch sie zum Freund des Sovjetsystems zu werden, wurde man durch die VOX in eine kleine Siedelung an der Peripherie Moskaus geführt, in der fünftausend Seelen wirkten, arbeiteten, lebten, Sport und Kunst betrieben. Jeder dieser Männlein und Weiblein war vorher ein Zuchthausinsasse gewesen und vor Ablauf seiner Strafe versuchsweise hierher versetzt worden. Auch der sehr gemütliche und Vertrauen einflössende Dolmetscher und Guide erklärte auf meine Frage mit viel Stolz: Selbstverständlich sass ich im Zuchthaus. – Die Geschichte von Bolschewo – so hiess die kleine Stadt des Aufbaus „von ehemaligen Verbrechern zu nützlichen Staatsbürgern" – war gemäss der uns erteilten Belehrung folgende:

Ein ganz einfacher Gefangenenaufseher in irgend einem Zuchthaus hatte sich eines Tages an die Sovjetbehörde mit der Bitte gewandt, ihm ein Experiment zu ermöglichen, dass die Richtigkeit der Seite der marxistischen Lehre beweisen sollte, die erklärte, dass nicht die persönliche asoziale Anlage des Menschen diesen auf die Laufbahn des Verbrechens drängte (wie die Ideologen des Kapitalismus verkündeten), sondern dass gewissen asozialen Verhältnissen die Schuld an diesen Entgleisungen beizumessen sei und dass also ein im Kapitalismus zum Verbrecher gewordener Mensch im Sozialismus des Sovjetstaates wieder vollkommen genesen und in einen gesunden und strebsamen Mitbürger verwandelt werden kann. Der Gefangenenaufseher fand Gehör, ein umfangreiches Gebiet in der Nähe Moskaus wurde ihm zur Verfügung gestellt, eine entsprechende Anleihe bewilligt, um die notwendigen Arbeiten in Gang bringen zu können, ausserdem sollte ein jeder der probeweise Freigelassenen einen Vorschuss auf seinen künftigen Arbeitslohn erhalten. Der Gefangenenaufseher konnte mit seiner Arbeit beginnen. Seine Mitarbeiter waren freiwillig Angemeldete aus den verschiedenen Zuchthäusern. Diesen wurde gesagt, dass sie eine neue Ära der Behandlung von Entgleisten und durch den Kapitalismus verderbten Menschen einzuleiten bestimmt wären und dass es von ihrem Einsatz abhänge, ob man auf dem eingeschlagenen Weg weitergehen würde können oder nicht. Wer sich als untauglich erwies, sollte zur Abbüssung seiner alten Strafe zurückgeschickt werden, wer aber glaubte das bewiesenen Vertrauen missbrauchen und sich auf diese Weise eine billig erkaufte Freiheit verschaffen zu können, die er auf seine eigene Weise anzuwenden erdachte, würde schon schnell genug wieder eingefangen werden, um dann einer sehr verschärften Strafe entgegenzugehen. Nun, nach den uns gemachten Angaben, die wir natürlich nicht kontrollieren konnten, gelang das Experiment so gut als hundertprozentig. Die Siedelung vermittelte jedenfalls mit ihren reinlich gehaltenen Wegen und Strassen, der geräumigen Schule, dem wohlgeordneten Kinderheim mit den pausbäckigen Kindern, den in barackenartigen Gebäuden installierten aber sehr exakt geführten Fabriksbetrieben, der Parkanlage, den Sportplätzen, den reinlichen Wohnstätten einen sehr positiven Eindruck. Natürlich konnte man sich nicht der Erwägung entziehen, dass sowohl die Siedelung wie ihre Bewohner ihren äusserlichen und auch ihren seelischen Sonntagsstaat angelegt hatten, um den angekündigten Gästen und Begaffern so glanzvoll als möglich zu begegnen. In meiner Erinnerung lebt noch besonders deutlich das sonnige Lächeln des Vorstehers des sehr sauber gehaltenen Kinderheimes, eines kleinen Mannes mit typischer Verbrecherphysiognomie, als er mir mit der stillen Weichheit, die man oft beim russischen Menschen begegnen kann, berichtete, dass er selbst fünfzehn und seine liebe Frau zehn Jahre in Zuchthäusern zugebracht hätten, ehe sie in das neue Leben hier versetzt worden waren. Wie in keiner russischen Gemeinschaft fehlte auch hier keineswegs die obligate Theatervereinigung. Der Wortführer einer solchen Gruppe berichtete mir, dass prominente Regissöre und Schauspieler die Patenschaft übernommen hätten und allwöchentlich nach Bolschewo kamen, um dort zu unterweisen und die Entwicklung der Theaterfreunde zu fördern. Die Aufnahmen von Szenen, die sie mir wiesen und von denen sie mir auch einige zum Andenken verehrten, erinnerten allerdings mehr an eine in gewissen Posen photographierte Sonntagsschule, als an eine Darbietung von Menschen komplizierter Art zu denen doch die hier Anwesenden und Wirkenden gerechnet werden mussten. Der „Sonntagsstaat" war leider so gründlich angelegt, dass nichts Ursprüngliches durchleuchten konnte. Die Siedelung lebte nicht in der Form, in der sie uns vorgeführt wurde. Man hatte kein lebendiges Gemälde, sondern nur einen recht konventionellen Öldruck vor sich. Allerdings gab es einen dunklen, aber eben gerade darum lebendigen Fleck in dem ganzen so glattgestrichenen sonntäglichen Bild: – eine Anzahl langer, niedriger Baracken, die finster und still am Rande der Siedelung lagen und gleichsam ein wenig besisite gerückt dort hingebaut waren. Auf meine zudringliche Frage, welchen Zweck diese ein wenig merkwürdig anmutenden Baracken dienten, antwortete unser Führer etwas ausweichend, dass dort die von den Zuchthäusern neu eintreffenden Kandidaten erst eine Zeit der Erziehung durchgehen mussten, ehe sie der Arbeit und dem Leben der Siedelung zugeführt werden konnten. Er ahnte nicht, dass gerade diese Aufklärung die beste propagandistische Wirkung hatte, weil sie nämlich überzeugend war. Also waren es tatsächlich Zuchthäusler, die hier lebten, wirkten und aufbauten. Das aufgebaute Sonntagsbild mit seinen gleichsam in Freiheit dressierten und im Sonntagsstaat vorgeführten Menschen erzielte keineswegs die beabsichtigte propagandistische Wirkung. Wenigstens nicht auf mich. Die dunklen sehr still daliegenden Baracken dagegen berichteten wieder von dem harten autodidaktisch geführten Kampf, den der MENSCH hier überall durchführen und durchleiden musste. Diese Baracken wirkten auf mich „propagandistisch". Ja, hier galt es nicht zu kritisieren, sondern mitzuhelfen! In diesem Satz konnte man meine innere Einstellung zusammenfassen, als wir die Sovjetunion im Juni 1936 wieder verliessen.

Rezensionen

Henning Müller: Friedrich Wolf (1888-1953). Deutscher Jude – Schriftsteller – Sozialist. Berlin: Hentrich & Hentrich 2009, 123 Seiten

Seit mehreren Jahrzehnten bereits beschäftigt sich der Literaturwissenschaftler Henning Müller mit Friedrich Wolf. So auch in dem soeben erschienen 78. Band der Reihe *Jüdische Miniaturen. Spektrum Jüdischen Lebens.* Gestaltet als kleine Biographie, liest sich das Büchlein denn auch wie eine kompakte Zusammenfassung seiner voraufgegangenen Arbeiten über Wolf.

Die einzelnen Stationen in dessen Leben werden vor allem hinsichtlich der Wechselwirkungen zwischen den gesellschaftlichen Umständen und seiner künstlerischen Arbeit nachgezeichnet. Die Problematik, der Müller sich in dieser Abhandlung stellt, sieht er selbst darin, daß der Blick auf Friedrich Wolf bislang durch „ideologische[] Vereinseitigungen" (S. 10) bestimmt sei. Insbesondere der Kalte Krieg habe eine differenzierte Beschäftigung mit Wolfs Werk in BRD und DDR verhindert; weder sei eine „gesamtdeutsche Sicht" darauf bislang möglich gewesen, noch sei Wolf selbst in seiner Gesamtheit betrachtet worden; vielmehr habe man eine unzulässige Trennung seiner Gesamtpersönlichkeit in den „Kommunisten" und den „Juden" Wolf vorgenommen (ebd.), wobei durch die politischen Ereignisse ersterem die weitaus größere Aufmerksamkeit zuteil geworden sei. Dem will Müller entgegenwirken, indem er nun vor allem die spezifisch jüdischen Aspekte in Wolfs Leben und Werk herausarbeitet. Diese jüdischen Traditionslinien seien „unverzichtbare Konstituierungsmerkmale" (S. 8) der Persönlichkeit Wolfs und seines Schaffens; sie müßten zunächst einmal genauer berücksichtigt werden, um das vereinseitigte Bild zu korrigieren.

Müller stellt zum einen diejenigen Bezüge auf das Judentum heraus, die in Wolfs Werk selbst enthalten sind. So etwa in dem Stück *Professor Mamlock*: dieses sei eine „frühe und prophetische Anklage gegen die mörderische Judenverfolgung des Nationalsozialismus [...]" (S. 12). Er befaßt sich mit der über die deutschen Juden verhängte Vernichtungsdrohung und pointiert, vermittelt über die Debatten zwischen Mamlock und seinem sozialistischen Sohn sowie Mamlock und dem zionistischen Krankenpfleger Simon, die Möglichkeiten, als Jude in Deutschland zu überleben: „Bleiben und kämpfen – oder Emigrieren?" (Wolf, zit. S. 65) Zum anderen leitet Müller Wolfs gesamte ethisch-moralische Grundhaltung aus seiner jüdischen Identität ab. Seine Haltung sei dabei weniger durch religiöse Gläubigkeit geprägt, denn vielmehr als „gläubiger Humanismus" (S. 14) zu bezeichnen, der sein gesamtes Leben durchzieht.

Problematisch erscheint bei der Lektüre, daß Müller bezüglich der deutschen Geschichte, vor deren Hintergrund er Wolfs Leben schildert, bisweilen mit fraglichen Begriffen arbeitet. Indem er etwa vom „deutschen Faschismus" (S. 41), oder gar noch allgemeiner nur vom „Faschismus" (S. 30) spricht, läuft er Gefahr, einer Einebnung des deutschen Nationalsozialismus Vorschub zu leisten, der eben im Begriff des Faschismus nicht aufgeht. Und dort, wo er den Antijudaismus thematisiert (S. 29, 32 u.a.), trägt er zwar der religiösen Komponente des Judenhasses Rechnung, dies allerdings auf Kosten des in Deutschland virulenten säkularen Antisemitismus, der seinerseits mit Religion recht wenig zu tun hat. Besonders befremdlich wirkt diese begriffliche Beliebigkeit dort, wo Müller das französische Internierungslager Le Vernet ganz unumwunden als „KZ" bezeichnet (S. 20, 38, u.a.). Jean Améry, der selbst im französischen Internierungslager Gurs gefangengehalten wurde, betont, daß dieses mit Konzentrationslagern wie Dachau, Mauthausen oder Buchenwald nicht im entferntesten zu vergleichen sei. „Hold", so Améry, „war das Frankreich noch in der Zeit seiner Unholde." Ohne freilich zu leugnen, daß auch hier Menschen hungerten, froren und starben; aber die sinnlose Grausamkeit fehlte.

Das Besondere der hier vorliegenden Darstellung liegt darin, daß sie den Dramatiker Friedrich Wolf seinerseits als tragische Person vorstellt. Ungeachtet seiner Popularität in der Weimarer Republik und der Tatsache, daß er als von den Nazis Ausgebürgerter, als „der Mann, der *Professor Mamlock* schrieb", zum „bekanntesten und meistgespielten antifaschistischen deutschen Dramatiker" wurde (S. 30), erscheint seine Karriere, rückblickend, voller Komplikationen. Man bekommt den Eindruck, Wolf sei stets zur falschen Zeit am falschen Ort gewesen. Insbesondere der Nationalsozialismus, der Kalte Krieg und die deutsche Wende, so Müller, hätten ihn „durch die Zeit geworfen" (S. 30). Bereits vor der Machtübernahme 1933 wurde Wolf von den Nazis verunglimpft und verfolgt, ehe diese seine Schriften in Deutschland verboten (S. 35). Und auch im sowjetischen Exil wurde er aufs neue von polizeilicher Verfolgung bedroht. In einem Klima allgegenwärtiger Paranoia erfuhr sein Drama Die Matrosen von Cattaro eine derartige Mißinterpretation, daß Wolf 1938 nach Frankreich flüchten mußte (S. 61). Während er selbst seine drohende Verhaftung im Zuge der sogenannten Säuberungen durch Flucht gerade noch abwenden konnte, hatte seine junge Geliebte Lotte Rayß weniger Glück; sie wurde in Stalins Lagern interniert und mußte anschließend lange Jahre in der Verbannung ausharren (S. 46ff.). Nach dem Krieg hatte Wolf eine abermalige Enttäuschung hinzunehmen: Die antifaschistischen Dramen, die er im Exil geschrieben hatte, wollte er selbst nach dem Zweiten Weltkrieg als Beitrag für den politischen und moralischen Wandel der Deutschen hin zu einer demokratischen Gesinnung verstanden wissen; nach seiner Rückkehr mußte er jedoch feststellen, daß die Deutschen vor der Schuldfrage auswichen und die aufklärerische Intention seiner Stücke nicht zur Kenntnis nehmen wollten (S. 90). Der Kalte Krieg führte schließlich dazu, daß die Stücke des Kommunisten Friedrich Wolf in der BRD nicht mehr gespielt wurden (S. 78). Doch auch in der DDR war die Situation für ihn keineswegs günstig. Hier nämlich stand Wolf stets im Schatten Bertolt Brechts (S. 91f.). Seit dem Zusammenbruch der DDR wird sein Werk im wiedervereinigten Deutschland gemeinhin als systemtragend (im Sinne des SED-Regimes) interpretiert (S. 92). Müllers wohlmeinendes Schlußplädoyer, Wolfs Erbe stärker in den Schulunterricht einzubringen und seine Tugenden dort als beispielhaft vorzustellen (S. 97ff.), wird wohl unter diesen Umständen kaum Gehör finden.

Birte Hewera (Berlin)

Peter Diezel (Hrsg.): Schnittstelle Moskau. Gemeinsame und getrennte Wege: Curt Trepte, Luisrose Fournes, Hans Hauska. Aufzeichnungen, Dokumente, Briefe. Berlin: Edition Schwarzdruck 2008, 373 Seiten, Broschur € 27,00

Auf dem Cover sind untereinander drei Portraitphotos angeordnet: das von Curt Trepte, Luisrose Fournes und Hans Hauska. Den Hintergrund gibt ein alter Pharus-Stadtplan Moskaus. Der Ausdruck in den Gesichtern der drei Protagonisten schon läßt erahnen, was den Leser des von Peter Diezels vorgelegten Buches erwartet: Einblick zu nehmen in das Schicksal unschuldig Angeklagter, desillusioniert, verzweifelt, ratlos. Kurz: aus ihnen ist sehr augenfällig die „Menschenfalle Moskau" zu lesen.

Mit *Schnittstelle Moskau* veröffentlicht Diezel einen Band, der als eine Art Quersumme seiner bisherigen wissenschaftlichen Forschungen erscheint. Doch nein, er geht darüber hinaus, bietet mehr als eine bloße Kompilation: Im ersten Teil gibt Diezel einen eigenen detailreichen Überblick mit zahlreichen O-Tönen. So gleicht seine Dokumentation einem Feature, dem allerdings teilweise schwer zu folgen ist, da es aufgrund der Vielzahl an handelnden Personen, besprochenen Dramen-Inszenierungen und Ereignissen dem Leser hohe Aufmerksamkeit abverlangt. Dem zweiten Teil sind Dokumente in Form von Briefen, Mitteilungen, Aktennotizen und Zeitungsartikeln beigefügt. Diezel zeichnet in „gemeinsame[n] und getrennte[n] Wege[n]" die Biographien dreier Emigranten nach, die als personae non gratae vor den Nationalsozialisten in die Sowjetunion flohen, um aus dem Exil heraus gegen den Nationalsozialismus zu kämpfen. Der Herausgeber versucht, über die Rekonstruktion der persönlichen Beziehungen, einer komplizierten Dreierbeziehung, ein differenziertes Bild der (zwischen)menschlichen und politischen Verwerfungen.

Der Schauspieler Curt Trepte war bis 1934 mit der Schauspielerin Luisrose Fournes verheiratet, die sich nach ihrer Scheidung 1935 mit dem gemeinsamen Freund, Komponisten und Musiker Hans Hauska neu vermählte. Die Freundschaft unter ihnen blieb erhalten. Vielleicht war dieses trianguläre Verhältnis Vorraussetzung oder auch Ursache des gemeinsamen Kampfes. Diezels ausführliche Darstellung zu Beginn erzählt aber keine Romanze. Vielmehr zeigt er die Schwierigkeiten des Arbeitens, angefangen mit dem Debüt des „Deutschen Theaters Kolonne Links Moskau", dem Aufbau des „Deutschen Gebietstheaters Dnjepropetrowsk" bis zur Auflösung dieses Theaters im Herbst 1936 und die Versuche am „Deutschen Staatstheater", ein antifaschistisches deutsches Exiltheater in der Hauptstadt der Wolgadeutschen, in Engels, zu etablieren. Geschickt durchwirkt er die Lebenswege mit politischen und kulturpolitischen Diskussionen der Zeit, so auch mit Fragen der Dramentheorie. Kurz nur streift Diezel das Stanislawski-System sowie die „Formalismusdebatte". Die sowjetische Doktrin vom sozialistischen Realismus betrifft alle. Und so treten neben den drei Protagonisten in weiteren Rollen auf: Friedrich Wolf, Maxim Vallentin, Erwin Piscator, Bert Brecht sowie andere, weniger bekannte SU-Emigranten, deren Verfolgung durch den NKWD sehr sachlich geschildert und so hoffentlich dem Vergessen entrissen wird. Zum Teil ist das Ausblenden der stalinistischen Umtriebe, Verleumdungen und Exekutionen auch den kulturpolitischen Richtlinien in der DDR geschuldet. Diese historische Tatsache bleibt nicht unerwähnt, und so ist Diezels Dokumentation auch ein Beitrag zur DDR-Geschichtsaufarbeitung jenseits von Verdrängung und Klitterung. Beispielsweise erwähnt Diezel Erwin Piscator, der nach Denunziationen „abgehangen" wurde, wie es sein Freund Maxim Vallentin formulierte. Deshalb gingen „die meisten ehemaligen Sowjet-Emigranten später in der DDR auf Distanz zu Piscator" (S. 35).

Diese Episode steht aber nur am Rande, denn Diezel verfolgt eine andere Spur genauer: die von Hans Hauska als Opfer Stalins und Hitlers. Bereits 2003 veröffentlichte er in der von Hermann Haarmann herausgegebenen Schriftenreihe *akte exil* dessen aufschlußreiches, erschütterndes Gedächtnis-Protokoll, das seinen Aufenthalt im Moskauer Tanganka-Gefängnis festhält, ergänzt um Briefe und weitere Dokumente (Hans Hauska. Von Stalin zu Hitler. Ein Schicksal aus den Zeiten des Terrors. *akte exil* Bd. 8). Hauskas Haftbefehl lautete „auf Spionage und Terrortätigkeit, § 58, Punkt 6 und 8" (S. 54 und 181). Alles weitere glich in Anlage und Durchführung einem Schauprozeß. Die Verurteilung erfolgte später wegen „konterrevolutionärer Tätigkeit" und „Verdacht der Spionage" (S. 178). Der einst in die Sowjetunion emigrierte Komponist und Musiker, der von dort aus gegen Hitler kämpfen wollte, wurde schließlich von Stalins Schergen an Hitlers Gestapo ausgeliefert. Hauska wurde „Im Namen des Deutschen Volkes" dann „wegen Vorbereitung zum Hochverrat" und „wegen eines hochverräterischen Unternehmens" (S. 216) zu Gefängnishaft verurteilt, die er dann in Berlin-Moabit absaß. Wie austauschbar die Urteile und deren ganz allgemein gehaltenen juristischen Begründungen waren, diese Parallele zeigt, wie sehr die beiden Diktaturen in ihren Strukturen sich glichen. Hauska überlebte beide Diktaturen; nach der Geheimrede von Nikita Chruschtschow auf dem 20. Parteitag der KPdSU wurde er durch Moskau rehabilitiert.

Und wie erging es den anderen beiden? Curt Trepte hatte das Glück der wenigen hatte, als er 1938 ins schwedische Exil wechseln konnte. Auf Anraten von Friedrich Wolf ging er nach Stockholm, wo gerade dessen *Professor Mamlock* aufgeführt wurde. Die Schauspielerin Luisrose

Fournes arbeitete zunächst als Wäscheverwalterin und Kinderphotographin in Moskau und nach der Evakuierung in die Tatarische Autonome Sozialistische Sowjetrepublik der Wolgadeutschen 1941 auf einer Kolchose und im Fleischkombinat.

Durch den privaten Kontakt zu Nachkommen konnte Diezel Einblick nehmen in die persönlich-familiären Nachlässe der drei. Auch der Zugang zu sonst unter Verschluß gehaltenem Schriftgut in Moskauer Archiven wurde ihm gestattet. Mit den Erfahrungen aus seiner jahrzehntelangen Beschäftigung mit dem sowjetischen Exil 1933–1945 fügt Diezel das Archivmaterial sehr übersichtlich zusammen. Die dabei unterlegte Dramaturgie folgt der eines politischen Ränkespiels, garniert mit infamer Demagogie: „Antifaschistische Emigranten, die vormals im Zeichen des proletarischen Internationalismus aufgenommen worden waren, galten nun nicht mehr als solche, sondern als ‚Ausländer'" (S. 42) Gemessen an den sonst geläufigen Unterstellungen noch eine harmlose Zuschreibung! Weitaus gefährlicher nämlich, wenn ihnen trotzkistische Verbindungen nachgesagt oder das Stigma angeheftet wurde, bourgeoise Nationalisten zu sein, denen zu allem Unglück dann auch noch die Mitgliedschaft in nie existenten Hitlerjugend-Gruppierungen in Moskau vorgeworfen werden sollte. Eine tödliche Falle! Diezel zeigt den allgemeinen Wandel, den politischen und kulturpolitischen Verfall in der Sowjetunion, der dazu führte, daß für die Exulanten aus Hitler-Deutschland z.B. der „Nimbus, qualifizierte Fachkraft zu sein, [...] schlagartig dahin" war (S. 43). So resümiert Maxim Vallentin nicht ohne Bitterkeit: „hier brauchen sie uns nicht!" (Vgl. dazu *„hier brauchen sie uns nicht"* Maxim Vallentin und das deutschsprachige Exiltheater in der Sowjetunion 1935-1937. Briefe und Dokumente, herausgegeben von Peter Diezel, Berlin 2000: *akte exil*, Bd. 1) Die Revolution hatte ihre Kinder endgültig „entlassen", verhaftet, „abgehangen" oder erschossen. Der Reisepaß wurde zum wichtigsten Beschützer eines Menschenlebens (vgl. dazu die Anekdote um Curt Treptes Paß). Eine Rehabilitierung kam nie oder zu spät.

Die umfangreiche Dokumentation *Schnittstelle Moskau* wie auch Diezels vorherige Publikationen sind als Pflicht-Lektüre für jeden, besonders natürlich für kultur- und zeitgeschichtlich Interessierte, empfehlenswert. Sein neuestes Buch gibt einen sehr guten Überblick mit bisher unveröffentlichten Archiv- und auch photographischen Dokumenten und ergänzen aufs trefflichste seine zuvor erschienen Publikationen (u.a. in der Schriftreihe *akte exil*).

Marcus Laugsch (Berlin)

Christina Jung: Flucht in den Terror. Das sowjetische Exil in Autobiografien deutscher Kommunisten. Frankfurt a. M.: Campus 2008, 399 Seiten, Broschur € 39,90

Nach ihren „Flitterwochen mit der Kommunistischen Partei" (S. 166) fühlte sich das KPD-Mitglied Margarete Buber-Neumann „vor Freude wie im Fieber" (S. 185), als sie 1931 zum ersten Mal in die Sowjetunion reiste. Das Land weckte Hoffnungen auf eine bessere, klassenlose Zukunft. Nach Hitlers Machtübernahme erschien die UdSSR geschätzten 4.600 Exulanten als sicherer Zufluchtsort (vgl. S. 7). Die Antifaschisten sahen in ihr eine ideologische Heimat. Es folgte jedoch ein langer Weg der Enttäuschungen. „Im Extremfall endet[e] dieser Weg im GULag" (S. 366), denn die Exilanten fanden sich mitten in den stalinistischen Säuberungen wieder.

„Flucht in den Terror" betitelt daher die Literaturwissenschaftlerin Christina Jung ihre Dissertation (Universität Marburg), die Autobiografien deutscher Kommunisten im sowjetischen Exil behandelt. Sie geht der Frage nach, wie die Autoren die retrospektiv geschilderten Ereignisse literarisch verarbeiteten.

Die Erlebnisse der Schriftsteller unterscheiden sich kraß: während die einen Teil von Stalins Bürokratieapparat geworden waren, saßen andere in GULag-Haft. Die Konsequenzen, die die Heimkehrer zogen, reichen von konstruktiv-kritischen Kommentaren (und Festhalten an der kommunistischen Idee) bis hin zum Seitenwechsel in die NS-Propaganda (Karl I. Albrecht). Doch Jung sieht die Schriftsteller als „relativ homogene soziale Gruppe" (S. 143), die die Wahl des Exillandes, die politische Grundüberzeugung und nicht zuletzt die Autorschaft eint. Daher gliedert sie die Studie nicht nach Autoren(gruppen), sondern arbeitet aspektorientiert.

Die Studie besteht aus zwei Teilen. Zunächst ordnet Jung die Texte in die verschiedenen historischen Entstehungskontexte ein. Ausgangspunkt sind Reiseberichte, die in der Weimarer Republik erschienen. Es folgt ein Überblick über die Veröffentlichungen im Nationalsozialismus. Die Publikationen in der Bundesrepublik vergleicht sie mit denen in der DDR. Ein Blick auf die Zeit nach 1989 rundet den ersten Teil ab.

Der zweite Part präsentiert chronologisch „Aspekte des Exils in der Sowjetunion": Vom Parteieintritt über Alltagserfahrungen der Emigranten bis zu Beschreibungen der Terrorjahre 1936 bis 1939. Spätestens nach den Moskauer Schauprozessen verschmolzen in der SU äußere Feindbilder (Faschisten, Spione) und innere Feindbilder (Verräter, Oppositionelle). Deutsche standen unter Generalverdacht, „Trotzkisten, Gestapo-Agenten oder Spione zu sein" (S. 241). Viele wurden in die Lubjanka geführt oder in GULag-Lager deportiert. Alexander Weissberg-Cybulski fühlte sich im Lager nicht mehr als Mensch, sondern als „Fetzen, der in der Ecke lag und den man präparierte, bis er die gewünschte Form hatte" (S. 304).

Das Weltbild der Antifaschisten geriet mit dem Hitler-Stalin-Pakt endgültig ins Wanken. Der Ausbruch des zweiten Weltkriegs rückte die ideologischen Lager wieder zurecht, löste aber Sorge um die in Deutschland verbliebenen Verwandten und Freunde aus.

Durch die Gliederung nach Themenkomplexen bietet die Studie einen guten Überblick der historischen Situation. Darauf baut Jung die Interpretation der behandelten Schriften auf. Ein erster Anhaltspunkt der Analyse sei bereits die Form der Autobiographie: Die Konzentration auf die eigene Person wertet Jung als Abkehr von der kollektiven Praxis der KP und somit als Emanzipationsversuch. Daß dabei die vertrauten Methoden der „Kritik und Selbstkritik" (S. 26, 375) halfen, ist eine der Paradoxe, die die Literaturwissenschaftlerin herausarbeitet.

Im Bemühen, solche Widersprüchlichkeiten zu durchdringen, „kommt der Bewertung und Einordnung der Ideologien [...] eine zentrale Bedeutung zu", schreibt sie. „Diese aber machen die Debatte bis heute gleichzeitig zu einem politisch-ideologisch wie auch wissenschaftlich umkämpften Gelände." (S. 8f.)

Christina Jungs Synopse ganz verschiedener Werke ermöglicht ein wohltuend differenziertes Bild. Die Fähigkeit, Schwarz-Weiß-Denken zu überwinden, würdigt sie in ihrem Schlußwort auch an den von ihr behandelten Autoren: „Die eigentlich progressive Leistung der Autoren ist es, sich aus dem Zwang zur Eindeutigkeit gelöst und immerhin in der Rekonstruktion des Selbst des damals empfundenen objektiven und subjektiven Ambivalenzen schreibend Raum gegeben zu haben" (S. 376).

Christoph Rosenthal (Berlin)

Karl Schlögel: Terror und Traum. Moskau 1937, München: Hanser 2008 (Lizenausgabe für die Bundeszentrale für politische Bildung: Bonn 2008), 812 Seiten, Broschur € 4,00

Im Vorwort zu seinem Buch *Moskau 1937*, das im selben Jahr bei Querido in Amsterdam erschien, erklärte Lion Feuchtwanger, es müsse eigentlich „Moskau Januar 1937" heißen, denn dort sei alles derart im Fluß, „daß manche Feststellungen schon nach wenigen Monaten nicht mehr wahr sind." Manche Feststellungen waren wohl auch im Augenblick ihrer Niederschrift schon nicht wahr. Der „Reisebericht für meine Freunde", den er als Resultat eines dreimonatigen Aufenthalts in der UdSSR präsentierte, war vor allem eine von sowjetischer Seite geförderte Replik auf André Gides *Retour de l'U.R.S.S.*, worin dieser kurz zuvor die enttäuschten Eindrücke seiner Moskaureise geschildert hatte. Feuchtwanger ergriff nun um so energischer Partei für den Sozialismus, und zwar für den Sozialismus, wie er seit Ende der zwanziger Jahre nach Stalins Plänen aufgebaut wurde. Obgleich er der dazugehörigen Weltanschauung im übrigen ziemlich fernstand, bezog er wie selbstverständlich Stellung auf seiten derer, die meinten, Stalin sei der „wirkliche Führer ins Glück" (Ernst Bloch); manche haben das aus politischer Überzeugung geglaubt, andere es aus schierer Verzweiflung angesichts der Bedrohung durch Nationalsozialismus und Faschismus vielleicht gehofft. Daß Feuchtwanger indessen nie in Erwägung zog, sich selbst als Exilant in Moskau niederzulassen, rührte womöglich daher, daß die „strenge Luft der Sowjet-Union", die er gegenüber der „drückenden Atmosphäre einer verfälschten Demokratie und eines heuchlerischen Humanismus" pries, sogar dem freundlich empfangenen Sympathisanten im Januar 1937 den Atem stocken ließ.

„Die Hauptstadt der UdSSR", so urteilt Karl Schlögel heute (im Kapitel „Tod im Exil"), „wurde zum Zufluchtsort einer geschlagenen Weltbewegung. War Berlin einmal als die Hauptstadt einer siegreichen Weltbewegung ins Auge gefaßt – Moskau in den 30ern war ihr Rückzugsort und der Ort ihres Untergangs. Für Tausende wurde die Flucht nach Moskau zur Flucht in den Tod." (S. 507 f.) Dem Terror der sogenannten Säuberungen fielen auch zahlreiche Kommunisten und Sympathisanten aus Europa, die vor den Faschisten in die Sowjetunion geflüchtet waren, zum Opfer. Als trotzkistische Verschwörer oder faschistische Spione verurteilt, wurden sie entweder sogleich erschossen oder in „Besserungsarbeitslager" deportiert, einige Exilanten aus Deutschland nach der Unterzeichnung des Nichtangriffspakts im August 1939 in ihre Heimat zurückgeschickt, d.h. der Gestapo ausgeliefert. Die überlebten und nach dem Ende des Krieges wie Sieger aus dem Moskauer Exil zurückkehrten, hatten mindestens Glück gehabt. Sie hatten sich vielleicht aufrichtige Verdienste erworben, derentwegen sie als nützlich erachtet wurden, oder auch unter Verdacht geratene Genossen angezeigt, sei es aus parteilichem Übereifer oder aus Angst um das eigene Leben; jenes war die notwendige, dies häufig erst die hinreichende Bedingung, die eigene Botmäßigkeit unter Beweis stellen zu können. Andere wiederum hatten es dem bloßen Zufall zu verdanken, daß ihr Name in keinem der erpreßten Geständnisse genannt worden war.

Während der Terror Millionen von Menschen, die von ferne als schädlich oder zumindest als ungeeignet für den Aufbau des Sozialismus erachtet wurden, aus der Gesellschaft aussonderte, ging jedoch die Verwirklichung des Traums von einem neuen Leben ungebremst voran. Die Verwandlung des Alltags in der Sowjetunion zur Zeit des großen Terrors ist das eigentliche Thema dieses Buches, bei dem es sich vielmehr um eine umfangreiche Sammlung kleiner Essays und dokumentarischer Schilderungen handelt. Moskau als Zufluchtsort einer geschlagenen Weltbewegung stellt darin nur einen kleinen Ausschnitt dar, zudem einen, der seit der teilweisen Öffnung der Archive bereits in beträchtlichem Umfang erforscht wurde. Viele der hier vor Augen geführten Aspekte des gesellschaftlichen Lebens (und Überlebens) in der Sowjetunion dürften hingegen den meisten Lesern noch weithin unbekannt sein. Insgesamt vierzig Ausschnitte stellt Schlögel schlaglichtartig vor. Die Perspektive des Historikers reicht dabei weit über das Jahr 1937 hinaus. Der Titel, der Feuchtwanger für seine Bestandsaufnahme eines geschichtlichen Augenblicks noch zu großspurig vorkam, findet sich hier zu Recht kleingedruckt in der zweiten Zeile wieder. Moskau im Jahr 1937 bildet einen virtuell bezogenen Aussichtspunkt, von dem aus ein Zeitalter besichtigt wird, ohne daß darum jedoch ein schlüssiges Bild dieses Zeitalters entworfen würde. Statt eines Panoramablicks, der sich die historische Landschaft des Stalinschen Sozialismus unterwirft, wird eine Serie von Einblicken geboten, die sich nicht ohne weiteres zusammenfügen, doch um so tiefer ins Detail dringen. Wenn es sich um einen Film handelte, könnte man sagen, daß nicht die Fabel das Entscheidende sei, sondern die Nah-

und Großaufnahmen, die bisher Unsichtbares zutage fördern. Der Darstellung liegt nicht ein im vorhinein festgelegtes historisches Narrativ, sondern der Stadtplan von Moskau zugrunde. Sie geht aus von konkreten Orten, von Gebäuden, Straßen und Plätzen, deren tiefgreifende Umgestaltung nachvollzogen wird, oder auch von Ereignissen, die gleichsam vom Rande her etwas vom Ausmaß und von der Bedeutung jenes Umbauprozesses der Sowjetgesellschaft erahnen lassen; beispielhaft dafür die bolschewistische Amerika-Romantik in der ersten Phase der Industrialisierung, noch Jahre vor dem Kalten Krieg. Es werden Eindrücke wiedergegeben aus dem Moskauer Alltagsleben, etwa von der Popularität des Sports oder des Jazz, und aus den Salons der High Society, die auch in der Hauptstadt des Weltproletariats ihr eigenes Leben führte. Berichtet wird von scheinbar harmlosen Dingen, die einem plötzlich wie verwandelt vor Augen stehen: ein Adreßbuch aus dem Jahr 1936 gibt Auskunft über eine „Topographie des Verschwindens".

Der Terror ist in allen Kapiteln zumindest als Drohung präsent. Auch die Freuden des Alltags, so wird hier suggeriert, standen im Bann der unverhofft um sich greifenden Staatsgewalt. Wo Schlögel sich dem Terror aus unterschiedlichen Blickwinkeln nähert, bleibt seine Darstellung freilich auf das Geschehen in der Hauptstadt begrenzt. Indessen beschränkt sie sich nicht auf die inszenierten Gerichtsverfahren gegen hochrangige Parteifunktionäre. Mit der Schilderung von Butowo, dem „Schießplatz" am Stadtrand von Moskau, kommt er ausführlich auch auf die vom ZK-Plenum beschlossenen „Massenoperationen" zu sprechen, die im Juli 1937 einsetzten und mehr oder weniger genau ausgewählte Opfergruppen aus der gesamten Bevölkerung erfaßten. Hier ausnahmsweise liefert er nicht nur eine detaillierte Beschreibung, sondern sucht darüber hinaus auch nach Erklärungen. Daß die Regierung sich vor dem Ergebnis der für Dezember 1937 angesetzten „allgemeinen, freien, geheimen Wahlen" gefürchtet habe, wie Schlögel meint, kann als eine solche jedoch kaum ernsthaft in Betracht gezogen werden. Wenn rationale Vermutungen wie diese die wahnhafte Explosion des Terrors zu erklären vermöchten, könnten sie sie übrigens auch rechtfertigen. Genau das hat, wie man hier nachlesen kann, Wjatscheslaw Molotow Jahrzehnte später noch getan: „Dem Jahr 1937", tönte er, „haben wir es zu verdanken, daß es bei uns während des Krieges keine Fünfte Kolonne gegeben hat." (S. 643.)

Wer selbst dem mörderischen Zwangsarbeitslagersystem noch ein ökonomisches Motiv zugute halten möchte, nämlich die von Stalin selbst behauptete Notwendigkeit, binnen kurzem eine große Industrie aus dem Boden stampfen zu müssen, ganz im Sinne der von Marx voller Abscheu beschriebenen „ursprünglichen Akkumulation des Kapitals", die nun unter sozialistischen Vorzeichen im Zeitraffer auf den Weg gebracht werden sollte – der wird für die massenweise Erschießung sogenannter Volksfeinde, deren Bedrohung etwa so real war wie die einer jüdischen Weltverschwörung, ein solchermaßen rationales Motiv nicht mehr finden. Das von Feuchtwanger noch im Januar 1937 mit Zuversicht begrüßte „Experiment, ein riesiges Reich einzig und allein auf Basis der Vernunft aufzubauen", ging spätestens in diesem Jahr katastrophal zuschanden. Das schimärische Symbol für jenen Traum, dessen mißglückte Verwirklichung wettgemacht werden sollte durch absurde Höchstleistungen, blieb der Palast der Sowjets: ein gigantisches Bauwerk mit einer siebzig Meter hohen Leninstatue an der Spitze (zu bewundern in Alexander Medwedkins Film *Das neue Moskau*, hier S. 75), das auf dem Platz der 1931 gesprengten Christus-Erlöser-Kathedrale inmitten der Stadt entstehen sollte – und nie gebaut wurde. An der Stelle, an der man die Grube für das Fundament ausgehoben hatte, ließ Nikita Chruschtschow 1960 ein Schwimmbad errichten.

Christoph Hesse (Berlin)

Heike Klapdor (Hrsg. im Auftrag der Deutschen Kinemathek – Museum für Film und Fernsehen, Berlin): Ich bin ein unheilbarer Europäer. Briefe aus dem Exil. Berlin: Aufbau 2007, 510 Seiten, € 29,95

Diese Sammlung von zu großen Teilen unveröffentlichten Briefen stützt sich auf den Paul Kohner-Nachlaß, der noch kurz vor dem Tod des Hollywood-Agenten an die damalige Stiftung Deutsche Kinemathek in Berlin übergeben werden konnte. Doch nicht diese Rettungsaktion für unersetzbare, überaus wichtige Dokumente des Exils in den USA steht hier zur Debatte, sondern die Edition von Briefen und Briefwechseln, die die Herausgeberin in besagtem Kohner-Material vorfand. Kohner (1902–1988) ist schon 1920 in die USA übergesiedelt und hat dort sein Glück im Filmgeschäft gemacht. Ab 1929 arbeitet er in Europa als Manager der Universal Corporation und erlebt den Aufstieg des Nationalsozialismus hautnah – eine Erfahrung, die ihn dann ab 1933 veranlaßt, durch Antisemitismus Bedrohte finanziell zu unterstützen und ihnen den Weg ins Exil zu ebnen. Am berühmten Sunset Boulevard eröffnet er 1938 seine eigene Agentur. Nun ist er sein eigener Herr.

Aus der Fülle der Dokumente hat Heike Klapdor auswählen können und ein Buch gemacht, das Einblick gibt in die persönlichen, ökonomischen wie künstlerischen Schwierigkeiten, die die aus Deutschland und Europa Entkommenden zu gegenwärtigen haben, wenn sie in der amerikanischen Filmindustrie ‚ankommen' wollen. Gerade die Unberechenbarkeit, durch künstlerische Arbeit und zufälligen Erfolg in Hollywood reüssieren zu können, macht aus dem Überleben ein Vabanquespiel. Es geht um finanzielle Notlagen, es geht um Projekte, die den Lebensunterhalt sichern sollen. Im Mittelpunkt steht der unermüdliche Paul Kohner, der Fels in der Brandung, der durch Einladungen, Vermittlungen und Verträge mithilft, aus Deutschland und Europa Vertriebene ins amerikanische Exil hinüberzuretten. Man begegnet bekannten (Thomas und Heinrich Mann), weniger bekannten (Hans Sahl, Leo Mittler) und völlig unbekannten, weil vergessenen Namen (Joseph Himmelhoch).

Auch der briefliche Kontakt ins faschistische Deutschland hinein hält Überraschendes parat für den heutigen Leser, dem insgesamt eine interessante und aufschlußreiche Lektüre geboten wird. Neues erfährt man etwa über Leni Riefenstahl, die durch Kohners Vermittlung ihren Olympia-Film in den USA vermarkten will. Doch Amerika verweigert dem deutschen „Fräulein Riefenstahl" die Anerkennung. Oder über Luis Trenker, der von amerikanischen Produktionen träumt und dem Kohner dringend rät: „Halten Sie doch bitte um Gotteswillen zu Weihnachten, Neujahr und bei solchen Anlaessen drueben den Mund. Jedes Wort, das Sie drueben sagen, wird hier sofort groß kolportiert." (S. 289) Das mag Trenker noch befolgt haben im Bemühen, die Opposition in Amerika einzuschläfern. Seine Filme sind allerdings direkter, eindeutiger. „Ich habe Ihren Film *Condottiere* gesehen und ihn zurückgegeben. Den größten Gefallen, den ich Ihnen tun konnte", so Kohner an Trenker, „war, ihn nicht allzu vielen Leuten zu zeigen. [...] Wissen Sie denn nicht, daß dies ein demokratisches Land ist, das Nationalsozialismus und Faschismus haßt." (S. 294) Ganz offensichtlich weiß Trenker das nicht, denn 1946 bietet er doch allen Ernstes einen Filmstoff an mit der Hitler-Geliebten Eva Braun im Zentrum: Es sei „die Liebensgeschichte eines im Bösen verstrickten deutschen Gretchens". (S. 302) Wieder sind es die von Klapdor eingeschobenen, eigentlich überflüssigen Kommentare, die das in den Briefen Mitgeteilte wiederaufnehmen, ausschmücken und damit die Bedeutsamkeit der Originalquelle, des Briefes also, schmälern. Hätte die Herausgeberin, so verdienstvoll Ihre Arbeit an dieser Briefedition zu bewerten ist, sich hier zurückgenommen, eine rundherum überzeugende Veröffentlichung wäre mit dieser Rezension anzuzeigen.

Statt dessen legt die Herausgeberin ein eigentümliches Buch vor, einen Zwitter sozusagen. Denn leider scheint Heike Klapdor ihre Editionsarbeit mehr zur Selbstdarstellung zu nutzen, so angestrengt und bildungsbeflissen kommen ihre Zwischenkapitel und -kommentare daher. Da wird ausgemalt, da werden Bezüge hergestellt, die nun wirklich nicht nötig sind. Oder muß der Leser wissen, daß Goethe „zwischen 1785 und 1823 mineralogische Studien" unternommen habe in der „lieblichen Gegend im Herzen Europas", in Teplitz, dem Geburtsort Paul Kohners. Dort auch habe die „österreichische Kaiserin Louis Bonaparte, den König von Holland, und Ludwig van Beethoven getroffen". (S. 19) Gravierender jedoch schlägt die unglückliche Vermengung von Fiktion und Realität zu Buche, wenn die Besonderheit des Briefs, des Exilbrief zumal erläutert werden soll und dabei beispielsweise Erzählprosa von Anna Seghers und Katherine Kressmann Taylor als Referenzen herbeizitiert werden. Im umfangreichen, gut dokumentierten Material zur Brieftheorie wäre man fündig geworden, um die Gattungsspezifik des Briefes wissenschaftlich überzeugend herzuleiten.

Ein zwiespältiger Leseeindruck bleibt zurück; man hätte Heike Klapdor ein strengeres Lektorat gewünscht.

Julie Lindemann (Bremen)

Eduard Kotschergin: Die Engelspuppe. Erzählungen. Aus dem Russischen von Ganna-Maria Braungardt, Renate Reschke und Thomas Reschke. Mannheim: persona 2009, 255 Seiten, € 22,00

Eduard Kotschergin wurde 1937 geboren. Nach einer schweren Kindheit und Jugend machte er eine Ausbildung an der Leningrader Kunstakademie und wurde Bühnenbildner und Szenograf. Er arbeitete an verschiedenen russischen Theatern, erhielt vielfach internationale Auszeichnungen und ist derzeit leitender Bühnenbildner am Großen Dramatischen Theater (Towstonogow-Theater) in St. Petersburg. Das vorliegende Buch enthält verschiedene Geschichten, die zum größten Teil autobiographisch zu sein scheinen.

Der erste Teil der Geschichten gibt verstreut Hinweise auf die Biographie des Ich-Erzählers. Sein Vater war wegen seiner Beschäftigung mit der zu jener Zeit als ‚bürgerlich' verschrieenen Kybernetik und wegen des Vorwurfs von Spionage im sogenannten Großen Haus des NKWD inhaftiert. Seine Mutter saß zehn Jahre wegen des ominösen und berühmt-berüchtigten Paragraphen 58 im Gefängnis. Zwischen der Verhaftung seiner Mutter und seiner Einweisung in ein Kinderheim lebte er bei einem Onkel. Sein größerer Bruder Felja wurde in der Schule wegen der angeblichen Verbrechen seines Vaters geschlagen. Die Kinder abgeurteilter Eltern wurden „Zöglinge" genannt; vor allem aber waren sie „Kinder des Krieges" (52). Denn sie mußten in dem Chaos überleben, das der Zweite Weltkrieg in ihrem Land angerichtet hatte. Aber genau hierbei, beim Überleben, half dieses Chaos auch.

Mit acht Jahren floh der Ich-Erzähler aus dem Heim, mit zwölf lebte er als Eisenbahndieb. Sieben Jahre brauchte er, um über verschiedene Zwischenstationen von Sibirien nach Leningrad zu gelangen, wo er seine Mutter wiedertraf. In der Zeit davor war er ständig auf der Flucht vor Offiziellen und Schaffnern. Da er immer unterwegs war, kann er vieles davon berichten, wie das Leben der Menschen in mittelrussischen Dörfern und Städten unmittelbar nach dem Krieg aussah. Eines ist allen Orten gemeinsam: Sie sind voll von Heimkehrenden, die vom Krieg versehrt wurden, von Soldaten, denen manchmal der halbe Körper fehlt, die aber immer liebevoll empfangen werden. „Ein Breughel, aber in natura" (68), so faßt der Erzähler den Anblick zusammen, der sich ihm bot.

Um nicht aufgegriffen zu werden, muß er zwischendurch die Ortschaften meiden. Dort draußen ist er „in der Freiheit, im Wald, in der Natur" (41). Aber man darf bei allem Überschwang nicht vergessen, daß sein Handeln ins Naturhafte gebannt war: „[W]ie kleine Hunde" (36) spürten er und sein Begleiter, ob Fremde ihnen Böses wollten oder nicht. Obendrein trug ihre Freiheit die Male des vorhergehenden Eingesperrtseins, denn sie waren „wie junge, dem Käfig entflohene kleine Tiere“ (49).

Die Handlung des ersten Teils erinnert an Primo Levis Schilderung seiner Odyssee durch die Sowjetunion nach seiner Befreiung aus Auschwitz in *Die Atempause*. Im Vergleich zu den anderen Stücken, in denen der Erzähler älter ist, klingt der Ton hier rauher. Rauher ist der Autor auch zu sich selbst. Auffallend ist die Beiläufigkeit, mit der schlimme Erfahrungen nur erwähnt werden. Die Kindheitswunden werden mit einem etwas derben Stil verhandelbar gemacht.

Ab dem zweiten Teil wird der Ton güldener. An die Stelle der Perspektive des Kindes tritt die des Erwachsenen, der das, was er in seiner Gegenwart sieht, in Beziehung setzen kann zu dem, was einmal war. Gleichzeitig wird der Ton auch bitterer, trauernder, weil der Verlust dessen, was verloren ging, beklagt wird. Aber die güldene Aureole, die in Kotschergins Erzählungen über der Welt liegt, sie überwiegt. Freilich hat sie nichts zu tun mit der Gegenwart der Sowjetunion, sondern ihr Glanz scheint von der Vergangenheit her. Etwas Märchenhaftes scheint den Geschichten anzuhaften, die die „lange zurückliegenden Zeiten“ (81) evozieren.

Und dabei hat sich das Leben des Erzählers nicht wesentlich verbessert. Noch als Jugendlicher wird er der Gehilfe eines berühmten Taschendiebs, doch wird dessen Profession nicht als Kriminalität verfemt, sondern als aussterbende Kunst dargestellt. Zu dessen Begräbnis marschiert die Unter- und Halbwelt noch einmal auf, wie zu einer letzten Demonstration ihrer Existenz. Und dies ist charakteristisch für den Modus von Kotschergins Darstellung: Der Erzähler versucht gleichsam, die Strahlen der Sonne zum Zeitpunkt ihres Untergangs mittels einer Erzählung in die Erinnerung hinüberzuretten. Es ändert sich auch das Verhältnis des Erzählers zu seinem Gegenstand. Bewegt er sich anfangs noch als ihr genuiner Bestandteil in der Unter- und Halbwelt Leningrads, so tritt er später mehr und mehr wie ein Ethnograph auf, der in dem, was er berichtet, kaum eine Rolle mehr spielt. Er ist der Liebhaber dessen, was untergeht und was er deswegen aufsucht.

Ergaben die Lesestücke des ersten Teils einen – wenn auch wenig kohärenten – Bericht, so finden sich in den folgenden Teilen wirklich abgeschlossene einzelne Geschichten, die der Autor stärker literarisch gestaltet hat und teilweise wie ein Gleichnis angelegt hat. Er trägt „Splitter vergangener Lebensart“ (196) zusammen: kleine Teile, Reste eines zerstörten Größeren. Oder, wie er es selber an verschiedener Stelle nennt, „Die Letzten“, die Übriggebliebenen ihrer Art; die, die noch von der präsowjetischen Ära in die schon nicht mehr so neue Ordnung hineinragen. Sie sind Relikte, aber widerstandsfähig.

In der Erzählung „Die Letzten“ sucht der Ich-Erzähler alte Möbelstücke für die Bühne des Theaters, an dem er arbeitet. Er besucht eine alte Frau, die aristokratisch erzogene Tochter eines zaristischen Generals. 1917 wurde sie von mehreren marodierenden revolutionären Soldaten vergewaltigt; einer von ihnen nahm sie dann zur Frau. Im Alter ist er ein hilfloser verfallener Greis. Sie hingegen hat ihre Würde bewahrt, ihr sieht man den alten geistigen Adel noch an. Sie steht sogar über ihrem dahindämmernden Mann, weil sie Mitleid mit ihrem früheren Vergewaltiger hat. Aber von ihm gibt es keine Fotos in dem Familienalbum, das sie bereitwillig dem Erzähler zeigt. Und es gibt auch keine gemeinsamen Kinder, in denen er weiterleben könnte.

Familienfotografien spielen auch in „Das Album des Brandmajors“ eine zentrale Rolle, den der Erzähler aus dem selben Grund aufsucht wie die Generalstochter. Alte Bilder sind wie ein Tor zu einer besseren Vergangenheit. „Ich sah mir dem dunklen armseligen Zimmer die Bilder an, und mir wurde ganz anders. Auf den großartigen Fotos wirkte alles entrückt“ (165). Das Entrückte kann der Erzähler davor bewahren, ausgelöscht zu werden, indem er es in seine Erinnerung übernimmt. „Alles geht zugrunde, ist schon zugrunde gegangen: die Angehörigen, die Wohnung, das Leben. Aber das hier wird vielleicht bei Ihnen überdauern“ (166), spricht der alte Brandmajor zum Erzähler.

Und er sammelt diese „dankbare[n] Erinnerungen“ (228), die aus Bildern „welkenden Blühens“ (226) aufsteigen. Wie beim Begräbnis des großen Taschendiebs scheint die Größe des Gewesenen nur und erst dann auf, wenn es stirbt oder schon gestorben ist. Machtloser Triumph und Untergang fallen in eins. Was bleibt, das ist die „tiefe Trauer um die Vergänglichkeit" (198). Sie wird zur Aufgabe: „die Trauer – das ist unser Leben" (203).

Kotschergin trauert um die „früheren Zeiten, als unsere russischen Menschen die alten Traditionen noch nicht zerstörten, sondern pflegten und achteten" (223). Der Blick auf diese Zeit neigt manches Mal zur Verklärung. Die Dinge, die Menschen und ihre sozialen Beziehungen seien damals „solide wie alles aus der märchenhaften alten Zarenzeit" (231) gewesen. Der Zar gerät gar zum phantasmagorischen Fluchtpunkt einer Sehnsucht nach guter Autorität: „In vergangenen Zeiten waren unsere Zaren noch richtige Landesväter" (196).

Das, was den Erzähler an der Vergangenheit Rußlands fasziniert, das sind aber nicht bloß subjektive Erinnerungen. Das Altehrwürdige manifestiert sich für ihn in dem, was Generationen überdauert und in einem Kontinuum vereint. Die sowjetische Gesellschaft vermag keine selbsttragende Dauer zu stiften; sie findet keinen Platz im Fotoalbum der Familie. Sie scheint nichtmals Familien zu haben, nur Funktionäre. Die Tradition manifestiert sich zum einen in der volkstümlichen Religion, in der „Macht jahrtausendealten Glaubens" (198). „[E]twas Wundersames, kirchlich Volkstümliches" (197) findet er immer wieder auf seinen ethnologischen Exkursionen. Zum anderen begeistert er sich für die „Geheimnisse des besonderen Handwerks, das in der Familie von Generation zu Generation gesammelt und bewahrt wurde" (223). „Das Beil des Wepsen" ist diesem Thema gewidmet.

Der Wepse ist ein begnadeter Handwerker einer bestimmten abgelegenen finnischen Region, deren Einwohner lange nicht wußten, „was im Oktober 1917 in der Hauptstadt des großen Slawenlandes geschehen war, und [sie] konnten es dann lange nicht begreifen. Als sie es erfuhren, überlegten sie, wozu sie das brauchten und was das eigentlich sei – eine Revolution. Sie denken noch heute darüber nach" (168). Der Erzähler ist wie dieses Volk. Er geriet als Kind unter die gewaltigen und unbarmherzigen Räder der neuen sowjetischen Ordnung, und die Wepsen waren als Volk gleichsam weltgeschichtlich im Kindheitsstadium, als für sie weit entfernt merkwürdige Dinge geschahen.

Immer wieder taucht bei Kotschergin das Motiv der Unschuld auf, die dann geschändet wird: „von Sowjetmärschen geschändete[.] Ohren" (197), die vorher nur zarte Volksweisen gewohnt waren; er als unschuldiges Kind, das brutal behandelt wird; Frauen, die vergewaltigt werden; Völker, die aus märchenhaftem Schlummer gerissen werden; soziale Gemeinschaften, die mit der Religion auch ihre Ehre verlieren. Früher hätten die Menschen „den Wert der Ehrlichkeit" (196) gekannt. Und eben dies ist falsch; sie *waren* ehrlich. Den Wert der Ehrlichkeit kann man erst dann erkennen und schätzen, wenn man mit ihm nicht mehr identisch ist. Kotschergin aber zerstört diese Dialektik, die er selber (vielleicht contre cœur) eröffnet, und schlägt sich auf eine Seite, die er hypostasiert, ohne das widersprüchliche Verhältnis, in dem sie nur existiert, offenzuhalten.

Die „bolschewistische Vergottlosung" (200) habe die Menschen entartet. Aber von den Greueltaten des Bolschewismus fällt auch ein Licht zurück auf die Zeit, die der Sowjetunion voranging und die in den Menschen solche Potentiale züchtete, so daß offenkundig ein rigides Korsett nötig war, um diese im Zaum zu halten. Ein Licht fällt damit zurück auf die Menschen, die ohne die alte Ordnung sich nicht sittlich verhalten: „[A]ls sie erfuhren, dass Kirche und Gewissen abgeschafft waren, trennten sie sich endgültig von ihren Ehefrauen und machten mit Terror und Ausschweifungen die ganze Gegend unsicher. So wurde Besstyshewo das revolutionärste Dorf im Umkreis" (208). Es fällt ein Licht zurück auf die alte Ordnung, die angeblich gut war – den Menschen aber offensichtlich äußerlich blieb. Und dieses Licht ist nicht gülden.

Fabian Kettner (Köln)

Autoren

Günter Agde, Jg. 1939, Dr. phil., Dramaturg an DDR-Theatern, 1975-1991 wissenschaftlicher Mitarbeiter für Spielfilm an der Akademie der Künste der DDR, seit 1991 wissenschaftlicher Mitarbeiter an der Stiftung Deutsche Kinemathek Berlin, seit 1996 Lehrbeauftragter am Institut für Theaterwissenschaft der FU Berlin, heute freischaffender Filmhistoriker. Zahlreiche Veröffentlichungen zur DDR-Kultur- und deutschen Filmgeschichte, zum Exilfilm in der Sowjetunion und zu zeithistorischen Themen.

Oksana Bulgakowa, Jg. 1954, Professorin für Filmgeschichte und Filmanalyse an der Johannes Gutenberg-Universität Mainz. Filmhistorische Bücher und Aufsätze zur sowjetischen Filmgeschichte, Editionen u.a. zu Sergej Eisenstein. Kuratorin wichtiger Ausstellungen (u. a. „Moskau – Berlin, Berlin – Moskau, 1990 – 1950", Martin-Gropius-Bau, Berlin 1995; „Sergei Eisenstein: The Mexican Drawings", Antwerpen 2009)

Hermann Haarmann Jg. 1946, Professor für Kommunikationsgeschichte mit dem Schwerpunkt Exil, Direktor des Instituts für Kommunikationsgeschichte und angewandte Kulturwissenschaften an der FU Berlin. Arbeitsschwerpunkte: Deutsche Publizistik und Literatur des 18. bis zum 21. Jahrhunderts; Exilliteratur und -publizistik 1933-1945; Drama und Theater der Neuzeit; Kulturtheorie der Moderne.

Christoph Hesse, Jg. 1972, Studium der Film- und Fernsehwissenschaft, Germanistik und Philosophie in Bochum, Promotion 2003. Mitarbeiter am Institut für Kommunuikationsgeschichte und angewandte Kulturwissenschaften der FU Berlin, Edierung von Briefen an Bertolt Brecht im Exil. Veröffentlichungen: Filmform und Fetisch (Bielefeld 2006), Aufsätze zur Filmgeschichte und Kulturtheorie, zuletzt: „Pariser Mai im Dunkeln: Godards fröhliche Wissenschaft", in: Erkenntnis und Kritik. Zeitgenössische Positionen, Bielefeld 2009.

Reinhard Müller, Jg. 1944, Studium Geschichte und Germanistik, seit 1991 wiss. Mitarbeiter am Hamburger Institut für Sozialforschung. Publikationen: Die Säuberung (Hrsg.), Reinbek 1991; Die Akte Wehner, Berlin 1993; Menschenfalle Moskau. Exil und stalinistische Verfolgung, Hamburg 2001; Herbert Wehner - Moskau 1937, Hamburg 2004; zahlreiche Aufsätze zur Geschichte des Exils.

Bildnachweis

S. 96, 97, 104, 107, 108, 109, 110, 111 und 119 (Szenenphotos aus: Professor Mamlock, 1938 [Lenfilm]); S. 112 und 113 (Szenenphotos aus: Professor Mamlock, 1961 [DEFA-Studio für Spielfilme]); S. 122, 123, 124 und 125 (aus Erwin Piscators Photoalbum 1932, © Hermann Haarmann); S. 192, 193, 194 und 195 (Archiv der Akademie der Künste Berlin)

Namenregister